跨国购并的整合之道

徐　旭　著

商務印書館
创于1897 The Commercial Press
2011年·北京

图书在版编目(CIP)数据

跨国购并的整合之道/徐旭著．—北京：商务印书馆，2011

ISBN 978-7-100-07682-1

Ⅰ．①跨…　Ⅱ．①徐…　Ⅲ．①跨国公司—企业合并—研究　Ⅳ．①F276.7

中国版本图书馆 CIP 数据核字(2011)第 028813 号

跨国购并的整合之道

徐　旭　著

商　务　印　书　馆　出　版

（北京王府井大街36号　邮政编码 100710）

商　务　印　书　馆　发　行

北京瑞古冠中印刷厂印刷

ISBN 978-7-100-07682-1

2011年10月第1版　　开本 700×1000　1/16

2011年10月北京第1次印刷　　印张 20

定价：42.00 元

目　录

绪　论　遵循购并整合之道　造就全球伟大企业 …………… 1

定天地之正位,行全球之大道 ………………………………… 1

遵循整合之道,跳好整合之舞 ………………………………… 3

精通整合之道,创造伟大整合 ………………………………… 7

中式整合之道,九大哲学思维 ………………………………… 10

第一章　购并定位整合 ………………………………………… 17

一、天地华宇购并定位整合六年九大要事纪略 ……………… 17

二、天地华宇购并定位整合已经获得成功 …………………… 23

三、天地华宇购并定位整合成败得失的初步解析 …………… 30

第二章　品牌购并整合 ………………………………………… 35

一、荷皇天地集团及其大中国区公司的品牌文化 …………… 35

二、关于华宇龙头品牌优势和辉煌成就的正确认知 ………… 44

三、任重而道远的天地华宇品牌艰难整合之旅 ……………… 49

第三章　员工思想整合 ………………………………………… 60

一、被购并的华宇集团自觉进行员工的思想整合 …………… 61

二、TNT 对所购并的华宇员工进行面对面的思想沟通整合 ……… 66

三、正确把握购并整合中的对立、冲突、风险和危机 ……… 73

第四章　市场营销整合 ………………………………………… 86

一、天地华宇所谓的重建市场营销体系的艰难历程 ………… 87

二、应当继承发扬华宇物流全员营销的成功经验 …………………… 93
三、三年多来市场营销购并整合成败得失的初步解析 ……………… 99
第五章 客户服务整合 …………………………………………………… 110
一、艰难沉重的服务质量整合至今仍然没能完成……………………… 111
二、从服务管理整合中狠抓客户服务质量的提升……………………… 115
三、在服务流程整合中强化对客户服务质量提升的保证机制 ………………………………………………………………………………… 118
四、天地华宇服务模式整合有个先天的良好基础……………………… 121
五、服务理念、服务品牌、服务文化和服务能力的高级整合 ……… 128
第六章 网络运营整合 …………………………………………………… 133
一、天地华宇网络运营效率持续改善和优化整合 …………………… 134
二、全国网络、大区网络、公司网络的优化整合与功能提升 ………………………………………………………………………………… 140
三、天地华宇运营网络整合进入建造管理大区枢纽的新的新阶段 ………………………………………………………………………………… 149
第七章 经营管理整合 …………………………………………………… 155
一、三年多先后三任总裁进行关于经营管理的艰难整合 …………… 155
二、正确认知华宇集团的成功之道对经营管理整合有重大意义 ………………………………………………………………………………… 171
三、关于天地华宇经营管理购并整合实践效果的初步解析 ……… 175
第八章 共同愿景整合 …………………………………………………… 180
一、天地华宇重新整合的共同愿景 …………………………………… 180
二、新整合的天地华宇核心价值观 …………………………………… 189
三、天地华宇核心价值观与共同愿景的精深整合……………………… 196

第九章　购并学习整合 ………………………………………………………… 204
一、被购并的华宇物流拥有很好的学习文化和很强的学习能力
…………………………………………………………………………………… 204
二、只有购并双方相互学习才能让公司变得更加强大 ……………… 213
三、共创天地华宇新未来发展战略的学习整合 ……………………… 222
第十章　企业文化整合 ………………………………………………………… 228
一、全面认知和正确评估华宇物流企业文化的本质特征 ………… 228
二、怎样通过深入学习整合全面融入 TNT 的企业文化 ………… 235
三、天地华宇企业文化的整合了犹未了 ……………………………… 241
四、跨国购并中国民营企业的文化整合极其艰难 …………………… 249
第十一章　人力资源整合 ……………………………………………………… 255
一、2007 年人力资源整合最大的收获和进展 ……………………… 255
二、按照"三位一体"模式进行人力资源的有效整合 ……………… 262
三、战略流程、运营流程和人员流程统一执行的宽度整合 ……… 271
第十二章　高管团队整合 ……………………………………………………… 280
一、成功的跨国购并整合始于最高管理团队 ………………………… 281
二、公司团队整合是购并成功的根本保证 …………………………… 295
三、企业再造整合与高管团队整合相得益彰 ………………………… 303
参考文献 ………………………………………………………………………… 306

绪 论

遵循购并整合之道 造就全球伟大企业

定天地之正位，行全球之大道

这两句充满深厚而丰富的中国文化精髓、蕴涵着博大精深的中国整合智慧的哲学语言，是描述、阐释和表达天地华宇目前正在进行的跨国购并整合美好预期的最恰当的箴言。诚然，这也是天地华宇购并整合的美好共同愿景。

所谓“定天地之正位”，系指天地整合华宇的正确定位、最佳定位和能够最快实现购并扩张伟大目标的战略定位，及其一系列必须进行的重新正确定位。它包括找到最匹配的市场定位、最大的客户群体定位、最赢利的服务产品定位、最核心的竞争优势定位、最领先的运营模式定位、最高行业地位的定位、最大利润区域的定位、最有效的营销战略定位，以及共同愿景、企业使命、核心价值观和发展战略定位，等等；同时，它也包括对被购并企业的核心优势和主要劣势、组织资本和各种弊端、保留使用和发扬光大、应该否定和必须整掉等内容的正确定位；它还包括更为重要的天地华宇发展战略、企业形象、品牌价值、企业文化、经营哲学、管理理念、商业模式、运作流程、规章制度、领导风格、集团管理体制、高管团队功能结构及其水平、领导整合能力与胜任状况和三大最高流程协同高效执行的正确定位。对于一个跨国购并企业来说，没有一人、一物、一事和一流程是不需要重新定位的；也没有一个系统、一个部门、一个团队和一种关系不需要正确定位的；更没有一种发展、一个创新、一次变革和一项成就不首先通过定位整合就能够实现的。上述所有这些项目或内容，都必须首先做好正确的定位整合，并且必须很好地完成这些正确的整合定位。“定位正确者得天下，定位错误者失天下”。所以，正确定位不仅是跨国购并的起点和原点，也是成功整合的起点和原点。如果没有这个至关重要的起点和原点，那么，任何跨国购并整合，都不会取得成功，而且必然遭受挫折和走向失败。这是被实践反复证明的购并整合的一条客观规律。

这个“行全球之大道”，乃天地华宇所奉行的通过跨国购并整合而成为欧洲第一、中国第一、全球第一和伟大企业之大道。这个全球伟大企业之大道，无疑就是跨国购并的整合之道，或称之为“跨国购并整合成功规律”。实践证明，只有通过更强大和更伟大的整合与再整合，才能够使购并企业走上全球伟大企业的发展大道。因为，只有大整合才能实现大发展，大发展才能产生伟大企业。同样，只有全球化大整合才能实现全球化大发展，而全球化的大发展造就了全球化的伟大企业。为此，成功购并之后，他们就开始了以业界领袖和全球伟大企业为使命、愿景和战略目标的艰巨复杂、充满挑战和严峻考验的购并整合之旅。到 2010 年 3 月底，在近六年的时间里，他们从购并的一系列正确定位整合开始，不同程度地进行了品牌购并整合和员工思想整合；经过了市场营销整合、客户服务整合和网络运营整合；开始了经营管理整合、共同愿景整合和购并学习整合；展开了企业文化整合、人力资源整合、高管团队整合；触及了公司团队整合、企业再造整合、管理能力整合和领导整合能力的整合，等等。上述十六个方面或项目的购并整合，构成了本书跨国购并整合成功之道的十二章内容。这样的排列顺序也是严格遵循实践的真实、逻辑的真实、规律的真实和跨国购并成功整合之道的真实而进行的。

定正位者必成正果，行大道者必成伟业。在天地华宇所践行的“全球之大道”里面，肯定蕴涵和潜藏着我们要探索的跨国购并整合成功之道的基本内容。从哲学角度来说，这个跨国购并整合的成功之大道，就是跨国购并整合的普遍规律。它是客观存在的，不依主观意志为转移的。能否认知、找到、懂得、学会、掌握和运用这一客观规律，就看我们能不能更好地运用科学的方法、逻辑的工具和哲学的思维去研究、探索、发现和表述了。从根本上说，本书就是对跨国购并整合的成功之道，或称跨国购并整合规律的研究与探索的大胆尝试和所获得的重要成果。

遵循整合之道，跳好整合之舞

过去和目前，一个普遍的认知和共同的观点就是，如今世界上的跨国公司购并成败与否关键在于怎样整合。好的整合和成功的整合则购并成功；坏的整合和失败的整合则购并必然失败。而好坏、成败、得失不清的整合，则购并整合的好坏、成败和得失也必然是不清、不明和难以确定的。这就是购并整合的好坏、成败和得失都系于整合好坏的道理。其实，知道和懂得这个道理并不难，因为读读跨国购并成败案例的权威统计数字和比率，找找购并成败得失的深层原因就行了。真正困难的则是真正认识和实际掌握购并整合的众妙之门、成功之道和客观规律。

本书所记述、解析、阐释和研究的十二章内容，以及所涉及的16个方面的购并整合，都是为了探索和求证当今跨国购并整合的成功之道，以期使得只有20%购并整合的成功概率，能够大幅度提高到翻倍的更理想结果。这就是中国古典哲学最高规律所说的“精通其道，成就其事”。

本书从第一章购并定位整合的原点开始，就进入了充满矛盾冲突、风险挑战和严峻考验，而又波澜壮阔和魅力无穷的购并整合之旅；在必须以足够的聪明睿智越过第二章的品牌购并整合这道攸关协同效应高低、有无和正负的门槛之后；紧接着，就直击至关重要的凝聚人心、提振信心、坚定决心的员工思想整合的第三章，这是关系购并整合成败的“人心整合工程”，同时也是破解和管控跨国购并文化整合难题和风险的关键所在。在正确定位、定名、定牌、定人、定心和定魂的整合之后，接下来的三章是市场营销、网络运营和客户服务三大业务的关键整合。通过第七章的经营管理整合、第八章的共同愿景整合和第九章的购并学习整合，一直到最为关键和极其艰难的企业文化整合、人力资源整合、高管团队整合、公司团队整合、企业再造整合和整合能力整合，共六项更为高级和更深层次的购并整合的最后三章。上述四组共十二章内容，构成了由初级、中级、高级或浅层次、深层次、底层次或高层次的跨国购并整合的完整体系；而且不同层次和不同能级的购并整合，必然产生不同层次和不同能级的效果；当然，不同层次和不同效果的购并整合，需要不同能级和不同水平的购并整合能力；因此，购并整合的能级和整合水平的高低优劣，决定着购并整合的成败得失的大小好坏；这就是跨国购并整合之道和普遍规律告诉我们的真理。其实，最终决定天地华宇跨国购并整合效果高低、好坏、优劣、成败、得失的也是上述的规律和真理。进一步说，真正决定跨国购并整合成败得失的是最高管理团队，特别是更为关键的董事长和首席执行官的整合领导能力与领导整合能力的高低、好坏和优劣。天地华宇也不例外。这就是一切购并整合必须遵循的逻辑。这里需要特别指出的是，被列入题目的天地华宇购并整合的十二章内容，虽然有些整合并没有进行、没有展开和没有完成，但却极具丰富性、独特性、多面性、典型意义和研究价值，因为它们深刻地反映、折射、蕴涵了跨国购并的整合之道和普遍规律。

一是关于企业文化的购并整合内容最多、冲突最多、难题最多、风险最多和经验教训最多。有品牌购并整合、员工思想整合、经营管理整合、共同愿景整合、购并学习整合、企业文化整合和人力资源整合共七章，超过全书一半的章目都涉及企业文化的跨国购并整合，确实是异乎寻常和极为罕见的。其中包括品牌文化和品牌特质的整合，员工思想文化和行为准则的整合，经营管理文化和客户服务文化的整合，网络策划设计和运营文化的整合，共同愿景与核心价值的整合，企业精神和学习创新文化的整合，企业社会责任文化，生活工作文明和安全健康文化的整合，以绩效文化为主导的工作文化的整合，以及新建典章制度文化的整合等等。

二是购并战略整合没有立题设章、专门解析和集中阐释。因为它过于简单明了，从战略目标角度来说，就是三句话：实现"中国第一"的战略；成为"中国公路快运领导者"的战略；"立足于零担运输和全力推出定日快运"的业务发展战略。这并不是说天地华宇购并战略整合不重要，而是如此简明扼要并且实际上也有没有列项整合，同时也有在购并整合过程中，被先后三届总裁整合得较为混乱的原因，所以没有必要专门阐述。但是，这个购并战略整合的实际内容，在其他一些直接相关的章目里都有较为充分的阐释。

三是所有的整合内容、整合深度和整合效果都呈现比较明显的初级、中级、高级递升的趋势和层次。初级整合和得到的初级效果所占的比例最大，中级整合和获得的中级效果比例较小，而高级整合和所创造的高级效果趋于零。由于整合思维、整合通识、整合理念、整合能力的限制，致使一些需要进行中级或深层整合的内容和项目，都实施了没有效果或效果不达标的初级整合。也是由于同样的原因，使得一些极为关键的高效整合，直到三年后的今天也没能进行。例如各种协同效应的及时整合、购并企业再造的高级整合、购并企业文化与共同愿景融合为一的整合、高管团队领导能力提升的整合、领导整合管理能力增强的整合，等等。

四是购并整合的决策者、领导者、执行者、管控者和操作者，因为心智模式、知识结构、管理风格和实战经验的不同，也显现出良莠难分和参差不齐的多样化特点。既有比较老练的、拥有国际化高管团队领导人物丰富实践经验的、英国籍兼职董事长和CEO主宰的具有“欧式跨国购并整合”特点的整合；也有既不年轻、又不内行、更不胜任的华裔美国人首任兼职总裁所主持的颇具“美式跨国购并整合”色彩的整合；又有年纪太轻、没有领导、管理和整合过跨国购并大型物流集团企业实际经验，却充满强烈的“敢拼敢赢、有勇气的”第三任首席执行官一手包办的说不清是哪家的跨国购并整合风格的整合。这些既不统一、又不一贯的“多样性整合”，确实让人眼花缭乱、不得要领和无法遵从。

五是不惜血本雇佣整合、外包整合、采购整合和借智借力整合，是天地华宇购并整合的又一突出特点。购并交易成功之前，他们巨资雇佣国浩律师集团进行资本整合、股权整合、债权债务合规合法整合和转型新立公司整合。他们高价外包给著名品牌咨询公司明略行，进行品牌购并战略整合和品牌价值等方面的整合。接手全面整合、经营和管理购并企业之后，他们又投入巨额资金诚聘科尔尼咨询专家，后来又邀请TNT集团荷兰总部权威专家，进驻企业重点帮助网络运营质量效益和运营网络规模能力提升的购并整合。所有这些整合都没有明显效益。

六是了犹未了、成犹未成和败犹未败的跨国购并整合。主要表现在对天地华宇购并整合成败得失评价和内外宣传的两种不同声调。一种是来自集团荷兰总部、TNT大中国区和天地华宇集团董事长以及总裁的，从2007年7月开始，到2008年2月期间，特别是2009年之后，在他们的报告、演讲、沟通、交流和有关媒体的宣传报道中，传出来的越来越多和越来越响的声音是：天地华宇的购并整合“已经成功”、“大功告成”

和“取得了巨大成功”。而另一个声音是沉默的业绩增长数字：收货价格上升了10%，年营业收入却增长7%—9%，没有达到既定预算增长幅度的50%，市场份额不断下降，客户流失触目惊心，从购并成功元年即开始“扭赢为亏”后，连续三年一直严重亏损，更为费解的是今后三年的预算目标仍然是继续巨额亏损。

荷兰天地集团跨国购并整合中国华宇物流集团前后已经六年了，最后的成败得失一时还说不清楚，也讲不明白。他们究竟是遵循了跨国购并整合的成功之道，同华宇高管及其员工一起跳好了购并整合之舞？还是根本没有入流上道而致使他们的购并整合败象丛生和进退维谷呢？同样一时难以明确回答。但是，这并不影响我们研究和探索跨国购并的整合之道、整合规律和整合法则。正如以往很多研究报告和学术专著所指出的那样，成功的跨国购并整合都各有各的特殊原因，而失败的跨国购并整合的原因大体上都是相同的，或者说基本上都是一样的：对购并整合没有足够的重视、足够的准备、足够的投入、足够的能力、足够的思维、足够的方法、足够的管理、足够的整合领导能力和足够的领导整合水平。如果与此相反，具有“九个足够”，那么起码可以保证购并整合不会失败，成功也是必然的事情。不仅如此，它还可以帮助我们从不同的视角、思维和范畴，更快地找到跨国购并整合的客观规律和成功之道，从而用它指导我们凝心聚力协同跳好购并整合的国际标准舞、顶级芭蕾舞和经典中国舞。

精通整合之道，创造伟大整合

许多富有伟大识见、深刻洞见和真知灼见的整合实践者、操作者、参与者、管理者、研究者和探索者们，归纳总结、概括提炼和不断推出越来越多的颇具实践性、真理性和规律性的整合之道。例如，世界著名管理大师德鲁克关于购并整合的权威论述："收购本该是成功的事情，但大多数收购并非如此。出现这些不尽如人意的情况的原因是相同的，对那些广为人知且得到了普遍认定的成功收购的原则，没有给予足够的重视。"这就是他那著名而又权威的成功收购的六条原则，即"六个必须"。这是迄今最早的购并整合的成功之道和普遍规律。这位购并整合管理大师还强调指出，"六个必须"，不仅是购并整合的行动指南，是检测购并整合成败得失的客观标准，而且也是选取和确定正确的购并整合方案的重要准则。

又如，由美国三位著名专家合著的《并购之后——成功整合的权威指南》，介绍了四种主要类型的购并整合，分为四个层次的整合和应该实现四个方面的成果。他们的关于不同类型、不同目的、不同条件之下，不同深度、采用不同方法和获得不同效果的购并整合观点，特别是如何管理好被购并企业的相应要点等，不仅为购并整合理论增添了新的视角和内容，而且很有普遍指导意义和借鉴作用。特别是如何制订一个科学有效的整合计划的要点，全力避免在整合项目管理中常犯的 6 个错误，全面把握购并整合成功基础的 11 个要点，给收购公司最高管理层的 27 条建议，给被收购公司管理层的 16 条建议，以及最后结论中的 8 条要点，等等，大约 60 条购并整合规则，不愧为"历史上第一本关于购并后如何进行整合的专著"。

再如，书名为《并购企业成功整合的七个策略》的并购整合著作中，提出了在企业购并整合中，必须施行和及时解决"共同愿景建立、最高领导层胜任、实现业绩增长、宣布初步胜利、快速消除文化冲突、密切有效沟通和有效管理风险"七大策略，以及实践中在这七大策略方面，常犯的错误和产生的危害。实践证明，及时整合、适时整合、快速整合和届时完成各种整合，是至关重要的。因为业绩增长从整合中产生，协同效应从整合中产生，人心凝聚从整合中产生，胜任而有威望的高管团队也从整合中产生，共同愿景、企业理念、团结核心、品牌价值、市场份额快速增长和客户服务品质提升，包括最为艰难的购并企业文化的融合和创新，等等，都是在整合中产生和实现的。而所有这些整合都有一个时效性问题，都需要及时快速地成功完成。时过境迁的整合或过后重新补课的整合，都不会是成功的整合，而且还会严重地危害整体上的购并整合。因此，可以说及时、快速、届时完成购并整合目标，也是决定购并整合成败的一条重要规律。

欧美等西方世界的购并整合理论和实践成果确实很多，并且起着主导性的作用。而作为以中国文化精神和哲学思维为根基的东方购并整合理论却很少。而西方资本主义世界完全为了利润，由资本主宰的整合思维、整合理论、整合文化、整合实践、整合案例和整合模式，往往不能适应中国新兴资本市场中购并整合的特点和需要。正像中国海尔到美国去购并整合企业，必须施行适应美国本土文化特点的模式和方法一样，国外资本到中国进行购并整合，也应当或必须采用适合本土文化特点的中国式整合策略，进行成功的购并整合和经营管理。这也是跨国购并整合的一个普遍规律和成功之道。所以，应当尽快构建和推出中国式的跨国购并整合模式、整合规律和成功之道。荷兰 TNT（天地）集团购并整合中国民营华宇物流集团，就遇到了生搬硬套西式整合水土不服的很大障碍。一些专家和媒体曾评论说，荷兰的物流巨头和中国的龙头物流的“美满联姻”，结婚后的三年不但没有幸福美满，反而遭遇了阴霾缠绕、亏损忧愁和纷纷离散的境况，一个根本性的原因和致命性的错误，就是很不胜任的“家长”选择了一种不正确的整合模式和不合适的“生存和发展方式”。

“为什么整合？要整合什么？用什么整合？怎样去整合？谁领导整合？怎样管控整合？何时完成整合？检验整合的标准是什么？整合结

果是什么?”这八个设问和正确答案,就是中国式购并整合哲学思维的基本要素和跨国购并成功整合之道的主要内容。这是包括自然领域、人类社会和思维领域在内的一切事物的整合之道、整合规律和整合法则。完全可以说,当今世界的一切关系都是整合与被整合的关系;大到无外和小到无内的一切事物,都是整合主体与被整合客体,没有例外;当今的世界就是一个无时无刻不在进行整合的世界。所谓整合,从本质上说,就是整而合一、合众为一和异又同一;整合就是对立统一、追求同一、整体协同运行、发展、变化、超越、升华、创造和飞跃的动态过程;整合也是企业生存、发展、扩张、提升、再造、持续强大、成为全球顶级企业和伟大企业的根本大道、最高理念和最强能力;整合更是一种极为高级的领导能力、经营能力和管理能力;没有这种更为强大高级的整合能力,不可能产生和创造出全球伟大的企业。因此,整合既是一种科学、一种学问、一种艺术、一种规律、一种思维、一种创造、一种智能和一种哲学,也是一种领导能力、经营能力、管理能力、发展能力、再造能力、竞争能力和综合能力。从哲学世界观和方法论的高度来认识、学习、掌握和应用整合规律和整合之道,并且运用这些具有普遍指导意义的购并整合之道或整合规律,去进行具有特殊性的各种不同类型的购并整合实践,一定会创造出最理想的整合境界、最受尊崇的顶尖公司和全球最伟大的企业。跨国购并的成功和一切伟大的企业都是整合出来的。

中式整合之道,九大哲学思维

从跨国购并企业天地华宇六年来整合成败得失的经验教训中,我们可以得出具有中国哲学思维和本土化特色的整合规律与成功之道的理论框架。

1.本土化整合。全球化思维，本土化整合。用具有普遍指导意义的购并整合之道和内在规律，去指导具有不同特点的跨国购并企业的整合实践，是成功实现购并整合战略目标的第一重要保障，也是避免、排除和战胜那种生搬硬套、水土不服、脱离实际、盲目自大和混乱指挥而导致整合失败的根本途径。如果不从不同的时间、地点、文化环境和不同的购并整合类型、战略目标、固有特点等实际情况出发，任何购并整合都不会成功。这里的思维关键在于真正找到和掌握被购并整合企业的特殊性。

2.品牌化整合。中国古典哲学思维最讲究“名不正则言不顺，言不顺则事不成”，中国式的购并整合也适用这个道理。从企业的名称、产品的名称、品牌的名称、商号的名称甚至老板的名称，到一切需要重新定位、定牌和正位、正名的名称和品牌等，都是关于购并企业和被购并企业主体思维转换、转变、转化的首要问题，也是必须尽快解决的第一个重大问题。否则，从集团董事长、总裁、大区总经理到各个管理部门、各级公司、各种团队和每名员工，谁都不能从主体思维上及时到位地承担起新的职位和胜任新的角色，从而实现“名正、言顺、事成”的整合目标和全新秩序。当然，品牌化整合还包涵更广泛、更深刻、更高级的丰富意义。这也是适应和制胜当今世界品牌竞争、品牌通吃和品牌制胜的战略措施。更为重要的是，大品牌、世界著名品牌和全球驰名品牌，本身就是企业在国内、跨国乃至全球进行购并整合的首要武器和最具魅力的强大力量。令人极为遗憾的是，相当多的跨国购并整合，由于种种能力缺失，不仅没能达到应有的效果，反而造成了很大的损失，而实施者却浑然不知。

3.人性化整合。这也是中国式跨国购并整合的突出特点。企业由人组成，整合购并企业，首先就是整合购并的人和被购并的人，而整合人的根本是整合思想和整合人心。人合心合才能力合事合。正如品牌化整合那样，人既是整合主体又是整合客体，既要整合自己或自我整合，又要整合下属和整合别人。整合人，可以说是一个上下左右互动共进、持续提升和不断超越的发展进步的过程。因此，必须采取人性化的办法，才能顺利、有效和成功地实行。刚性的、强制性的、征服性的和非人性的整合，令人难以接受，也无法奏效和根本不能成功。以人为本、投资与人、一切依靠人和为了人的先进理念，是尊重人心、获取人心、深得人心、凝聚人心、提振信心和坚定决心，从而成就伟大事业或企业的强大武器和根本保证。这里需要特别指出的是，员工之心的人性化整合和管理层的人心整合，都没有高管团队及其领导核心的自我整合更为重要和更加具有决定性作用。但是，在整合实践中，却往往忘记或漏掉了这个至关重要的自我整合，这是导致整合粗浅、应付了事和走向失败的一个关键性的原因。实践证明，不能进行自我整合的高管团队，是不能担当购并整合大任的低能团队。

4.**学习化整合。**它的核心含义是指，学习是整合的强大武器和关键手段，也是整合的重要内容和目标指向。整合学习化或学习化整合，是整合主体员工和被整合客体员工，相互尊重、地位平等、共同学习、取长补短、凝聚共识、团结合作和协同共进，最后实现统一、同一、融合、协同和整体合一的必经过程。它既不是征服性的强硬整合，也不是妥协性的软弱整合，而是一种通过学习而实现相通相融和乐意认同接受的整合形式。实际上，不论是资本强势的购并主体，还是处于弱势的被购并的企业客体，都有值得双方必须共同学习的优势知识和独特技能。否则，就没有必要去玩风险最大的资本购并整合游戏了。在这个极其重要的购并整合上，天地和华宇购并双方都取得高度共识，不仅取得了很大成功，而且总结出了具有普遍意义的最佳实践经验。实践证明，学习化整合不仅能够很好地解决整合中出现的冲突、危机和难题，而且还具有创造购并企业无限生机和强大活力，创造企业更大发展和更多利润的重大作用。同时，也能发挥创造快速而强大的唯一持久的学习核心竞争力和创造学习型企业的战略作用。

5. **高效化整合。**这是反映和评价整合效果大小或成败的重要标志。它有两个维度的衡量和检测标准，一是业绩是否大幅度快速增长，一是被购并企业的整体能力和生存发展状况是否得到显著提升和持续增强。绩效的快速增长、大幅度增长和可持续的增长都是从整合中产生和实现的。如果被购并的是一个严重亏损的企业，在整合期间和之后的三年内，还不能实现扭亏为赢的话，那么，就不能说这是一个成功的购并整合；假设被购并企业一直是大幅度赢利的企业，结果在整合期间和三年之后都变为严重亏损，那就更不能说这是成功的购并整合了。因为购并整合企业的当前利益和长远目的，都是为了资本投入的最大回报和获得更大的利润和实现快速的更大发展。购并整合的高效化目标是高级化的最大协同效应，这种本该应有的巨大效应必须经过高效化的整合才能获得。所以，亏损企业三年之内还不能扭亏为赢和赢利企业三年之内和之后三年都是一直持续严重亏损，绝对不是一个成功的跨国购并整合。

6. **文化化整合。**一是指购并企业的市场营销整合、网络运营整合、客户服务整合、主营业务整合、企业团队整合、人力资源整合和经营管理整合，等等，都要突出和做好它们背后的文化整合。例如营销文化、网络文化、客户服务文化和经营管理文化的整合。二是指要想取得购并成功必须解决好跨越文化障碍的整合问题，必须充分发挥凡是企业文化都具有的内化于人、外化于企、教化于行、固化于制度、转化于业绩和化解各种矛盾、对立、冲突、风险和危机的独特作用。先进、优秀、卓越和强势的企业文化，具有强大深刻而又魅力无穷的同化作用、教化作用、融合作用、凝聚作用、深化作用、优化作用、强化作用、转化作用和提升作用，即全方位的整合作用。这里的关键、要领、秘诀、法则和精髓是一个“化”字，如果学会了、精通了、娴熟了这一个“化”字，那么，购并整合中的任何难题和文化障碍都是可以迎刃而解的。古今中外的历史和现实证明，优势和强大的先进文化可以“化”世界上的一切事物。就是钢铁、顽石、空气、水和人也不例外。这就是充满哲学思维和智慧的中式购并整合文化之道中的活的灵魂。只有精通此道,购并整合才能无坚不摧、无难不破和无往不胜。

7.**专业化整合。**实践一再证明,凡是搞砸了、搞糟了、搞坏了和搞失败了的购并整合,都是因为让那些不具备专业化的整合素质、能力和水平的极不胜任的人所领导、组织、实施和管理购并整合的必然结果。因此,中式购并整合之道极为重视专业化程度很高的购并整合行家、专家、大家的关键性作用和决定性作用。现在流行花大价钱雇佣和外包专业化的权威机构,来完成跨国购并整合的业务和工作,这样做当然成功的把握很大。但是,如果董事长、总裁和高管团队没有足够专业化的购并整合理论知识和实际经验,那么,你就很可能连如何雇佣和外包给更好的专业机构都做不好。即使你碰到了比较好的专业化的购并整合承包商,人家给你整合好了。但是,你却没有足够专业化的能力将成功整合的成果、经验和知识承接下来和保持下去。最后,还是会殇在、坏在和败在低劣的不胜任的整合能力上。

8.**协同化整合。**包括整体运营的协同效应、规模经济的协同效应、经营管理的协同效应和财务上的协同效应等,都是在成功的整合中产生、实现增强和提升的。所谓协同效应,就是那种 1+1>2 的效应。中国哲学思维和文化精神崇尚"天人合一"即"共和为一"的大整合理念,美国追求的核心价值和立国理念是"其大无外"及"合众为一"。这些都是最伟大、最具魅力、最为成功和依然可以说是最先进的大协同化整合的理念。美国许多著名总统都极为欣赏中国关于"治大国如烹小鲜"的圣哲之言,这个"烹"字的主要内含和外延,其实都是最高整合的功力、本领和技艺。跨国和全球购并发展扩张所亟须的,首先就是这种最为高级或顶尖的整合能力与水平。所以,必须尽快掌握跨国购并的协同化整合与整合协同化的内在规律。

9.**能力化整合。**这也是中式跨国购并整合中，一个极为重要而又高级的整合内容、目标和价值取向。因为企业本身就是一种生产、创造和满足人类不断增长和快速变化的各种需求的能力体系。而且这种体系中的系统能力、综合能力、整体能力与核心能力等，也都是被整合出来的，并且是在不断地整合与再整合中持续增强和提升的，它不是自然产生的。这就是我们为什么将购并企业的一切整合对象、内容和目标统统能力化的根本原因。显然，这是难度最高、强度最大和层次最深的高深购并整合。例如，你所购并的亏损企业还在长期亏损，你所购并的赢利企业很快变成了长期严重亏损，那么你的营销能力、客户开发能力和管理能力、品牌整合能力、运营能力和人力资源创新能力等系统能力或整体运营能力，可以肯定地说，都没有整合好和还没有整合出来，此时这些能力或能力体系，都处在严重缺失的状态和低劣的水平。因而，包括整合能力在内的各种低劣的能力体系，就成为购并整合企业发展的最大“瓶颈”和出现严重亏损的主要原因。必须采取有效对策尽快突破和排除。

此外，还有时效性整合、关系性整合和整合型企业的整合，这些都是中式跨国购并整合之道中的重要内容。所谓时效性整合，就是一切整合必须及时、适时、按时进行和届时完成，这是整合成功之道所必需的要素。时过境迁、旷日持久、不能届时、时间错位和失时过时的购并整合，都是失时、失误、失当、失效和失败的购并整合。因此，必须坚决和严格地予以避免。所谓关系整合，主要是指购并整合的主体和客体之间关系的有效整合。这是如何顺利而快速越过盲区、误区和雷区的重要整合，也是及时有效解决矛盾、冲突、风险和危机最为关键的整合，由于轻视、忽视和小视这一至关重要的关系整合，致使天地华宇的购并整合，走了一个很大的弯路，并且造成了很大的损失、危害和祸患。实际上，关系整合的背后是利益的整合，有的时候还可能转化为政治性很强的社会关系的冲突或危机，例如员工声讨、请愿和罢工，对于一个外国资本主宰的跨国企业来说，必须绝对避免。因此，不但必须首先整合好购并的矛盾、对立、冲突或危机关系，而且还要维护、管理和发展好这个敏感而重要的购并整合关系。所谓整合性企业的整合课题，是指利用好跨国购并企业拥有极好的整合型企业的发展良机和优势条件，而尽快地将它整合成为当今世界上最前沿和最高级的整合型企业，即全球最伟大、最具价值和最受尊崇的价值型企业。如 UPS 和 FedEx、GE 和 IBM、沃尔玛和埃克森等全球驰名企业。为了能够实现这个最伟大的整合目标和发展境界，必须拥有大整合专家型的企业家，或者大企业家式的整合专家才能成功。

大道至简，大道无极。精通跨国购并整合之道，必能创造和成就全球伟大的企业。精熟此道的购并整合专家、大家和企业家们，继续努力奋斗吧！

徐　旭

2010 年 3 月

第一章　购并定位整合

国内国际越来越多失败与成功的企业购并整合案例，已经证明并且还在证明，定位整合是购并企业全面整合的第一要务，是系统整合的实施原点，也是成功整合的牢固基础。没有一个科学准确、高度认同、卓有成效的整体定位、系统定位和战略策略定位，购并企业的任何整合都将无法进行，所谓的整合都会是不着边际的，这样定位不清的整合根本不可能取得成功。

可是，在购并整合的实践中，最容易被轻视、小视、忽视的第一重要整合，就是这个必须明确、准确、正确的购并定位整合。

一、天地华宇购并定位整合六年九大要事纪略

1.2004 年 8 月 23 日起，战略发展部项目经理李唯先生，代表 TNT 大中国区公司，到正在与中国著名的大型国企中外运集团进行秘密谈判战略合作的民营华宇物流集团总部联系竞购事宜。由于 TNT 开出了比自己进入中国的重要战略伙伴中外运集团更具竞争力和诱惑力的购并条件，很快就使得这个非常理想和极为稀缺的购并目标企业，很快地

解除了与中外运集团排他性的秘密协议，于 2005 年 1 月 21 日，转身和 TNT 大中国区公司订立了密约，双方紧锣密鼓地加紧了购并交易谈判的进程。

2. 经过双方一年多的“热恋”和加紧努力，于 2005 年 12 月 6 日，距离中国物流快递市场对外国资本全面开放日 12 月 11 日还有 5 天时间的时候，荷兰 TNT 集团与中国华宇物流集团在上海召开“订婚”新闻发布会，高调宣布 TNT 集团即将收购华宇物流集团。虽然双方签署的只是意向性购并协议，也没有透露购并方式及价格，但却都非常相信双方的共识及其在接下来的一年时间里将会完成全部购并的决心。《中国现代物流报》及有关新闻媒体评价说：如果此项购并顺利完成，势必将成为中国物流界迄今为止最大的跨国购并活动。

3. 2006 年 2 月 27 日，荷兰 TNT 集团收购中国华宇物流集团的法律文件签字仪式在上海隆重举行。TNT 大中国区董事总经理肯·麦高和中国华宇物流集团董事长总裁王振华，在购并双方各 5 人合起来共有 10 个见证人的监督下，共同在要约购并的法律文件上签字。这个由荷皇天地中国投资有限公司购买中国黑龙江省华宇物流集团有限公司全部资产或股权的要约协议，与同类购并协议一样，主要有资产购买、购买价格、卖方的陈述和保证、买方的陈述和保证、不竞争、当事方的进一步协议、管理层留住、绩效奖金、结算日后事项、保障条款、风险损失、责任和赔偿、法律效力等条款。可以说，这是购并双方经过一年多紧张激烈、反复进行整体性的智力和经验博弈，乃至综合利益整合的第一个重要成果。

4. 2006 年 4 月 17 日下午 1 时至 8 时，在上海万豪大酒店，TNT 大中国区公司召开了购并双方高层管理者和相关部门主管共 75 人参加的一次重要整合会议。首先是 TNT 大中国区公司董事总经理肯·麦高做主题讲话；华宇物流集团董事长总裁王振华做相应的讲话。然后是

TNT 集团购并项目总监、人力资源总监和财务总监发言；华宇物流集团运营副总裁和参与购并活动的副总裁讲话。接下来是以问答的方式交流和探讨有关购并定位整合及其他一些最为关切的问题。购并方 TNT 参会者提出的主要问题是，TNT 的企业文化与华宇集团的企业文化差距那么大，将来应该怎样进行整合？被购并方华宇集团的参会者围绕 TNT 的经营理念和发展战略是什么？购并后的主营业务是什么？在经营管理方面会有哪些变化？需要多长时间能够完成购并整合？员工的去留标准是什么？工资和福利待遇是否会提高？以上这些最有兴趣的定位问题寻求比较明确的答案。

5.2007 年 3 月 14 日，即 TNT 集团正式完成对中国华宇集团有限公司全部股权的收购，并且领到了“结婚证书”后的第 8 天，在上海虹桥万豪大酒店举行了盛大的 TNT 成功收购华宇的庆典仪式。从荷兰专程赶来参会的 TNT 集团全球 CEO 彼得·巴克先生在庆典报告中说：“TNT 成功收购华宇对于 TNT 的发展是个里程碑的事件，同时也是我们更好地实施公司战略的重大举措，而且也可以这么说，对于全球的物流行业来说也是一个重大的里程碑。”原华宇物流集团董事长总裁王振华先生在讲话中说，这次成功的收购开创了华宇物流集团发展的新纪元，为华宇物流集团向更高层次、更大目标发展的美好未来奠定了坚实的基础。TNT 大中国区董事总经理迈克·德瑞克先生在庆典宴会上的重要讲话中说：“我想跟大家强调的就是，虽然 TNT 收购了华宇，但并不意味着 TNT 会在经营管理的各个方面对华宇指手画脚。我相信 TNT 会给华宇的经营管理带去一些新的理念，但我相信 TNT 也会从华宇学习到很多东西。华宇集团有很好的公司，很好的员工，双方相互学习才能让公司变得更加强大，从而共同打造中国最强大的递送网络，我渴望带领这样的团队达到一个更高的高度。同时我也希望新的公司能够成为中国业界的领导者。”在热烈欢迎全体华宇员工加入 TNT 大家庭的祝酒词中，迈克·德瑞克先生再次强调说："对于 TNT 和华宇能够并肩奋斗，我感到深受鼓舞。我们的战略目标是致力于打造中国最强大的递送网络。我坚信，华宇和 TNT 取长补短，优势互补，是我们在中国取得业界领导地位的秘诀所在。"

6.2007 年 7 月 23 日，据"荷兰新闻"消息称，TNT 集团成功地收购中国民营华宇物流集团后，于 7 月 20 日以天地华宇作为其新的业务品牌和新的企业品牌正式启动。TNT 集团公司凭借对华宇物流初步整合的完成，从而一举拥有了中国国内最大的公路快运网络。

7.2007 年 9 月 3 日，在天地华宇物流集团上海总部召开了一次极为重要而又令人疑惑重重的高管会议。会上宣布 TNT 大中国区董事总经理迈克·德瑞克，不仅继续兼任天地华宇集团董事长职务，而且又兼起了这个集团公司总裁的职务。而在同年 3 月 8 日致华宇同事的信中"非常高兴地宣布庞复兴先生作为华宇公司总裁"的那个人，却从此莫名其妙地消失了。是被罢黜了？被驱逐了？还是自己挂冠而去了？至今不得而知。实践证明，这个极不胜任的被阵前草率推上天地华宇首任总裁宝座的近 60 岁的门外汉，不到六个月就销声匿迹了。如果说他有什么业绩或贡献的话，恐怕有三条最为明显、突出和值得铭记：一是他本应信守收购协议之规定，与原华宇集团董事长王振华精诚团结、紧密合作两年直到 2008 年年底，"以确保购并后的公司实现既定目标"。这个攸关购并整合成败的极其重要的两年精诚合作的期限，连两个月都没有维持下来，就以王振华被他们"驱逐"抑或"逼走"而过早地结束了。二是把一个创立 12 年来，业绩一直大幅度快速递增和赢利的中国最著名的公路零担运输的龙头企业，在最短时间搞得严重亏损了，致使广大员工大失所望。于是出现了"TNT 会不会把他们导致的严重亏损的华宇再转手卖掉"的深度忧虑。三是他上任后，就一直是横挑鼻子竖挑眼，今天"整"这个，"改"那个；明天废弃这个，否定那个；就是不抓也不会抓大型物流集团企业的经营管理和可赢利增长，更是不会也没能力抓好购并企业的平稳过渡和整合提升等关系企业前途命运和生死成败的大事，结果，很快就把自己从总裁的宝座上“整改”和“否定”掉了。这是购并成功后，TNT 集团对天地华宇首任总裁职位的综合素质、领导能力、管理水平和实践经验的胜任定位及其任命整合中，最不应该发生的一个危害和影响极其严重的大失误。

8.2008 年 7 月 7 日，TNT 大中国区首席执行官迈克·德瑞克正式任命，TNT 大中国区公司人力资源总监兼天地华宇高级人力资源副总裁、36 岁的徐水波先生为天地华宇集团的首席执行官。2008 年 1 月 22 日，在上海千禧海鸥酒店举行的天地华宇 2008 年管理年会上，当时还是集团兼职人力资源副总裁的徐水波，就做了一个比身兼 TNT 大中国区及其天地华宇集团两个公司四个最高职务的迈克·德瑞克的年会主题报告的内容和演讲时间都长一倍的“超级”讲话。题目是：“呼唤华宇企业家创业精神的回归，营造开放、合作、朝气蓬勃的新局面，携手共进，再创新华宇的辉煌”。在洋洋洒洒两万多字的长篇演讲中，他总结了 2007 年天地华宇集团在人力资源工作中的最大进展、收获和成绩，是“搭建了华宇与 TNT 管理层之间沟通的桥梁，开始营造一种尊重人的氛围和一种激励绩效的奖励文化”，并且明确指出，这是对华宇所进行的一个革命性的变革。在论述新一年里的人力资源工作时，他指出，“我们在 2007 年走了弯路，2008 年我们终于回来做人力资源工作了，我们要在全公司营造一种没有恩怨，只有奖励的绩效文化、阳光利益文化、科学管理的细节文化、公平开放向上的用人文化”，等等。

9.2009 年 3 月，《在线国际商报》发表了一篇题为“天地华宇整合大功告成？”的报道。其中说道：“中国陆运市场上排名前列的天地华宇公司 2008 年的业绩仍然逆势上扬，并且高调推出‘定日达’高端陆运服务，这是否标志着天地华宇的并购整合工作已经顺利完成？”“2007 年 6 月加入TNT大中国区出任人力资源总监的徐水波，自2007年9月开始在天地华宇的整合中扮演主要的角色。2008年7月，鉴于他在整合中的出色表现，TNT总部任命他出任天地华宇集团首席执行官”。

又据2009年9月22日《21世纪经济报道》，在朱宗文香港报道中的“整合华宇”标题下的资讯说：“我感到非常骄傲，在中国跨国公司并购成功的案例并不多，而我们是其中的一个。提起华宇，亲自参与并购和整合的德瑞克先生就显得异常兴奋。”

另据相关媒体报道，“2009年4月25日下午，TNT大中国区天地华宇集团总裁徐水波先生作客‘聚劲论坛’，与复旦MBA学子分享了天地华宇并购的精彩之旅，为复旦学子带来了一堂生动的企业并购整合案例课！”“徐先生精彩的实战经历和独特的视角道出了整合管理和HR管理的精髓，睿智的光芒闪烁于整个讲座，跌宕起伏的并购整合故事情节背后，折射出的是他敢于谋大事的魄力、能够成大事的谋略和高瞻远瞩的视野。”

在2009年公司内部一次领导与员工的季度沟通会的报告中和其他有关会议的讲话中，集团首席执行官徐水波曾经多次非常兴奋又极其自豪地告诉大家，TNT集团全球总部和包括中国在内的北亚大区，都向外界宣布：“购并后的天地华宇整合，已经取得了巨大成功！”

在2009年第13期《中国物流与采购》上发表的“天地华宇振兴之道”的文章指出：“收购是否成功？整合是否彻底？这几乎变成每一任天地华宇当家人都必须面对的问题，徐水波认为，TNT之所以能够顺利完成对华宇的并购，其在文化、人员及管理上所作的恰当整合功不可没，而这种整合不仅释放出了巨大的推动效应，而且也适时颠覆了行业传统，确立了行业的新规则。”

以上关于天地华宇购并整合九个乃至更多方面的重大纪事，不仅都直接或间接地反映和体现了购并定位整合的进展、状况、成败得失和经验教训，而且还涉及在定位整合中不可避免的出位、跨位、升位、错位、乱位和失位的严重问题。

二、天地华宇购并定位整合已经获得成功

据2009年8月18日，华翼网新闻中心“荷兰新闻”消息报道：荷兰TNT集团北亚区董事总经理迈克·德瑞克先生日前向外界表示，“要在中国市场有竞争优势，就要靠差异化取胜。TNT在中国的定位很明确：一是要做中国和欧洲之间的最大国际快递供应商，二是要通过天地华宇继续拓展国内运输业务。”这条重要信息的标题是，“荷兰TNT集团在中国的定位明确”。解析这条重要信息的全部涵义，可以概括为如下五句话：一是TNT集团在全球物流市场上实行的是差异化制胜的战略定位；二是这个战略定位在中国市场上体现为两大重心——中欧之间最大的国际快递服务商和继续拓展天地华宇国内公路运输业务；三是这个战略定位目标是为TNT集团全球第一、欧洲第一和中国第一的总体定位战略服务的，或者说是全球总体战略的支撑和保证；四是这个总体战略目标定位，特别是在北亚区及中国市场上的区域战略和局部战略目标定位，都是经过多年不断进行定位整合的结果，尤其是购并华宇物流之后定位整合的成果；五是进一步厘清和明确了天地华宇今后在中国市场上的一系列定位依据、定位方向、战略目标定位、主营业务定位，以及与TNT中国的国际快递之间定位的关系等等。

1.购并定位整合是企业生存和发展的根本

自从荷兰TNT集团1988年5月27日，通过与中外运集团合资成立中外运天地国际快递公司进入中国市场的那一天起，就一直在寻找、

确立、调整、巩固自己在中国这个全球最大和前景最好的新兴市场中的最核心的市场定位、最好的使命定位、最大的发展战略定位和最高的行业地位等。在它与中国邮政、中外运和其他一些企业进行战略与策略合作的过程中，也都是为了检视、调整和校正自己在中国市场上最为有利或最能更大赢利的竞争地位，这其中包括 TNT 集团中国公司的组织功能定位、主营业务定位、核心产品定位、企业使命定位、公司价值定位、独特优势定位、品牌特质定位、客户群体定位、行业地位定位和战略目标定位，等等。他们抢购华宇物流更是为了自己能够在中国市场上找到和拥有一个堪与国际快递巨头之一相匹配的能够更好地生存、发展、扩张，并且尽快地成为中国第一乃至世界第一的强大地位，或者领导者地位。

现在看来，之所以被国际国内业界和诸多媒体称为“不按牌道出牌”、“打牌方式多变”和“捉摸不透的企业”；比如，今天并购澳大利亚的 TNT 快递，明天意外地卖掉其三大核心业务之一的合同物流和砍掉“安吉天地”，后天又快速并购中国最大的民营零担物流华宇集团和与中远物流交换某个国际市场，动辄大刀阔斧地进行内部改革、调整与重组，等等，让人感到眼花缭乱、神秘莫测和难解其意，其实都是为了确立自己最佳发展扩张地位和战略目标的具体表现，都是为了能够有一个更有利于生存发展、快速扩张和更大赢利的优势地位、强大地位、制胜地位和领导地位。这个最终目的完全可以从 TNT 集团全球 CEO 彼得·巴克先生、TNT 中国和北亚区董事总经理迈克·德瑞克先生、天地华宇历任总裁的对外讲话、署名文章和新闻报道中找到根据和得到证实。因此，我们可以得出这样一个结论：TNT 大中国区的定位整合，特别是购并后的全新企业——天地华宇的定位整合，不仅是企业的安身立命之本，而且也是企业其他一些整合取得成功的起点、元点、根基和命脉。当然，企业的购并成功、获得更大的协同效益、具有强大生命力和广阔发展远景等最佳定位，也都是进行最优整合的结果。

2.购并企业定位整合应当抓住的本质和规律

2008年12月5日，天地华宇第三任首席执行官徐水波先生，在第六届中国物流企业家论坛暨2008中国物流企业年会上，做了一个题为“优化整合，服务升级”的演讲报告，对于一个三年多没在中国物流业界最高论坛上露面和讲话的曾在购并时引起很大震动的外资购并企业而言，再也没有比这个题目更好的演讲了。在简要地介绍了关于TNT和天地华宇的概况之后，徐水波极为兴奋和十分自豪地宣布“天地华宇的并购整合取得了巨大成就”。

在这之前的两年里，业界及相关媒体一直没有得到成功并购后有关天地华宇整合及其运营业绩的信息。有的媒体说天地华宇正在进行“低调整合”、“初步整合”，已经进行了“适当整合”；有的传媒猜测说天地华宇“并购整合大功告成”，等等，就是集团董事长、总裁或者首席执行官自己，要么从来没有说过“并购整合的事情”，要么只在文章中提到过“恰当整合”的字眼，即使在天地华宇内部每个季度都要进行的员工沟通会上，也从来没有涉及购并整合的话题和内容。因此，这个演讲报告理所当然地引起了物流业界与公司上下的格外关注和很大兴趣。为了解析取得巨大成就的天地华宇在并购整合中是怎样进行定位整合的？从而找到和阐释跨国企业购并定位整合的本质及其规律，特此摘录徐水波演讲报告中的五个要点，以期小中见大、由表及里、去伪存真、探索研究，得到跨国购并的定位整合之道：

一是制定和实施了集团新的发展战略；二是运用全新的企业愿景进行了全景式领导；三是建立和推行了全新的核心价值观；四是引进TNT最先进最高级的企业理念指导运营和管理；五是公司的市场竞争优势不断增强。讲完了天地华宇并购整合后的取得的上述五个方面的巨大成就之后，徐水波总结说：“综合起来说，经过三年来的并购整合洗礼、学习提升和实践历练，天地华宇的网络优势、品牌优势、人才优势、团队优势、客户资源优势、成本管理优势、核心专长优势和行业领先优势都十分明显。”

在徐水波所说的经过两年并购整合所取得的上述“八大优势”中，虽然没有罗列和明确指出企业的定位整合内容与重大作用，但是在每一项购并整合的内容中，都无一例外地蕴涵着一个购并定位整合的问题和课题，并且这“十分明显”的“八大优势”，就是并购整合企业更高级、更深刻、更精准地进行定位的要素和基础。可是，它必须经过“九段整合高手”、并购整合专家或者大整合者能级企业家的精心整合，才能达到那种科学准确、统合综效、生命力强大而持久的全新定位整合标准与境界。只有这样，并购企业的定位整合，才算真正到位和取得了巨大成功。也只有这样的整合结果，才能充分发挥购并定位整合的命脉性、决定性、使命性的重大目的和长远作用。

购并企业定位整合的实质和根本目的，就在于比较及时准确地找到和确定与企业快速发展扩张最匹配、最适合、最能充分发挥购并企业核心能力和独特优势的最大市场空间、最大顾客群体、最大利润区域、最高行业地位、最高品牌价值和最高发展目标，从而实现以最小的资本投入获得最大的利润回报。

购并后企业定位整合的结果，不仅是整合本质和定位本质的简单相加，而且是购并的主体企业与被购并的客体企业这两个企业原来最佳、最优、最强定位的全新整合，这个重新整合出来的全新定位，一定是三种结果：即以购并的主体企业定位为主的全新整合成果；以被购并的客体企业定位为主的全新整合成果；以购并的主体企业和被购并的客体企业相通、相融、相加的优势、专长、核心能力的协同及其升华为主的全新整合成果。上述三种不同深度、层次、能级的购并定位整合，都是由不同类型的购并定位整合的实际特点和内在规律所决定的。

购并整合企业定位整合的本质，是两个企业或多个企业以市场为导向、聚焦目标客户群体、以更好地满足顾客需求为目的、牺牲性的生存和发展、放弃性的获得和赢利、独创性地创造客户价值和企业最大化发展的一种高级战略性大整合，也是使购并整合企业占据更大市场份额、更强势的行业最高地位的根本途径，更是将购并整合企业深深植入最丰厚利润沃土的根本。

购并企业定位整合的目的是创造和升华协同优势，增强和提升核心能力，推出和营销全新品牌，凝聚和扩张客户群体，提升和创新服务品质，最大限度地实现企业的使命和价值。

购并企业的定位整合，就是必须整合出来购并企业最佳的全新定位及其协同效应、规模经济效应、整体综合效应。因此，这个购并定位整合必须快速到位和及时高效完成。定位结果的任何模糊、偏离、错位、虚妄和失误，定位的好高骛远、妄自尊大、不切实际、朝三暮四、变幻不定和自相矛盾等，都是购并定位整合中常犯的一些严重错误，是损失巨大和后患无穷的错误，也是导致整个购并整合失败的最大错误。

3.购并企业定位整合应当遵循的法则和程式

可以说，购并企业的定位整合是一个系统工程，其内容丰富，系统复杂，过程艰难，法则规范，程式较多，对整合者和参与人员的素质、能力、水平都要求很高。当然，它的决定性作用、制约性作用和影响性作用极大。

从整合的对象和内容来说，可以说无所不包，无处不在；在购并企业中，没有一人、一事、一物不需要进行重新定位整合和整合出自己的全新定位。例如，TNT 大中国区的董事总经理德瑞克当上了 TNT 华宇物流集团的兼职董事长，他就必须首先按照这个董事长职位的综合素质、领导能力和管理水平的标准要求来定位和整合自己，否则他就没有资格、能力和水平，去主持、领导、决策、组织、管控、推动和届时完成整合花费巨额资本竞购来的华宇物流集团，同时还要确保购并企业既定的可持续的赢利增长目标。这无疑是一个至关重要的胜任定位和自我胜任整合的重大问题。否则，这些不堪重任和极不胜任的董事长、总裁或首席执行官，就会把一个本来好端端的被并购企业整合得一塌糊涂、败象丛生、亏损衰落和走向失败。当他又兼任了集团总裁时，他又必须增加和进行总裁职务定位和胜任方面的整合内容。如果不是这样不断进行董事长和总裁职务重新定位的自我整合或者被别人整合，那么，他在实际履行董事长和总裁职务时，必然会出现整体素质、领导能力、经营管理水平和实际经验阅历等方面的不到位、空位、缺位、错位和失位等错误。实际上包括天地华宇最高管理者在内的多数胜任者，他们都是或者自觉与主动，或者不自觉与被动地进行着艰难、痛苦、沉重的同时担当多个最高领导和管理职位的自我定位整合与胜任整合之中，很不胜任地履行着一身兼任多个最高职位、职权、职责。虽然，他们也表现出了时间、精力、能力和水平等方面的明显欠缺和顾此失彼等诸多错误及问题，但是，仍然很不胜任或者极不胜任。这也是他们在总结 2007 年工作时为什么会说，“过去的一年是充满冲突、挑战、危机和考验的最为艰难的一年”，“这也是学习和成长的一年”的原因和道理所在。

又如，TNT 集团全球 CEO 彼得·巴克在成功收购华宇庆典报告和致词中说，“今天最重要的应该是欢迎原来的华宇员工，因为今天不仅是欢迎大家参加这个庆典，同时也是欢迎华宇员工加入 TNT 大家庭”。毫无疑问，从他于 2007 年 3 月 14 日上午 10 点 30 分讲这个话的时间起，被欢迎加入 TNT 企业大家庭的原来华宇集团的每个员工，不管是集团副总裁、大区总经理、各级公司经理，还是部门主管和每个员工，都必须无一例外地进行自己的定位整合。因为从此时此刻开始，必须进行自己的重新定位整合，并且以此定位标准和要求为目标，进行思想、素质、能力、业务、技术和文化上等各个方面的定位整合，并且尽快地达标。否则就会出现定位、角色、关系、业务和工作上的各种错误。当然，购并成功后进入天地华宇的员工、管理者和高管等一切人员，也同样需要进行定位整合和到位整合，否则任何工作都不可能胜任和做好。而且这些不同层级的员工和管理者以定位整合为基础的其他一切整合任务，可能更艰巨一些，并且复杂得多。因为天地和华宇购并双方的企业知识、文化、业务特点、管理风格、规章制度和组织资本等都需要学习、了解和掌握，否则将寸步难行、无所作为、错误丛生，可能会导致失败。

除了关于人的定位整合之外，关于事物方面必须进行的定位整合不但很多，而且更为艰难。例如关于购并后全新企业的整体定位整合、集团企业组织结构和功能作用及其管理模式等准确的定位整合、集团品牌和企业形象的定位整合、企业核心能力和独特优势的定位整合、集团运营网络的定位整合、市场营销战略定位和行业地位的定位整合、市场份额目标的定位整合、新的用人标准的定位整合；又如企业共同愿景、核心价值观、企业文化、经营哲学和发展战略的定位整合；再如品牌营销、网络运行、客户服务、安全健康、社会责任、信息化支持和服务、工资福利和行政保障等方面的定位整合内容就更多了。如果没有这些方面的适时整合、有效整合、到位整合、持续整合与成功整合，必然会出现混乱、无序、矛盾、对立、障碍、事故、冲突、危机、挫折、破坏和失败。

无论是关于集团公司、管理区域和各种类型公司层级重新进行整体定位的整合，也不管是关于各种类型各个层级团队和人员的系统定位整合、局部定位整合、个体定位整合，还是关于事物、规则、流程、标准、制度等方面的定位整合，都必须遵循它们内在的整合法则、模式和流程来进行。只有这样，才能避免和减少失误，及时取得更大的成功。

关于定位整合的法则、模式和流程，可以说是多种多样。关键和要领就是一定要根据自己整合的对象、内容、取向和目标特点的实际情况，有选择地创造性应用。因为世界上没有一成不变和放之四海而皆准的理论工具，不顾实际的照抄照搬，任何法则都不会成功。只要我们翻一翻、读一读、比一比、选一选那些比较适用的整合宝典、定位法则和并购整合权威指南之类的书籍及文章，就一定会遵循理论与实际相结合的原则和大胆实践勇于创新的方法，成功地进行跨国购并的定位整合。

三、天地华宇购并定位整合成败得失的初步解析

如果真的就像TNT集团荷兰总部、大中国区及其天地华宇集团董事长和首席执行官对外宣传的那样："天地华宇的并购整合工作已经顺利完成"、"天地华宇整合大功告成"、"天地华宇并购整合取得巨大成就"。那么，当然是"天地"应该为之欢呼，"华宇"更应为之庆幸，天地华宇皆大欢喜，堪称里程碑式的大好事！对于我们来说，就应该专注精力于认真研究、深入探索、大胆求证和总结推广其购并整合的成功经验了。

1.购并企业定位整合必须遵循三段流程模式

这就是"竞购洽谈中的定位认知整合——购并交易成功后的定位认同整合——三年实践后的定位认定整合"。这个三段式的购并定位整合流程模式，是国内国际任何企业成功进行购并扩张都必须遵循的程式。现在看来，完全可以把这个程式上升到普遍规律的高度。

第一段的定位认知整合，是指购并活动一开始，甚至还没有开始，一直到购并交易的成功，竞买和竞卖企业双方对自己和对方企业的营销宣传定位，特别是实际定位和市场地位以及行业定位进行认知整合的过程。显然，这是竞买与竞卖企业选择目标企业的根据，更是交易双方讨

价还价和最后形成双方同意的成交价格的根据。当然，也是购并成功后，购并企业制定全面、系统、有效整合方案的根据。这里应当明确指出的是，买卖双方对自己和对方企业的营销宣传定位，尤其是实际定位整合认知所得到的信息是不对称的，这正是买卖企业的购并谈判之所以那么艰难、曲折、深奥和具有魅力的原因所在。由此可见，谈判双方各自的经验、智慧、能力和策略的高低，是决定成交价格和损益大小的决定性要素。难怪有专家说，华宇物流集团卖 13 亿人民币不算少，TNT 用 18 亿，甚至 20 亿元人民币买到华宇物流这个中国最大的公路运输名牌龙头企业也不算多。如此巨大的价格差异的根本原因，就在于由谁来买卖、怎样进行买卖和何时买卖了。

第二段的定位认同整合，是指购并交易完成后，购并主体企业经过一段时间的调查研究而确定新的定位。对于这个更符合实际的定位成果，自己首先认同，然后是被购并企业的高管和各级员工的认同，最后形成双方一致认同的定位整合过程。这个阶段的关键，首先在于购并企业新的定位整合成果本身是否具有强大的洞察力、认同力、号召力、凝聚力、沟通力、征服力、推动力和整合力。

第三段的定位认定整合，是指经过一段必要或足够时间的不断调试和实践验证，最后认定、坚定不移地实施和有效执行全新定位的过程。这个阶段的关键是董事长、首席执行官、高管团队、各个层级的领导人、管理者和员工的沟通力、领导力、管理力、执行力和监控力的大小、优劣、强弱。实践证明，购并整合企业必须在经营管理的实践中，根据实际变化和发展需要来调整及校对自己的定位，这样才能适应快速多变的市场态势，以满足客户不断变化和日益提高的需求。

2. 购并企业定位整合必须坚持三个突出原则

在跨国购并定位整合中必须坚持的“三个突出原则”：一是突出企业

所服务的目标客户；二是突出企业独特的价值主体；三是突出企业品牌的形式格调。

所谓突出企业所服务的目标客户，就是指首先要对企业所服务的目标客户群体进行清晰、准确、有效的定位，这就是著名的客户定位法则。一个企业的首要使命就是服务客户和创造更多的客户。在为一个企业的产品或服务进行定位之前，必须首先为这个产品或服务的购买者和使用者进行准确无误的界定。无所不能和无所不包的企业是根本不存在的，所以必须有所牺牲、有所舍弃、有所不为，才能大有所为和更好作为。吸引和服务于什么样的客户，远比吸引和服务于多少客户更重要，因为“80%的购买来自20%的客户”，最好的定位就是找到这20%的客户。这个最为简单的道理和奥秘，并不是进行定位整合的每一个企业及总裁都懂得和能够做到的。因为，在他们心灵深处存有的许多不良心智模式，限制和障碍了他们全面的认知和正确的选择，这也是许多企业的定位往往偏离主要和最重要客户群体的主要原因。

所谓突出独特的价值主体，就是指企业重新定位和购并整合定位所必须奉行的卓有成效的市场集中法则与概念专有法则的整合应用。在一位知名定位实践专家的定位世界里，他这样认为“所谓定位，就是把满脑袋的头发拔得只剩一根，在风中招摇”，这就是创造独特的定位效应。实际上，突出独特的价值主体，也就是突出唯一或突出第一的价值主张和定位法则。从本质上说，这就是业界领导者、国际驰名品牌、全球大品牌的独特理念和价值定位的最高境界，在全球物流快递行业里，只有UPS和FedEx等极少数真正开创物流先进理念、创造全新运营模式行业标准的领袖型巨头企业才能做到。而一些徒有虚名、狂妄自大却大肆炫耀的所谓的跨国公司，或者总是自诩自己是行业领导者和领袖企业，他们不是拾人牙慧、炒别人的冷饭，就是与人雷同，跟在人家屁股后面跑，却把袭用称为自己的独创。如此这般花里胡哨的所谓定位整合或整合定位，其结果必然是既为人家做了嫁衣，又在业界落得个贻笑大方的结局。

所谓突出品牌的形式格调，就是指定位的表现形式必须是独创性的，格调必须高雅，必须具有独特魅力，从而达到名头最响、美誉度最高和忠诚客户最多的顶级品牌的境界。虽然表现形式并不是最为关键的，但是最好的表现形式更能彰显定位的格调和内容，所以绝对不能落入俗套和平庸。至关重要的创新形式和高雅格调是关系定位及其表达是否成功的关键，绝对不能小视。追求创新形式，突出高雅格调，讲究品牌效应，是企业品牌定位和包装推广定位的主旨、精髓和目的之所在，也是决定同类企业在业界竞争地位和至尊地位的关键。UPS式的企业品牌营销定位就是这样，它独特价值突出，诉求能力强大，能够征服更多客户的心，总是独步最高境界，留给目标客户和广大受众的印象深刻而长久，成为越来越多客户首选的理由和动力，可以说是独树一帜，领先世界，魅力无穷，令人佩服，堪称典范。

3.购并企业定位整合必须协同跳好三步舞

一是向企业的董事长、总裁或首席执行官，向企业高管团队（管委会）和各个层级的经营管理者（经理人），向企业全体员工特别是直接服务于客户的一线员工，采取最有效的措施、途径和方法，传达好、灌输好、递送好这些必须认真贯彻执行企业全新定位的“内部客户”，这是购并双方上下协同必须跳好，而不能跳坏，也不能跳错节奏、跳乱舞步的最为关键的第一步。

二是向正在为其服务的现实客户、目标客户和潜在客户，应用更为有效的办法宣传、沟通、营销、推广和让他们接受并购企业新的定位。这是必须一起协同跳好的第二步舞，其标准和要求是必须跳得真诚、准确、高雅、动人，让人魂牵梦绕，铭记在心，从而让各种各样的客户跟着学，跟着跳，一起跳，共享同跳双赢的快乐。我们知道，在经常举行的世界性国际标准舞大赛中的十种舞蹈，都是男伴女伴配合默契、旋律和谐、身心共鸣、协同共舞、共同努力创造而获得双方的巨大成功。我们同客户之间的合作关系，本质上也就是一种美好而奇妙的男伴与女伴协同共舞的合作共赢关系。

三是向包括政府主管部门、业界、供应商、利益相关单位和企业同仁在内的广大受众，传播和交流并购企业定位整合的成功，以便得到更好的支持和帮助。这步舞也是很重要、很必要的，必须把它跳好。

我们看到，在跨国并购企业的定位整合实践中，大多数企业并没有足够重视这极为关键的最后一步。部分重视的企业也是主次颠倒，舍本求末，表现为对第三步舞的重视，对第二步舞的轻视，对第一步舞的忽视，以至于出现了企业最高当局和领导人，都已经多次对外宣布“企业整合大功告成”、“并购整合取得了巨大成就”、在大学讲堂和业界论坛上传授所谓的“并购整合经验”了，而企业内部太多的管理者和员工却感到惊讶和忧虑，因为从来都是大幅度赢利的企业，现在已经被购并“整合”得严重亏损了，而且三年多来一直都在严重亏损。实事求是地分析研究一直严重亏损的主要原因，首要的一个原因，就是购并定位整合与整合定位出现和发生了比较严重的错误，具体表现为定位不准、定位不对、定位乱变、定位虚妄和定位短视。特别是在高管团队、品牌价值、市场营销、客户群体和发展战略等方面更为明显。

第二章　品牌购并整合

道可道，非常道；名可名，非常名。

无名，天地之始；有名，万物之母。

本章开篇如此庄重地引经据典，主要是为了探索天地华宇购并之后品牌整合的众妙之门，也是为了找到能够明确阐发伟大企业“既无永久不变之道，亦无永久不变之名”、“天地与我共生，万物与我为一”和“天地之道，恒久不已”等充满哲学智慧的道理。我们再也找不到比这更合适天地华宇的共同愿景、企业使命、核心价值和美好未来的更为丰富多彩以及有深厚内涵的品牌整合之道了。

一、荷皇天地集团及其大中国区公司的品牌文化

1. 让 TNT 拥有统一而独特的品牌风格

这是 2007 年 2 月 3 号《天地之音》在不太显著的“在商言商”栏目中刊登的一篇品牌推介文章的题目。该文说：“TNT 快递总部最近颁布了《品牌使用指南》。它完善了当前的 TNT 品牌系统，增加了品牌表现元素。它不仅规范了 TNT 的企业标识、企业颜色、标准字体、签名、制服、

包装、办公文件、促销品设计、公司手册、演示模版、展台设计、网上促销活动及内刊样式，而且特别规定了我们在同客户及同事间进行沟通时所应使用的视觉元素和口头表述风格”。

总部营销沟通总监安德鲁·休迪斯解释说：“视觉元素表述的是我们应该如何通过弧线、画面等来体现我们的风格。口头表述作为一种新的品牌元素，规定了我们对客户及同事间交流时应使用的措辞。”

在新的品牌使用指南中，视觉元素方面最主要的改变包括新的企业标语：“我们的事业就是成就您的事业”（暂译），和具有动感风格的弧线和画面。所有这些视觉元素都将用在所有的营销及沟通资料中。

“在口头表述方面，品牌使用指南规定我们应使用能够反映我们的企业个性和价值观的语气和措辞，来同我们的客户和同事沟通。这种语气和措辞应当真挚、自信、富有亲和力和合作精神。”在书面沟通和交谈中，我们应当避免晦涩难懂的专业术语和缩略语。总部营销沟通总监说：“通过在 TNT 全球范围内使用统一而独具特色的视觉与口头表述体系，我们将在市场上逐步树立起更强大、更与众不同的企业形象。”

我们之所以全文引用上述全部原文，目的是为了让业内专家和广大读者解析这个 TNT 品牌视觉形象系统的核心要素——企业标识的蕴涵、特征、格调、层次和专业程度，特别是明确认知 TNT 品牌的视觉冲击力、认同度、市场效应和整合能力。诚然，这仅是深入了解和全面认识 TNT 品牌核心价值、本质特征和独特风格的开始。

2. TNT 品牌是通过购并一起买来的

TNT 品牌的发源地在澳大利亚。开始于 1946 年，肯·托马斯先生创立的一个小小的货运公司。最初，这个很小的公司只有一辆卡车，每天运输木头、水泥和玻璃瓶子。每周的利润是 8 美元，后来拥有一个独立的车队。经过数十年的快速发展，他的公司成为一个著名的全球快递企业，甚至有了自己的航空货运机队。TNT 品牌是他的著名国际快递物流公司名字的英文缩写。

1996 年 12 月，这家经过半个世纪快速发展扩张的全球著名快递公司，经过一些公司的竞标被荷兰皇家邮政 PTT 成功收购。一个非常重要的战略决策就是 TNT 快递业务和 PTT 邮政业务的整合。而整合后的 TNT 快递业务仍然完整使用原来 TNT 的品牌名字，这是荷兰 PTT 邮政收购得到的最重要的无形资产，从而使 TNT 和 PTT 共同开创了全球发展快速扩张的新纪元。这时，TNT 集团除了三大核心业务邮政、快递和物流外，其他业务已经全部廉价卖掉。到 2005 年，TNT 集团的全球快递业务的收入已经达到 53 亿欧元，年赢利 4.74 亿欧元。相对于邮政和当时还没有售出的合同物流业务，快递业务不仅在集团收入中所占的比重最大，而且利润率也最高，是该集团最赚钱的业务板块。支撑 TNT 快递业务高效和最赚钱的秘密武器是他们所拥有的完善的运营网络，由此而产生的规模效应和快递服务的高度灵活性。

3. 从 2006 年起将 TNT 作为集团全球的统一品牌

荷兰皇家邮政在品牌使用和推广过程中，曾经使用过 PTT、TPG 和 TNT 等多个品牌。不同的业务板块、本土企业和进驻外国的公司品牌使用比较混乱，对集团全球发展扩张的速度和能力影响较大。名不正、名不顺、名过多、名不响、名重复和名有所忌等，不仅影响和障碍着一个国际化大公司的全球化扩张和成功购并整合，同时也是品牌命名和实施系统化、个性化和专业化品牌战略的一个大忌。于是，2005 年 1 月 4 日，TPG 集团宣布，从 2006 年起将以 TNT 作为全球一切业务的统一品牌。在 2005 年 4 月 8 日召开的集团股东大会上，一致通过了全球统一品牌的议案，决定从即日起，将集团的名称、上市股票的名称和全球一切业务的名称都统一使用 TNT 名称，TNT 成为荷兰皇家集团全球统一的品牌。从此，TNT集团进入了全球统一品牌发展扩张的新时代。

TNT统一了全球品牌之后，荷兰皇后立即授权TNT集团在荷兰境内，可以在TNT邮政名称之前冠以“皇家”的荣誉称号。毫无疑问，以一个全球统一的品牌开展业务将有利于扩大集团在世界范围内的知名度，同时也能使不同业务的沟通更为有效。

集团名称的统一和变更，进一步加快了集团的国际化进程。PTT邮政在1996年收购了TNT之后取名为TPG，并于2002年又改为TPG邮政。当时，除了本土之外，集团在8个欧洲国家都开展了邮政业务，其中只有部分业务采用TNT的名称，严重影响欧洲的统一运营和管理。随着这次公司名称的统一和更改，公司的标准颜色也改成了集团统一的橙色。

TNT集团全球首席执行官彼得·巴克说:“我们希望把TNT进行全球重组整合，从而为我们的客户提供优质、高效、灵活的服务，我们感谢全球16万名优秀员工为此做出的不懈努力。相信TNT这个品牌能够促使现有客户继续使用更多的服务，更能吸引大量的新客户。我们也坚信直邮部门的员工，很快就会像对他们现在所熟悉的红色那样，对TNT的橙色产生深厚的感情。”集团邮政部门的TNT品牌转换工作，于2006年开始分段实施。届时4 500名邮政职员的制服也会根据新的企业形象重新设计。随着统一品牌转换的逐步实施以及企业形象标识的逐步更替，TNT的橙色标志将会越来越广泛地出现在人们的视线中，而邮政部门也将会逐渐融入TNT的企业文化之中。

4. TNT大中国区首个品牌推广活动全面启动

2005年3月18日，TNT大中国区首个品牌推广活动在全国各大主要业务城市展开了全面的攻势。在见惯了被竞争对手的黄、蓝、紫、棕色统治物流和快递的广告世界后，TNT终于以一道耀眼的橙色光芒打破了自己在品牌宣传上的沉默，为农历新年过后的中国快递和物流市场，注入了一股新鲜的橙色活力。

作为进入中国市场以来推行的首个品牌宣传扩展活动，此番 TNT 大中国区公司的广告宣传计划，通过对众多优秀广告公司品牌定位的评估，确定了以“你”作为主诉求对象的创意理念，突破常规的以“我”为中心的角度出发，以服务的被提供者——“你”为核心展开全面的品牌宣传。对于我们的客户而言，这就是“你的 TNT 次方”，就是“助你和你的企业实现几何级数的增长”。

这次的品牌推广活动，不仅涵盖了 TNT 在中国开展的快递、物流和直邮业务，而且还从广阔的业务领域、优秀的团队合作、满意的客户服务、睿智的供应链解决方案等方面，全面阐述了 TNT 在中国的综合业务优势。与此同时，公司还采用了电视、平面和室外广告等各种媒体相整合的形式，先后在上海、北京、广州、深圳、杭州和南京等主要业务城市，刊出了我们的广告，以期通过这些广泛的媒体覆盖率和独特的广告创意，全面提升 TNT 品牌的知名度，从而赢得了更多的潜在客户。

5.效率能够达到几何级数增长的品牌诉求

这组广告创意在 TNT 集团内部进行的调研中得到了非常积极的评价。在针对物流和快递用户所做的两次调研中，该品牌的推广活动也收到了非常积极的反馈：在一份广告调研报告中转述客户的评价说，达到几何级数的增长，这就是你的 TNT 次方，对我来说，这意味着 TNT 将成为我的潜在合作伙伴。“看了广告后，我现在觉得 TNT 的品牌代表了一种团队精神，这是一家愿意全心全意为我们提供服务，并且能让我们更强大的公司”；“这组广告表达了 TNT 是一个值得信赖的公司，也是值得一试的公司”。对于这个首次 TNT 品牌广告的推广活动，TNT 的内部顾客（员工）也给予了很高的评价。

上海分公司销售经理顾毅说:“这是我进入TNT八年以来,公司在中国市场首次大规模进行广告宣传的投放。作为销售队伍里的一员,我甚至有点欢呼雀跃的感觉。因为这不仅可以使更多潜在客户认识和了解TNT,同时还将有效地增强TNT品牌的说服力和认同度,它极大地增强了我们的销售信心。”

公司战略发展部门负责人说:“公司开始了自己的广告投放,真的是一个鼓舞人心的消息。这样会有越来越多的人知道TNT这个品牌,而这不仅可以促进我们和客户以及身边的人之间的沟通,同样也使我自己感觉到身在其中的骄傲。”

上海总部相关部门评说此次品牌的推介活动,“必将有效地提升TNT的品牌形象,使更多人了解TNT,并信任TNT”;“经过详细计划的较大规模品牌推广活动,将有力地扩大TNT品牌的影响力和认同度,并提升中国市场对TNT品牌的信任度。同时也让我们看到了公司对在中国市场上发展的长期承诺”。

从上述的评价中,我们可以看出这次品牌推广取得了重大的效果。他们说,这是TNT在中国市场树立强大品牌所迈出的第一步。接下来还需要更多来自集团的共同努力,以实现品牌的承诺。让我们共同努力,为我们的客户和TNT中国的业务发展,带来几何级数的增长,让TNT真正成为“你的TNT次方”!在2006年第1期《天地之音》的卷首文章:“闪亮的橙色——TNT中国2005回顾”中,又极高地评价了他们转换和推广新品牌所取得的诸多项目的成就,是TNT在进入中国17年后终于迎来了自己在中国市场发展的高潮,是业界获得品牌影响力和知名度的绝对赢家,毫无疑问,2005年是TNT橙色闪亮的一年!

6.全球首席执行官彼得·巴克例说“何谓TNT”?

荷兰TNT集团首席执行官彼得·巴克,针对他们2005年在变更、转换、推介 TNT 全新品牌的定位、主旨、内涵、价值和精神的宣传中有一篇短文，发表在《天地之音》的“CEO 观点”栏目中，为了解析和认知 TNT 品牌的本质含义及其特征，本书特此转引如下：

“自从打响品牌战役之后，我经常被问到这样一个问题：TNT 到底是怎样一个品牌？换句话说，TNT 的员工到底具有怎样的特质？这个问题的出现也是不无道理的，因为整个公司的形象总是和公司的三大业务联系在一起的，而这三大业务各有各的特点。同时在业务之间、部门之间以及国家之间也存在着很大的差异。

最近，就以上问题，我得出了这样一个结论，即我们大家怀着一颗同样的心——事实上，这是公司的灵魂。我们都只是普通人，是通过共同的努力，取得了今天的成就。

举例来说，我们做到了每天在荷兰境内将 2 200 万份邮件递送至 700 万个地址去（在其他七个欧洲国家的数目更为巨大）。同时，我们每年在世界范围内的快递运送量达到 1.76 亿份，每天有 1 500 辆卡车奔驰在道路上，将汽车零部件按时送至制造商手中，时间误差始终保持在 10 分钟内。这就是普通人依靠集体的力量干成了大事。

还有一个例子：几天前我收到了印尼班达亚奇省省长的一封信。该省在印度洋海啸中遭受了巨大的损失。在信中，省长对于我们两位操作叉车的英国同事给予了高度赞扬。这几位同事在印尼棉兰机场工作了几个星期，帮助他们完成了运送救灾物资的飞机卸载工作。省长赞扬我们的同事技术高超，对于处在艰难环境中的棉兰市来说，无疑是雪中送炭。这个例子很好地印证了我的结论——即使是普通人也能依靠集体的力量成就大事。卷起袖子，埋头苦干，这就是 TNT 的精神所在”。

十分明显，解读 TNT 集团首席执行官的“品牌观点”，我们可以得出如下一些较为明确的认知：

(1)TNT 的品牌内涵是员工的特质；

(2)品牌的特质是同它的核心业务连结在一起的，并且通过这些核心业务表现出来；

(3)全球统一的大品牌与其所辖的各大区、各国家、各公司的品牌特质及其内涵，会有一些表现形式方面的差异；

(4)品牌的灵魂是大家怀着一颗同样的热心；

(5)TNT 的品牌特质就是普通人依靠集体的力量成就大事；

(6)卷起袖子，埋头苦干，这就是 TNT 的精神所在。

7. 从 TNT 的四幅形象广告中感知其品牌价值

一是白色底橙色大写字母和橙色底白色大字母 TNT，外加相同颜色圆圈并相连的企业标识。

二是刊登在《天地之音》2005 年第 1 期首页和第 2 页上，悬挂在上海市中心的来福士广场 TNT 中国总部大楼墙上的巨幅品牌形象广告，以及出现在其他媒体、企业海报和各种文件及其他资料中的三幅诉求不同的平面广告。

这三幅复合式的图文统一的品牌形象广告，都是由四大元素所组成：一是 TNT 的企业标识，都是放在画面的右上角位置，只是在下面又增加了中英文的“全球快递 · 物流 · 邮政”八个小字和两个实圆的隔点。二是由大写美术体英文和下面的中文小字“你的 TNT 次方”组合而成的代数式，标在这个代数式的右上角的幂次方是 TNT 的标识，中间是等于符号，右面是“更满意的客户”或者“更丰硕的成果”，这可能是该幅品牌宣传图画的主词。三是占据整幅画面一半以上空间的是抽象的人体图案，一幅是由 16 个具象人组合成四人一排叠成四层高的长方形竖立起来的人墙。一幅是由 163 个抽象人所排列组成的 33 个人横向排列作底，一个人为顶，共十层高的金字塔形人墙，或曰“人梯”。一幅是植根于很小的花盆里却结满累累硕果的高大橙树。第四幅是主词以外演绎式的繁冗难懂的文字表述。

最让人难以理解和不好认同的就是这些表述。例如，在“你的 TNT 次方等于更满意的客户”的一幅图画中，是这样描述的：“我们深信让您保持快乐的最好方法，就是让您的客户保持笑口常开。在 TNT，我们的准时及专业的快递、物流和直邮服务，协助您成就客户所需，让您的客户满意，有了 TNT，您的客户群和业务量将呈几何级数的增长。这，就是你的 TNT 次方。”

在小花盆里长出大橙树并且结满累累硕果的一幅图画中，在“你的 TNT 次方等于更丰硕的成果”下面，演绎的文字是：“在 TNT，我们不仅倾力行动，更在倾力思考。我们的优化策略，已经在实践中令众多的财富 500 强企业，以最短的时间收获最丰硕的成果。作为您的坚实后盾，TNT 始终与您齐心协力，共同提升您的企业收益，使其获得几何级数的增长。这，就是你的 TNT 次方。”

在那幅只有“你的 TNT 次方”，而没有等于什么的数学公式的最大一幅图画中，没有了那些逻辑形式不对和内容让人感到不真实，而又令人读不懂、记不住、极其费解的文字游戏。不是因为一时疏忽而丢掉了这个要素，而是实在不好意思再绕来绕去喋喋不休地反复进行文字演绎的游戏了。

现在看来，研读这几幅品牌视觉形象广告，其实际效果确实是适得其反，事与愿违。不仅无助于对 TNT 品牌独有特点和核心价值的认知，反而严重地危害了公司内外顾客和广大受众对 TNT 品牌的认知、理解、信任。这无疑是企业品牌形象定位、确立、表达、传播等整合中的一个大忌和严重失误。

二、关于华宇龙头品牌优势和辉煌成就的正确认知

1.华宇10年辉煌铸就中国物流龙头名牌经典

“在中国提起最大的零担货运企业，不得不提起华宇物流；提起华宇物流，不得不提起华宇物流10年创业创牌发展的辉煌历史；10年风雨打造成功的华宇名牌企业，也湮灭无数不幸失败的无名企业”。这是2005年第10期《中国物流》摘要发表“华宇物流十年磨一剑”，打造中国零担运输龙头名牌一文的编者按语。文中明确阐述了华宇物流品牌先发制人，文化后发制胜，文化底蕴与品牌特质相容共生、相得益彰和优势整合，就能够产生能强能大、能胜能赢、能够发挥巨大而长久的大名牌综合效应的品牌之道。文章着重指出，在华宇物流10年所取得的辉煌成就中，首要和最大的成就，是成功地打造出了一个大型的中国民营物流名牌龙头企业，这是华宇物流坚定不移地实施名牌发展战略的结果。大名牌能够整合大资源，实现企业更好、更快、更大的发展。实践证明，没有强大的名牌，没有国际或全球驰名的大品牌，就没有伟大的企业；没有一路领先的品牌，也不会有一直处于领导地位的领袖型企业。这是一条客观规律。华宇物流一直依靠名牌战略实现了它十多年的辉煌发展，这是一个成功的中国名牌物流经典案例。

2.华宇物流打造中国名牌企业的三部曲模式

《中国物流与采购》2005年第13期，刊登了一篇“华宇打造名牌三部曲”的文章。文章的提要说：“为了实现要做中国公路货物运输第一品

牌、中国零担物流第一品牌和中国大型民营物流第一民族品牌的理想，华宇物流集团一直坚持不懈地倾情实施企业名牌发展战略。”

文章一开头就概括了华宇物流实施名牌战略的五条成功经验和三部曲的模式：“华宇物流集团是全国名牌龙头企业，是黑龙江省大型民营物流集团公司。在著名企业领袖的带领下，全员参与，持之以恒，通过‘借月生辉，借牌创牌’、‘创业发展，创牌发展’，‘内外结合，提升品牌’三部曲，坚定不移地实施大品牌战略，持续不懈地打造领先的龙头品牌、经营著名品牌、提升强大优势品牌”。

借月生辉，就是借牌创牌。它的路径是借助为国内外的著名企业和驰名企业提供优质服务，诸如阿迪达斯、通用电气、松下电器、四川长虹、海信电器、上海林内、美津浓、班尼路、李宁等公司提供喜出望外、让人敬佩和堪为经典的优质服务，而获得品牌信誉、名声和知名度，这是中国民营物流企业打造民族著名品牌的成功之道。中国三大名牌民营物流龙头企业中的宝供物流，就是为美国“宝洁”公司服务起家和做大的；“宅急送”，就是同日本“宅急便”合作创牌做强做大的。“这个借助名牌创造名牌的策略”，是华宇物流成功实施大名牌战略，实现企业快速发展扩张的坚实基础、强大动力和可靠保证。

创业创牌，就是在艰难创业的同时和发展扩张之前，企业就有一个创造大名牌的宏图大略。华宇物流已经把创业发展、快速扩张和创大名牌融合在一起了。这种强烈的大名牌意识和大名牌理念，在中国民营乃至国营物流企业中也是极为罕见的。这是华宇物流能够创造大品牌和驰名品牌的灵魂。在“创业创牌”战略的实践中，华宇物流紧紧抓住三个核心内容和关键要素：规模实力、质量效益、服务品位。十多年来，华宇物流就是依靠这三大战略重点与核心优势创造出中国民营物流第一品牌的。

内外结合，提升品牌。这是华宇物流成功创造领导品牌的第三部曲。倾情、精心、持久、全面打造和不断提升企业品牌，绝对不是随便找个不很入流的平面设计公司，提出一个很不专业的标识样本，然后下发一个很不在行的“实用指南”，就完事大吉，然后就草率地宣告品牌打造已经成功了那么肤浅和简单的事情。而是必须从战略的高度、长远发展扩张的角度、不断提升产品和服务品质的生命的深度，坚定不移、持之以恒、认真实施的根本大计。同时，它也是一个贯穿于企业生命周期始终的首要战略，一个品牌持续树立、打造、创新、整合、提升的创造过程，一个品牌不断提高其经营管理素质、能力和水平的更高级的整合过程。违背这个品牌整合塑造、整合发展、整合创新、整合再造和整合提升的规律，任何能级的品牌都不会走向巨大的成功。

华宇物流 10 年大庆之年，也是华宇品牌全面提升最为显著的一年，也可以说是华宇大品牌一个飞跃性的升华和壮美的涅槃。在这一年和之后不到两年的时间里，华宇物流连续获得了诸如名列第二位的中国民营物流 50 强企业；名列第四位的中国物流百强企业；中国物流首批 5A 级企业；中国物流最具竞争力企业；中国诚信单位；中国创品牌和讲诚信优胜企业；中国物流市场用户十大满意品牌；以及中国企业创新吉尼斯纪录企业等，几十项全国性和物流行业最高的品牌荣誉和顶级名牌称号。他们采取内外结合、借智借力、整合再造等一系列全新举措，聘请国内著名品牌专家策划设计和跟进实施集团的品牌提升计划。他们运用创造国际驰名品牌企业通行的标准化、专业化、个性化、系统化的品牌战略、发展战略和文化战略三位一体的大名牌战略系统——CIS 和 BIS 理论、模式、技术和方法，再次整合提升华宇品牌，使其跃上一个更高的台阶，从而达到了大品牌经营和管理的最高层次。华宇物流集团通过五项战略措施和三部曲流程模式，成功塑造了中国公路运输第一名牌，创造了中国零担物流第一名牌，打造了中国大型民营物流第一民族品牌。同时，也为华宇物流创造和积累了价值最高的品牌资产。现在可以毫不夸张地说，在TNT收购华宇全部股权资产所支付的十几亿元中，至少有30%至50%是华宇名牌无形资产所拥有的价值。

3.华宇物流 亨通天下 安全快捷 服务到家

这16个字，既是华宇物流品牌的统一广告、理念形象和使命愿景，也是华宇物流品牌的核心理念、本质内涵和服务标准，又是华宇物流的独有特质、经营宗旨和战略目标，诚然，还是华宇物流品牌的价值追求、商业模式和管理重心。学习、认同、掌握这些来之不易的品牌成就和成功经验，对于天地华宇购并之后成功地进行品牌整合和其他方面的有效整合，都是非常重要和极为必要的。

目前，中国的物流市场已经进入国际名牌巨头、中国大型国有物流和快速崛起的民营物流龙头群雄蜂起、合纵连横、兼并整合、竞争天下的全新阶段。因此，中国的物流产业已经发展到了国内品牌、国际品牌、全球品牌之间，一争上下、高低、强弱、先后、优劣的高级发展阶段。不管是国内企业、跨国企业还是全球企业，也不管是民营企业、国有企业或者外资企业，如果没有名牌或者名牌不响，不是大名牌，不是国际驰名品牌或者全球顶级品牌，那么，你就不可能是第一，你就不是领袖企业，更不是全球顶级企业和最受尊崇的伟大企业。国际或全球的大品牌，驰名品牌抢占了第一，盘踞了第一，独享了第一，你只好屈居第二、甘当老三、无奈老四、可怜第五、无名第六？你只能是处于低端、下风和落后。这就是品牌的游戏法则。品牌是客户心中的雕像，是整合资源的强大武器和巨大载体，是赢得更多利润的能力，是占领更大市场的资本；品牌也是凝聚员工的旗帜，是制胜竞争的法宝，更是超额利润的源泉，提升经营管理水平的动力和魅力。华宇物流全力打造大品牌的三部曲和整合高端媒体全方位扩展华宇物流第一名牌的成功之道，堪称中国物流大名牌的一个经典案例。

4.《华宇经典》书中成功整合大名牌的重要启示

只有读懂和认同华宇名牌的成功之道，才能成功整合和提升华宇的品牌。英雄的华宇人不仅创造了巨大的物质财富和形神俱佳的大名牌企业，还创造了意义更为巨大而长久的精神财富，这个无形胜有形的品牌资本和知识资产，这就是他们在华宇 10 年大庆之后，内部出版发行的名为《华宇经典》的品牌大书。这部由卓越的华宇人自己创造和著述的经典大书，共有 10 年大庆篇、艰苦创业篇、高速成长篇、成功之道篇、物流精髓篇，共五大部分构成。全书共精选文章 100 多篇，图片 100 多幅，案例 100 多个。从整体上说，本书集中地反映了华宇集团这个中国经典物流名牌企业的先进理念、不朽灵魂、文化蕴涵、品牌特质、运营模式、服务规范和品牌成就。可以说，该书的每一部分、每篇文章和每个案例都凝结着华宇的品牌知识和经验，都蕴涵着华宇的品牌文化，都闪耀着华宇的品牌光辉。实际上，这部《华宇经典》大书从指导思想、策划设计、谋篇布局和创意理念到提炼主旨、精选文图、萃取精华和著述表达等，都是为了集中总结、深刻阐释、整体展示、全面推广和大幅提升华宇物流这一中国物流龙头经典名牌。正如董事长总裁王振华所指示的那样："一定要写出华宇的实质，写出水平，以飨后人。"同时，该书也是献给华宇员工、献给 TNT、献给购并整合的天地华宇和中国物流产业的一份极为重要的名牌大礼。

10 年大庆之后，特别是《华宇经典》大书出版发行之后，华宇物流集团的经营管理和长远发展，已经走上品牌化的道路。毫无疑问，这些包括品牌效应、品牌理论和品牌成功经验在内的品牌重大成就，为天地华宇的品牌整合奠定了很高的基础，同时也给购并后的天地华宇品牌整合以及文化整合、服务整合、运营模式整合和战略整合等一系列重大整合带来了很大的挑战和严酷的考验。

三、任重而道远的天地华宇品牌艰难整合之旅

从 2005 年 12 月 6 日，TNT 中国公司与华宇集团共同宣布已经签署了购并意向书时起，就已经开始了关于未来品牌购并整合的协商洽谈。当记者问到，“被购并后，华宇的名称是否不再使用？这是不是自有品牌的丧失？”代表双方意向的回答是：“收购后，华宇品牌将融入 TNT 的品牌中去，华宇的品牌通过 TNT 的辉映将更加闪亮。”对于这个颇具定位内涵和语言巧妙的回答，当时的与会双方和新闻记者，都没有认真地领会其中真正的含义。但是，特别关注华宇品牌前途和命运的华宇人则认为，“将华宇的品牌融入 TNT 的品牌中去”，其结果不就是华宇的品牌消失和不见了吗？而“通过 TNT 的辉映将更加闪亮”，那么，华宇的品牌顶多顶好的结果，也不过是一个十五或十六的月亮了吗？而 TNT 品牌无疑就是“永恒的太阳”了。对于员工们的疑惑和记者的探究，原华宇物流的董事长总裁王振华后来在《中国物流与采购》刊物上的记者访谈文章中透露说：“合作后的华宇品牌仍将保留，基本定名为‘天地华宇’”；“除此以外，双方还规定了很多约束条件，比如管理层的留任、年营业收入增长、网点的开发速度、利润率和利润额增长目标、政府是否尽快批准等等。从近两年的整合结果看，我们远远高于 TNT 所要求的标准，TNT 也非常满意，这些都不是我们的后顾之忧”。

关于 TNT 对华宇的品牌整合工作，或者说天地华宇的品牌购并整合活动，实际上从 2004 年 8 月派员到华宇集团竞购和正式谈判开始，到 2010 年 3 月近六年时间里，大体上经历了品牌的购并谈判整合、品牌的外包整合、过渡期双品牌形象的整合、品牌标识定位和品牌变脸的整合、

产品和业务品牌的整合、品牌重新定位和快速升位的整合、品牌变革和品牌再造的整合等，大体上共有九个阶段。

1.外包名牌专业公司进行天地华宇品牌的购并整合

他们首先对品牌价值进行调研和评估。其目的是帮助TNT和华宇双方更加深入地了解市场对购并两家公司和品牌的整体看法，为TNT和华宇两个品牌的完美结合，并且顺利完成未来的品牌过渡奠定基础。这项品牌调研的理念是双方品牌的内部权益、外部权益和品牌权益；品牌定位、品牌特征、品牌形象、品牌价值、市场口碑、财务表现、服务质量、态度行为、运行模式、风险机遇、品牌战略等内容。通过内部和外部调研，识别TNT和华宇两大品牌现存的危机，发掘可能因为并购而带来新的品牌发展契机和可能出现的风险，为未来的品牌过渡获得研究信息和分析数据。据此，通过比较性研究和分析来衡量两个品牌特征之间的差距，识别品牌内部权益的危机，包括态度、行为及价值等对TNT外部品牌权益会产生影响的因素，从而制定新的品牌战略、过渡计划和未来发展方向。

整个调研项目从2006年11月开始，持续三个月时间，于2007年2月完成。TNT中国公司特聘和外包给被誉为世界著名品牌领域专家的明略行（中国）作为独立的第三方进行。他们对品牌的追踪调查、品牌的动态评估和品牌的战略性方向的调研都是非常专业的。他们的文案测试方法是预测性的、评估性的和诊断性的，优化文案的执行效果也是十分显著的。包括华宇总裁、副总裁、大区和各级公司总经理及有关部门主管等共22人，参加了深度访谈和小组讨论。为了搞好这个极为重要的调研，华宇集团为此找了一个品牌行家，按照调研内容及其要求，专门写出一个发言参考提纲，以供被调查者事先做好准备和提出有较高水平的建议。在调查和讨论之中以及之后，有两个评价性的议论颇具诙谐、幽默和思考性：一是，“TNT 真牛啊，雇佣购并，外包整合，自己动动嘴，就一切都 OK 了！”一是，“原来只知道 TNT 是炸药，不知道还有一个跨国快递也叫 TNT，如果事先不说清楚这个 TNT 不是炸药，那谁敢让它运货？”不晓得这两个真实的幽默，是否被收到了明略行的调研报告里？

对于这个品牌整合的调研报告，原来的华宇的人恐怕无缘看到。但是，刚刚到任不久的 TNT 大中国区董事总经理迈克·德瑞克先生，不仅高度重视和期盼，而且还会首先读到。他在焦急地等待收购华宇已经进入最后的政府审批时说：“我们过去的两个月一直在进行市场调查，明天（2 月 18 日）会有一份报告提交公司讨论，研究华宇和 TNT 的品牌价值。”他进一步透露说：“TNT 会基于这份报告来决定收购华宇完成后将采用何种品牌运营，短期内还会保留华宇的品牌，不过从长远来看，公司希望双方共建一个新的品牌。”

2. 新车新标新牌揭幕仪式在青岛隆重举行

2007 年 7 月 20 日上午 9 点到 10 点，在盛装打扮、面貌一新、喜气洋洋的集团中原区青岛公司院内，彩旗招展、橙色气球当空、锣鼓喧天，满院子橙色新车格外喜人，让期盼新车的员工乐得合不拢嘴，就连围观的群众也兴高采烈，沾上了许多喜气。天地华宇集团正在这里举行隆重的新车、新标、新牌的盛大启动仪式。来自 TNT 大中国区、天地华宇集团总部、全国六大区域各级公司、供应商、当地政府的领导、公司代表和众多员工、来自国内各大传媒的新闻记者们，相继走过长长的橙红色地毯后，进入揭牌和启动仪式的会场。在主题致辞、领导讲话和各方祝贺之后，TNT 大中国区和天地华宇的领导进行共同揭牌和启动程序。此时，欢声雷动，鞭炮齐鸣，金狮跳跃，彩球腾空。记者围着领导和员工采访，人与人照相，人与车合影，记下这个揭牌、亮牌、展牌的美好瞬间。

下午召开了记者会，TNT 和天地华宇首次向全国相关媒体推出了自己的品牌形象。在之后的几天里,《现代物流报》、《在线国际商报》、《上海证券报》和相关媒体先后发出了各具特色的品牌新闻报道:

"荷兰物流巨头 TNT 宣布,其在今年 3 月收购完成的国内领先的公路零担货运公司华宇集团及其下属公司,将启动全新的业务品牌天地华宇和企业标识。

跨国快递和邮政服务巨头 TNT 对华宇物流的收购整合已经初步完成,华宇集团及其下属公司将启用天地华宇的全新品牌。从本月开始,TNT 投入 2 500 万元为天地华宇购置的首批 260 辆货运卡车,将在青岛、北京、上海等地使用。

TNT 整合华宇后,天地华宇的货车从蓝白相间的车身变成了 TNT 的橘红色。除了天地两个汉字,看不到 TNT 的影子。天地华宇货车的前端,依然顶着华宇原来的名称 HOAU。华宇的老客户没有丢,TNT 的新经验也进来了,天地华宇已经与新车一起上路了。

四大国际快递巨头之一的荷兰 TNT 集团计划打造中国最大的公路递送网络。这一大手笔将落在 TNT 刚刚收购的华宇集团身上。日前,TNT 公布了其华宇集团的整合成果,正式启动天地华宇,代替华宇集团成为新业务品牌。上周五,收购华宇后首批购入的 260 辆卡车开始在天地华宇启用,在接下来的几个月里,天地华宇全国 1 250 个分公司和 3 000 辆运输卡车,也将全部启用新的企业标识,这也标志着 TNT 整合华宇的初步完成。

对于这次华宇整合的初步完成及天地华宇新品牌的启动,TNT 大中国区董事总经理迈克·德瑞克说,我们非常高兴地看到收购后的天地华宇运营顺利,客户服务能力不断加强。随着对天地华宇投入的不断增加,它的竞争优势将不断被强化,从而帮助 TNT

实现打造中国最大的递送网络这一长期目标。”

3.《天地华宇品牌使用规范》2008年3月下达到所有分公司

可以说，这是天地华宇新的业务品牌和新的企业标识，自隆重推出和启动8个多月来，在品牌整合方面中所取得的又一个重大成绩。这个规范文本的内容，共有为什么要规范品牌使用、规范品牌的要素、必须遵循的要求、品牌故事和执行计划等六个部分。

《天地华宇品牌使用规范》指出：因为我们要创造一个充满自豪感和归属感的办公氛围，营造一个积极健康、统一标准的企业形象，所以要规范品牌。当客户来到我们分公司的时候，可以通过这些品牌信息，了解我们公司的企业文化，了解我们对工作的专业态度，增进对我们公司的信任。我们的同事也可以通过这些品牌信息，了解天地华宇的战略和愿景，认识企业的核心价值，激励同事们保持高昂的工作热情和专业精神。正确地使用品牌，会加强公司的凝聚力和市场影响力。规范品牌的要素包括企业标识、公司颜色、各种海报、PSGP展板、员工服装、车辆信息和内外环境形象，等等。必须遵循标准、统一、排他和一贯等原则。企业标识的规范使用是核心和重点。严格要求，完整规范。“天地华宇”四个变形方头美术体字下面，不能没有“全国快运服务”五个稍细方头体字。

品牌使用规范强调：我们的制服是我们的品牌很重要的表现部分，尤其是直接接触客户的员工，它可以让客户在第一时间接触到我们的品牌。车辆上的企业标识就是流动的品牌广告。因此，我们需要特别强调，把品牌穿在身上，刊在车上，挂在墙上，印在本上和悬在楼上，等等。遗憾的是，还有更为重要、更为内在、更为本质的规范和要求，却没有被提到，例如必须铭记在心上，应该体现在服务上，尽快凝结在竞争力、增长力、发展力和赢利力上，落实在企业和员工的行为准则上，等等。品牌使用规范文件最后的关于品牌故事和品牌负责人的要求是非常关键和极为必要的。因为没有真正和到位贯彻执行的负责人，任何规范要求和有效执行都会落空，也不会有品牌故事、品牌实效、品牌业绩和品牌资产。按照文件的要求，从 2008 年 5 月 15 日开始，集团和各个区域开始对 1 250 多个分公司以及各一级公司、集团所属各部门进行执行验收。

4. 天地华宇品牌整合进入新的服务产品整合阶段

这是天地华宇品牌定位于“全国快运服务”这一本质特征的真正整合的开始。也是 2007 年提出的“管理年、服务年、速度年和新产品”全部落空之后，经过 2008 年的紧张准备和试运行后，于 2009 年 2 月首先在上海成功推出“定日快运服务”，后来又在其他较大城市之间和管理大区之间启动的“定日达”服务，这才使得天地华宇这一“全国快运服务”的全新业务品牌和企业标识，开始走向名称和实际相符的道路。但是，距离真正的名至实归还有很远的征程。因为这个定日快运较高的服务产品，还远远没有达到覆盖全国的规模。令人可喜可贺的是，天地华宇毕竟走上了真正名至实归的品牌整合道路。对于开始了这一阶段的品牌整合之旅的重大意义和作用，中国物流与采购联合会副会长戴定一对此的评价很高。他说：“华宇跟 TNT 合作，曾引起中国物流界很大轰动，把国际上先进的管理和品牌与本土企业结合在一起，是一个很好的改造国内产业的机会。定日达的推出，应该说我们终于等来一个成果，天地华宇国内的文化基础和国际的品牌结合是非常成功的。”

5. 全面快速提升天地华宇品牌是今后五年的战略重点

如今，中国物流市场已经进入品牌竞争和品牌制胜的高级发展阶段。企业的购并整合也首先是品牌能级之间的购并整合。品牌整合对购并后企业的经营、管理、发展、提升、竞争和赢利，都具有决定性的作用。品牌整合的内容包括品牌理念、品牌特质、品牌价值、品牌战略、品牌再造、品牌提升、品牌能级、品牌传播、品牌形象、品牌经营和品牌管理等全面的整合提升。可以说，这是一个艰巨、复杂、长期和富有挑战性、创新性、再造性的过程。品牌整合的方法、流程、模式、标准和时限也多姿多彩、各有千秋和不尽相同。

天地华宇集团现任首席执行官徐水波也越来越深刻地认识到品牌整合的重要性、必要性和迫切性，他已经把品牌健全、完善和提升的整合工作放在了集团今后五年发展战略中更为突出的重要地位。为此，他招贤能、纳良士、求计谋、问策略，为全面快速提升天地华宇品牌价值和效能，充分发挥品牌在企业快速发展扩张中的重要作用而积极筹备。当然，他也踌躇满志，信心十足，亲历亲为，着力提升天地华宇品牌。下面是他们征询到的一位国内知名品牌整合专家对全面快速提升天地华宇品牌的重要建议：

(1)无论是从公司当前经营和长远发展的迫切需要来说，还是从并购企业的品牌整合目标和实际效果来讲，现在，都是已经到了必须加快攸关天地华宇兴衰成败的品牌价值和效能提升的关键阶段。因此，应利用一年时间，集中精力和相关资源全面导入和有效实施系统化、标准化、个性化的企业名牌战略工程。这是全面提升天地华宇著名品牌，确保未来成为中国第一的领袖品牌的必由之路。

(2)首先应当进行一次多层面的成功并购三年多来关于天地华宇品牌整合结果的深度沟通活动，以检视品牌整合的成败得失，传播品牌整合的成果，总结品牌整合的经验，评估品牌整合的效应，解决品牌整合的问题，以及提出下一步全面提升天地华宇品牌的主攻方向、工作重点和管理策略。

(3)在全面有效实施企业名牌战略，全力快速地打造中国第一物流名牌过程中的第一要务，就是必须进行天地华宇崭新品牌的全面、准确、清晰、科学的定位，也就是对品牌的理念形象、视觉形象、行为形象的核心含义、操作范式和管理标准进行定位立标；包括对品牌战略、发展战略、文化站略三位一体的重大战略系统进行整体性的定位立标。否则，无法推进、展开、有效实施天地华宇大品牌的全面、深度、显著和快速提升的战略行动。

(4)可以坦率地说，目前天地华宇在企业形象和品牌形象方面仍然存在着比较严重的缺失和混乱现象：企业品牌的理念形象即理念识别系统，行为形象即行为识别系统，依然不健全、不完善或者严重缺失和错位；在品牌的视觉形象及视觉识别系统的实际执行和操作上也比较混乱；员工和经理们都无所适从和难以作为。十分明显，一个没有准确、清晰、明确的定位及其标准，并且能够让员工真正理解、认同、掌握的形象与品牌的核心含义、操作范式、衡量标准和管理规则，任何企业形象系统和品牌战略系统的实施及其推行，不仅不会产生正面效应，而且还会造成许多混乱及负面效应。

(5)鉴于全面实施企业名牌发展战略，快速提升天地华宇的品牌价值，全力打造中国第一物流名牌的行动计划，具有最高的权威性、全局性、相关性和长期性等特点，建议成立以集团首席执行官徐水波为主任，以各位副总裁、部门和区域总经理为主要成员的企业名牌战略管理委员会。下设品牌总监职位进行日常的品牌经营管理工作。这个机构的职能不仅直接承担组织、领导、实施名牌提升战略这一重大工程，而且建立起了主宰、包容、贯穿于公司经营管理一切领域和层面的创造、提升、应用名牌的全新管理体制，从而使得天地华宇的经营管理提升到了国内外最高的名牌能级。同时，也要集中足够的具有深厚品牌理论知识和丰富实践管理经验的专业、精干、高效的经理人员，组成一个品牌提升战略实施项目团队，专门从事这项长期而艰巨的品牌持续提升工作。

(6)将天地华宇的管理尽快提升到首先是品牌的高度；经营首先是

品牌经营的高度；营销首先是品牌营销的高度；服务也首先是品牌服务的高度；员工更是最具专业化、标准化、高效化、知识化、名牌化的才能和智慧的最好员工、最优秀员工、最卓越员工的高度；公司的董事长、首席执行官、高管团队以及各个层级的经理人，等等，也都提升到品牌化的高度，使他们都能成为国内、国外乃至全球的知名、著名、驰名人物。总之，企业经营管理的一切，统统品牌化了，完全名牌化了。非常明显，这样最高层次和一路领先的名牌化经营、管理、文化、流程、模式、标准，以及强大而深远的品牌领导力、影响力、竞争力、发展力、整合力、文化力和赢利力，等等，都是国内国际、全球业界领袖型名牌企业应当具备的能力、层级和水准。

(7)天地华宇全员品牌提升行动的性质及特征应当是“整合创新型”的。所谓整合，是指由并购整合企业的全新品牌所决定的。所谓创新是指有别于 TNT 购并主体企业及被购并的华宇客体企业原来的品牌，而是经过整合、再造、涅槃、提升的天地华宇更强大、更优势、更高级的全新品牌。这个创新，还指这个全新的大品牌系统，完全具备了之前所缺失的品牌理念和品牌行为两大系统的全新定位，以及整体综合、全系统与分系统、整体与部分、操作与执行、经营和管理、评价与考核、激励与约束，等等，健全和完善的内容。此外，还要尽快地解决全新品牌系统中许多不明确、不清晰、不统一、不一贯、不协同、不可行等问题。实践一再证明，企业形象和驰名品牌，完全可以变成实实在在的市场销售额、市场占有率和客户忠诚度；完全能够变成持续、快速、稳健、超常增长的企业利润，变成快速发展和裂变扩张的综合能力；更为重要的是，它本身就是国内、国际和全球知名、著名、驰名、顶尖、领袖和伟大企业的根本标志！

对于这个极其重要而又十分难得的专家建议，天地华宇集团及其首席执行官徐水波高度重视，不仅吸取了其中的精华之点，而且将建议中的一些重要内容，整合到天地华宇 2010 年管理年会的核心主题和年度战略之中。他们在2010年全面施行的“品质智胜”战略，就是天地华宇的市场营销品质、网络运营品质、客户服务品质、经营管理品质、员工整体品质、企业综合品质、企业文化品质、天地华宇品牌本身的品质和品位的“智胜”或者“制胜”。由此看来，将2010年度天地华宇的经营、管理和发展战略定义和确定为“品牌提升和品牌制胜年”，即“品牌年”，岂不更好？因为，这样可以产生巨大的聚焦力、强大的整合力、宏大的增长力和莫大的发展力。

6.2009年12月28日天地华宇品牌标识提升

这是天地华宇购并整合三年多来，品牌视觉形象及品牌标识的第三次变脸更新或提升。在“天地华宇新标识启动及定日达广告语更新”的执行文件说：“为了在原有的天地华宇的标志中添加更多视觉化的识别信息，体现和TNT一脉相承的品牌基调，强化集团在中国公路运输行业的领导者地位，向客户传达准时、安全、可靠的品牌内涵，集团决定从即日起启用新的集团标志。”这个新标志有三个改变：一是“天地华宇”四个清秀灵动和笔画粗细相同连在一起的中文美术体的品牌名称，变成横细竖粗、没有动感和显得有些呆滞沉重的倾斜字体；二是在“天地华宇”四个大字的上下，均增添了与字体斜度相同的粗粗的横线，将“天地华宇”重重地夹在中间；原来品牌标志中的“全国快运服务”，变成了“中国公路快运领导者”九个方头体字倾斜地在天线与地线之间。十分明显，这是天地华宇特别急切地梦想自己的行业地位“立即升顶”的突出展现。当然可以称其为天地华宇业务名称、商号、企业标识或品牌视觉形象的又一次重新整合。

对于这个新品牌标志的重要含义，他们是这样诠释的：“天地华宇品牌标志全面继承TNT品牌基因，由壮实的橙色外框和字体设计，以及光影构成。表征TNT子公司的身份，融入TNT大家庭；外框的平行线和字体设计共同组成'天地华宇驰骋在公路上'的意向图案，代表中国公路快运领导者天地华宇；平行线和字体设计稳实，给人以坚实、可靠的感觉，代表天地华宇快运服务安全可靠；平行线和字体设计在稳实的基础上略微向右倾斜，充满速度感，代表快速、高效；色调上沿用充满阳光活力的 TNT 橙，代表优质的阳光服务温暖客户；整个标志既全面传承 TNT 品牌基因，又充分体现公路快运行业的属性；既稳健又充满活力，象征天地华宇将稳健向上，快速发展！"

为了配合天地华宇新公司标识和广告语的启用，2009 年年底集团将在北京的 30 块候车亭灯箱上首次亮相。此外，还将在上海虹桥机场 T1 航站楼、广州白云机场 8 号转盘、上海地铁人民广场换乘通道及南京东路地铁站灯箱上投放广告，这些广告画面象征着天地华宇的定日达提供给客户堪与空运相比美的准时快捷的服务品质，凸现天地华宇品牌高端公路快运领导者的市场定位。

集团明确要求全体员工积极配合新品牌标志的宣传计划，全面熟悉和深入领会这次集团新标志和定日达新广告语的内涵，更好地传播集团新标志和定日达服务的新形象，为集团品牌形象的全面提升贡献力量。

对于这个升级版的天地华宇新标志，许多内部"客户"和外部客户，大都不以为然、没有深入理会和给予应有的重视，因为三年三变的企业标志，或称 Logo，越变越复杂，越变越难懂，也越不容易向客户沟通、交流和解释了，特别是当客户不满意时询问和质问："这就是中国公路快运领导者的货运水平吗？"有许多同行和客户经常质疑道："是谁给你们评定的中国公路快运领导者的至尊称号？"

第三章　员工思想整合

正如定位整合和品牌整合那样，思想整合，包括统一思想、融合思想、凝聚思想和坚定不移地执行新的思想，也是贯穿购并整合全过程的具有决定性作用的思想整合管理。同时，它也是一项不可或缺和不能替代的整合思想、整合人心、整合灵魂的极其重要的并购整合。

这里所说的思想整合，或者说整合思想，是指在购并交易中，特别是在购并交易成功之后，掌管企业购并整合和经营管理的工作中，及时跟进、积极主动、聪明睿智和卓有成效地交流思想、沟通观点、融通意见、凝聚共识和贯彻执行正确思想的过程，也是排除落后观念、错误认识、对立情绪和心理恐惧等一切有害思想，从而凝聚人心、同心同德、优势互补、协调一致、团结合作，从而届时完成购并整合和企业各项任务的过程。用一句最简单的话来说，就是把购并企业双方的思想整合在一起成就更大事业。

实践一再证明，只有人和、心和、力和、事和，才能成就伟大事业和造就领袖型企业。回顾总结六年来的经验教训，现在可以说，在天地华宇的购并整合过程中，经历了自觉和不自觉、主动或不主动、积极和不积极、有成效和负效应的员工思想整合活动，其成败得失的客观效果，也正在越来越明显地展现出来。

一、被购并的华宇集团自觉进行员工的思想整合

说起来可能十分奇怪，为什么即将被外资全部收购的企业，自己还搞什么员工的思想整合呢？找个好买主，卖个大价钱，不就万事大吉了吗？剩下的事情，不是只有数钱和狂欢了吗？其实不然，华宇集团进行自我思想整合，同样具有它很大的重要性、必要性和迫切性。这不仅是因为实现购并谈判成功和购并交割的顺利完成，需要统一思想的保障和正确思想的指导；也不仅是由于购并双方必须诚信履行要约条款的法律责任和义务的需要；更为重要的是通过对企业对家族成员、对创业功勋、对在创造其几十亿元巨额企业资产和财富中做出突出贡献的全体员工的思想整合，形成一个统一的思想，找到一个正确的理由和令人信服的口实，以使自己的"外嫁"、"卖身"、卖掉企业、卖掉员工等，都卖得有理、卖得适时、卖得漂亮、卖得有功、卖得名利双收和彪炳史册。因此，华宇集团的老板及其高管，不仅进行了自我思想的整合，分层次进行了员工的思想整合，而且整合效果很好，实现了在最佳时机，以最高价格和趋于零的最小风险，一次全部卖掉企业所有资产的最理想的预期。他们采用三种形式，基本成功或大获成功地对华宇员工进行了思想整合。

从购并谈判到购并交易成功的两年多时间里，王振华利用会议、通报、巡察、讲话、致信、刊物和报纸等媒体，从上至下进行了购并过程中员工的思想整合。作为华宇物流集团党委书记、董事长、总裁的王振华，深知思想整合工作在企业重大转折中起着决定性的开路和保证作用。因此，从集团与 TNT 签署了全资购并的意向性协议之后，就开始了大规模且极复杂的被购并员工的思想整合工作。

1. 在决策2006年经营管理大计的集团总裁办公会议上，王振华比较坦诚地通报了购并谈判的进展情况和必须进行员工思想的购并整合工作，以确保购并交易的成功和TNT接管华宇后的平稳过渡，以及进行全面的整合提升。

2. 王振华和副总裁王启新一起，用一个月的时间深入到集团所辖六大管理区和重点公司，进行面对面的沟通交流和深入会谈，解决了许多疑虑、恐惧、猜测、担忧、想不通和不高兴等模糊认识及错误思想。更为重要的是同公司总经理和员工们一起畅谈与TNT进行战略购并，将给员工、企业、社会和中国物流产业发展带来的积极作用和深刻影响；憧憬华宇更加美好的未来。他明确指出，华宇集团目前正处在企业购并改制和经营发展的转折关头，上上下下全体员工一定要站在新的起点上，以全新的思想为动力，既要抓好购并改制，又要抓好经营管理，做到两手抓、两手硬、两不误和两完成。这次全面深入的面对面的直接沟通交流，稳定了思想，稳定了人心，稳定了大局，保证了企业购并改制整合和经营管理工作的顺利进行。

3. 在2006年5月集团经营效益分析和目标管理会议上，详细报告和愉快分享了以王振华为首的四名集团高管，应邀到购并母公司荷兰TNT集团参观访问、学习考察的重要收获和深刻体会。“真是一石激起千层浪啊！”他兴奋地说，“TNT有非常好的服务理念和客户关系管理，有非常好的服务文化和物流技术，同时也有非常好的信息化、标准化、规范化和高效化的工作流程；他们天上的飞机和地上的卡车都是快递，都是‘两端服务，定日定时’。这次参观学习，我们才真正明白了快递的实质，是快递高端服务，服务价格也就上去了；根据客户的个性化需要和价格接受能力，提供超过预期的满意服务。这些对我们的启示作用很大，我们的成熟线路都可以尝试或者推行。他们的服务产品细分做得很好，我们完全可以学习借鉴，细分我们的物流服务和创新提升我们的服务，企业的经济增长点、发展空间和赢利能力就更大了。总之，对于他们很多非常好的经验和做法，我们都准备学习、研究、借鉴、引进和应用，同时也准备根据我们的能力和水平，尽可能快地引进、对接、整合和推行。更为重要的收获是，这次参观、考察、学习和交流，也是一次最好的思想整合，我们已经被高兴地整合了，你们也将愉快地接受TNT思想的整合，我今天都原汁原味地向你们报告我们去TNT欧洲总部的思想整合心得与在座的诸位分享。”

4.在2006年7月21日召开的集团2006年上半年经济工作会议上，王振华做了一个题为“思想高度统一，信心更加十足，企业经营管理提升和改制重组整合两手都要抓好，暂夺全年胜利”的重要报告。他进一步指出：“现在是极为关键的战略机遇期，也是企业转型、改制、提升和购并整合的最佳时期。我们应该站在为中国民营企业美好未来，为华宇物流加盟TNT成为国际名牌物流巨头的灿烂前程，为我们每个员工切身利益和为社会广大客户做出更大贡献的高度，来认识和做好我们的思想统一和稳定的重大意义。”他严格要求集团上下各级领导和管理者，一定要把这个重要道理和使命向每一位员工讲清楚、说明白和做到位。

5.2006年11月15日，王振华发出“致华宇员工的公开信”，这是一次以成功购并为目的的全面进行思想整合的重大举措。他在公开信中说：“我就企业改制给我们带来的深刻影响，以及企业并购后的发展愿景和当前应该做好的整合工作，同大家交流，以便向广大员工进行宣传并且遵照执行。”他又明确指出，“通过购并整合，我们可以借助TNT的品牌优势、全球网络优势和国际领先优势，与我们的各种优势整合起来，使我们冲出国门，走向世界；TNT收购华宇后，将充分尊重本土文化，并且依靠华宇的管理者和员工们来发展企业，一定会为华宇的广大员工带来更加美好的职业前程；抓住当前购并整合的最佳时期，届时做好资产清理整合、改制转型整合和全面提升整合任务。为此，我们宁可失去一些利润，也不能贻误购并整合。集团要求务必在11月底完成购并改制整合与合规整改等各项工作。”

6. **充分利用企业内部刊物进行及时、快捷、有效地购并整合思想工作。**自购并思想整合以来，集团主办的《华宇天地》期刊，就成为最有效的进行购并整合的工具、载体、平台和通道。一是早在2006年第2期上，就发表了世界著名管理大师德鲁克在其名著《管理前沿》中提出的著名经典法则：“成功收购的六条规则”。他说：“收购本该是成功的事情，但大多数收购却并非如此。出现这些不尽如人意的情况的原因是相同的，对那些广为人知的并且得到了普遍认定的成功收购的原则，没有给予足够的重视。”运用六条成功收购的普遍规则，作为行动指南来检测收购的前景，就能选取和确定正确的收购及整合方案，从而保证购并整合的成功。二是在2006年第12期刊物上，以集团党政办的名义发表了题为“更高级的生存，最大化的发展”的权威文章，以指导和推动集团深入进行自我思想整合工作。文章三个部分的标题依次是：“充分认识成功购并的必然性、规律性、适时性和经典性”；“全面认同成功购并的重大意义、深远影响、战略作用和诸多好处”；“深刻认识成功购并后，为企业和员工带来的新变化、新要求、新提升和新挑战”。这篇文章从理论和实践紧密结合的高度，全球化和本土化发展的视野，美好愿景和员工利益的角度，比较全面、深刻、准确地阐述了华宇员工们最为关切的热点、焦点和疑点问题。这更是一次最为深入而有效的员工思想整合。这篇文章不仅得到了普遍的认同，而且发挥了融通思想和凝聚精神力量的整合作用。三是在2007年第1期和第2期刊物上，组织有关专家和部门专业人员一起撰写和发表了十分重要的系列文章：“走进TNT，学习TNT，融入TNT，奉献TNT”。这种很有气势并且盛大推出的系列文章共有10篇，即TNT的品牌特质、TNT的理念体系、TNT的发展战略、TNT的全球快递、TNT的网络优势、TNT的市场营销、TNT的客户服务、

TNT 的企业文化、TNT 的快乐员工和 TNT 的社会责任。这是为了适应购并交易成功之后进行全面整合的迫切需要，特别是为了首先进行学习整合、思想整合、品牌整合、文化整合等一系列整合和全面整合的迫切需要而隆重推出的。当时 TNT 中国公司也没有如此全面、系统、准确、权威、生动感人和具有强大整合力量的整合学习文献与整合理论武器。此外，还在很多期刊物上发表了许多有关“掌握整合武器，增强整合能力，实现整合提升”的重要文章和指导文件。总之，从 2006 年起《华宇天地》已经成为指导天地华宇进行购并整合的权威指南、思想论坛和进行学习、沟通、交流的平台。

7. 引起业界很大震动和高度关注的前所未有的在中国物流最高论坛上开展了跨国购并的思想大整合。 2006 年 5 月 18 日，《现代物流报》记者葛世明发表了一篇采访王振华的重要文章，题目是“王振华放飞华宇任遨游”。文章说：“以绝对实力跻身中国首批 5A 级物流企业的华宇物流集团，从它的行业地位来说，是高擎民族物流大旗，和行业精英共同率领民族物流大军与来势汹汹的国际巨鳄分庭抗礼，但眼前让人看到的却是，王振华把华宇物流一点不剩地全部卖给了一家外资物流企业——全球 500 强企业荷兰 TNT 集团。这个结果虽然不能说令人感到意外，但还是给民族物流业带来不小的冲击和遗憾。”他在半年之前该报上发表的另一篇访谈文章中说，“‘虽然在华宇之前，已经有数家本土企业被外资所收购，但华宇的被收购对整个民族物流乃至整个中国物流业的冲击却是最大的。’王振华为什么要选择卖掉华宇？为什么在这个时候卖？为何卖得如此彻底？王振华到底是‘穷’而趋利，还是‘达’而忘义？面对诸多‘卖身而退’、‘嫁入豪门’、‘沦为小妾’、‘美满婚姻’、‘是对是错’和‘是功是过’等猜测、评价、议论、妄断和质疑，深深地困扰着记者，困扰着业界，同样，也困扰着企业和员工，甚至他本人。记者认为，应该从更正确的角度，站在更高的起点，运用更大的视野，来审视自己，审视华宇，审视中国民族物流业的发展。”为此，《现代物流报》开设专栏，以“放飞华宇是对是错”开篇，围绕“全球经济一体化与民族物流发展”进行系列讨论。

为期一个多月的前所未有在中国物流行业唯一的权威报纸上进行的系列大讨论，之所以吸引了众多业界高端专家和企业家的参与和广大同仁的眼球，是因为它紧紧抓住了困扰中国民族物流业发展的一些重大现实问题。近年来，随着我国物流市场的全面开放，资本雄厚的国际物流巨头的大举“入侵”和“攻城掠地”，给刚刚发展起来的中国民族物流业，特别是弱小的民营物流造企业成前所未有的巨大冲击，其生存状况和发展前景因此蒙上了诸多阴影，带来深重的忧虑，中国民族物流业的发展出路到底在哪里?！对于这些更为高深的潜在危机问题，华宇员工没有能力回答，但是这次由华宇物流被整体收购所引起的系列问题大讨论，对于华宇物流的购并整合，尤其是对于华宇员工思想方面的深度整合，无疑有很大益处。

二、TNT对所购并的华宇员工进行面对面的思想沟通整合

1.首任执行总裁庞复兴进行关于TNT新思维的思想整合

这可能是首任总裁庞复兴为了解决华宇目前存在和多年积累下来的经营管理问题，着手建立TNT新的理念管理框架和推行新的管理模式的一个长远措施。因此，他突兀地命名为“关于新思维”。虽然，他根本没指明是“谁”的新思维和关于什么的新思维，但是，他那为了实现接管购并企业之后员工思想稳定的整合目的是十分明显的。为了突出应用他的那些“新思维”，来整合华宇员工的思维及思想的重要性，他异乎寻常地署上自己的总裁职务和庞复兴的名字，发表在《天地华宇》卷首语

的栏目内。为此，他强调指出："'华宇物流'将正式改称'天地华宇'了，其中'天地'是TNT常用的中文名，与'华宇'结合，表示我们新里程的开始，但是'新'在哪里呢？要从'新思维'开始，我再次提出一些观点，与全体员工共享。"具体如下：

(1)向"国际企业"靠拢，并"努力提高"的思维；

(2)提高"服务"与"价格"的思维；

(3)巩固"低中客户"，向"中高客户"迈进的思维；

(4)"开放思想"，向"新思维"、"新做法"学习的思维；

(5)"重视人情"，但更重视"能力"与"贡献"的思维；

(6)"计量思考"、"具体分析"、"收集数据"的思维；

(7)"守规"、"守法"与"公私区分"的思维；

(8)重视"整洁"、"安全"与"有序"的思维；

(9)确保"成本控制"、"争取利润"的思维；

(10)提高"英语能力"的思维；

(11)"重视团队"及"与人为善"的思维。

庞复兴说："以上仅为大端，并不是全部，希望大家思考，以后我们会就每一思维再做一些叙述，并与大伙共同讨论"。最后，他又推出了一个"新颜色"："我们新的颜色是TNT的'橘红'，代表了'温暖'、'开放'与'热情'，这是TNT也是服务行业必备的信念。让我们在'新颜色'、'新名称'开始之际，同时开展'新思维'的征程，并预祝大家成功。"

为了避免大家对于这些所谓的"新思维"无人问津、反应冷淡、不予理会的尴尬局面发生，刊物主编特别组织了这位总裁所偏爱的一个管理区域的公司总经理认真阅读学习，然后写出心得文章发表，以推动和指导集团上下员工们的思想整合工作。结果是"交卷"上来的文章，除了重复"新思维"里的一些原话空话之外，根本没有自己切实的心得和体会。当主编与他们深入沟通，要求写出真实有用的体会或心得时，他们有的说，“告诉你实话吧，主编，那几条‘新思维’也太浅薄了！根本不是什么新思维，写不出来有用的心得！”有的还说，“那些装腔作势的假洋鬼子的鸟语，让人看不明白，也听不懂！”

谁都知道，思维决定思想，思想决定理念，理念决定行动，行动决定成败。对于TNT真正的新思维、新思想、新理念、新行动的新整合模式和运作流程，无疑是购并整合企业必须遵循和奉行的。可是，对于这位庞总裁所推出的既迷失总裁地位，又很不在行的由他平常讲话的一些平常观点组成的所谓“新思维”，自然毫无整合思想的能力和作用，更没有克服、破掉、排除和战胜各种错误思想、混乱思想、有害思想的精神力量。显然，这是一次极不成功的思维整合以及思想整合。而他的那些由平常讲话中用来批评华宇问题和弊端，甚至用来否定华宇的观点所构成的浅显思维，也跟着这位首任总裁从他那还没坐热的总裁宝座上，突然一起不明不白和无声无息地消失了。

2. 代理董事长和兼职总裁迈克·德瑞克的思想沟通整合

刚刚调来被任命为TNT大中国区董事总经理不到半年的43岁的迈克·德瑞克，又被任命为最新收购的TNT华宇集团的董事和代理董事长职务。又是不到半年，这位身兼过多职务的代理董事长先生，又兼上了无人胜任的天地华宇总裁一职。庞复兴的那些所谓的“新思维”的整合征程，刚要开始就因重疴而夭折后，这位不通中文的迈克·德瑞克先生又率领几位副总裁和翻译，开始了面对一万四千多名员工的沟通整合之旅。这是一个极其艰难而又结果难测的必经过程。因为此时已经丧失和错过了许多可以及时产生显著效应的思想整合良机。尽管如此，购并双方对这次沟通之旅还是寄予很大的期望，正如《天地华宇》第7期“集团要闻”栏目发表通栏标题新闻时主编所拟的题目那样：“心灵与心灵的沟通，事业与事业的共融，文化与文化的整合，优势与优势的提升”。

2007年7月16日至20日，TNT中国董事总经理和天地华宇有关领导成员，在上海、广州、北京、青岛与各个层级的经理及员工代表分别召开了五次大型面对面的沟通对话会。他们对天地华宇目前的经营状况，今后的战略目标、发展方向、企业和员工的健康安全、TNT经营管理的基本原则、新的思维理念以及优秀员工标准等共同关心的问题，进行了演讲、阐述、对话、沟通和坦诚交流，均取得了很大成功。迈克·德瑞克先生的主题演讲是本次思想沟通整合之旅的核心内容，其要点是：我们天地华宇有一个振奋人心的美好未来；我们所拥有的竞争优势是全国最强大的递送网络；我们要走出去推销我们的服务，从而找到更多的新客户和大客户；快速提升我们的服务水平和确保货物完好无损准时到达；我们今天的投资是为了更加辉煌的明天；我们TNT的经营管理原则；我们天地华宇优秀员工的标准；总共七个方面。

在这五次面对面大型沟通对话会上，有60多名基层经理提出近百个非常关切的问题，大都得到了满意的回答。例如，华宇物流的发祥地——广州黄石分公司经理张志军问："我们在人力需求旺盛的珠三角地区如何吸引和留住更多的优秀人才？"惠州水口分公司经理周峰问："今后如何改进或改造我们差距很大的管理制度？"佛山公司田桂方经理问："TNT收购华宇后您的最大感慨是什么？"深圳公司运营经理乔民问："天地华宇与TNT中国快递业务的异同是什么和如何操作？"华东区运营经理王忠财问："具备什么能力才能当好这一万多名员工大型集团公司的总裁，把一直赢利的企业搞得严重亏损是功是罪？"

这些沟通会结束之后，集团下发文件明确要求全体员工，认真学习和贯彻执行集团关于在全国各地面对面沟通会议的文件精神。很快，就在集团各个区域及所属公司中，兴起了以深入学习和认真执行沟通会议精神为目的的热潮，从而使全员参与的更大规模的思想整合活动又向前推进了一大步。太原公司总经理张棋总结说，"见面会让我们明确了

TNT的管理原则。”北京公司经理吴宇峰说，“面对面地沟通会解决了我们的许多疑问。”西安公司员工经过学习沟通会议文件后，进一步明确了安全可靠和快速高效，是天地华宇生存发展之本；西宁公司的经理们说，“通过对话沟通交流，明确了我们的主营业务是公路零担运输和即将推出的经济快运。”

虽然这次思想沟通的整合之旅取得了不小的成功，但它仍然处于初级阶段。因为，真正全方位、大流量、快速度、高质量、持续性和及时高效的中级整合与高级整合还没有进行，与其对应的中级整合效果和高级整合效果还没有产生与出现，因而远远没有达到目的。也就是说，现在还没有达到全面、系统、深入、高效的高级整合阶段。这也再次证明，这种高级沟通整合对于及时获得高级成功结果具有第一重要的意义和作用。实践证明，包括思想整合在内的所有购并整合目标的实现，都要首先依靠及时有效的思想深度沟通整合。实践一再证明在跨国购并整合中，一个企业所发生的最严重的错误，就是没有进行及时有效的思想整合和沟通整合，没能使员工及时准确地认识到购并整合的重大目的、意义和作用。

3.第三任执行总裁徐水波的政治和经济利益的思想整合

2007年6月加入TNT中国公司任人力资源总监的徐水波，当年9月又兼任了天地华宇集团人力资源高级副总裁，2008年7月初，又从迈克·德瑞克手中接下天地华宇集团首席执行官的职务。这位非常年轻、精力充沛和勤奋好学的徐水波，在兼职期间经常随同迈克·德瑞克或自己挤出时间，深入到天地华宇所属的各个区域和一些公司调查研究、实地学习和检查指导工作。

在2008年初召开的天地华宇管理年会上，他做了一个题目为“呼唤华宇创业精神的回归，携手共创新华宇更大辉煌”的长篇演讲。这篇非常真诚、坦率、精彩、深刻，也十分重要、迫切、务实、有力和异乎寻常的演讲，特别是他那种直面敏感问题和关键难题的果敢精神，心系天地华宇的前途、命运、美好愿景和15 000名新华宇人及其50 000多家属目前生计、长远发展、最大利益的忧患意识、大局思维、共赢理念、坚定信心和强烈激情等，真是令人震撼、感动、敬佩和信服。值得天地华宇员工认真阅读、深入学习、全面领会和贯彻执行，因为这是购并员工思想深度整合的最好教材。它不仅可以释疑解惑、凝聚人心、促进融合、提升能力，而且还能够坚定信心，振奋精神，焕发员工们的自豪感、积极性和工作热情，实现快速较高增长和完成各项经营目标。这是一个政治性、经济性、思想性很强的整合武器和理论工具。实践证明，在这个被TNT集团成功购并的天地华宇集团中，不仅需要一个卓越的总裁，同时也需要一个优秀的像“党委书记”或者“政治委员”那样的政治领导人物，来专职经营管理企业理念、共同愿景、精神文化和品牌形象等，特别是经营管理员工们的思想、灵魂和信念的整合交流工作。因为思想是企业第一位的资本；创新的思想是为企业，也是为自己创造财富的唯一途径；不同的思想和意见是企业的一种财富；整合、经营和管理思想也是消解文化冲突，实现思想和文化融合，高度凝聚人心，从而顺利完成企业购并战略、使命、愿景、目标的第一要务和根本保证。

徐水波是以集团公司党委书记和部队政委这样两个角色来做这个演讲报告的，其主旨和重点是通过问答华宇为什么会卖？TNT为什么会买？现在什么是华宇的最大利益？我们眼中的华宇到底是什么？华宇是自己的一个家还是一个工作站？今天的华宇处在怎样一个发展阶段？对于大家最为关切的六大焦点问题，必须从思想上、经济上、政治上、文化上和购并与被购并的相互关系上，进行重新审视、正确认知和认真总结。因为在过去的一年时间里，在购并整合与经营管理工作中，在处理购并方与被购并方的矛盾冲突中，在一系列关系企业前途命运的大是大非问题面前，以及怎样对待和切实解决迫在眉睫的发展瓶颈上，都出现了许多失察、失策、失误、严重失时等问题和沉痛教训。因此，迫切需要重点解决危害极大的倾向性错误，尽快调对和校准正确的方向，从而能够同心同德，团结一致，协同奋斗，再创辉煌。

十分明显，这是一种较为高级、很有气派和难能可贵的自我纠错式的深度整合。而且是以思想整合为龙头、核心、动力和武器，包括政治、经济、文化、策略等多方面整合在内的综合整合。解析和归纳他的思维和观点，可以十分鲜明地看到，他用了五句话回答了他所设问的六大问题，同时也批判了危害极大的三个倾向性错误，提出了一个根本性的战略措施。对于震动和冲击中国物流业界很大的“华宇为什么会卖”和“TNT 为什么会买”，他的答案是，为了成为中国第一；对于“现在什么是华宇的最大利益”，他的回答是为了华宇 15 000 名员工家庭及其背后的近 50 000 人的富裕问题；对于“他眼中的华宇是什么”，回答是，“是一群干出不凡事业的平凡人”；对于第五个问题，他的回答是“华宇人把企业看成是自己的家，而很多 TNT 员工却将 TNT 看做是工作的一个站”；对于最后一个问题“现在华宇处在怎样一个阶段”的答案是，“前所未有的最好时机和无处可寻的特殊阶段”。三个倾向性的错误是：“偏好性地看低华宇人”和“没有道理地看不起华宇人”；“轻易地否定、抛弃、排斥、丢掉了华宇原来许多好的、对的、有效、管用的做法”；“新购并整合的天地华宇集团在 2007 年走了一个很大的弯路”。一个根本性的战略措施是，“呼唤华宇企业家创业精神的回归”。为此，他一再强调说，“我最害怕的，也是最危险的，就是我们丧失了老华宇赖以成功的企业家精神和艰苦创业精神。包括我们这些从 TNT 过来的人在内，如果没有足够的企业家精神，没有强烈的创业精神，想把公司做好是非常难的事情，或者说根本就是做不好的”。不知道有没有人认真地想过，原来那种十分强烈的华宇赖以成功和创造辉煌的企业家创业精神，是在什么时候和在谁的手里开始丢失和被否定的呢？其实，这并不是一个很难回答的问题，然而就是这个很好回答的问题，现在确实成为天地华宇购并整合发展的最大障碍或最大瓶颈了。这对于购并主体来说，无异于自我否定、自毁长城和自取其辱。

三、正确把握购并整合中的对立、冲突、风险和危机

这是购并企业接管之后，真正实现安全、及时、顺利、和谐、高效和双方满意、互进共赢、高度协同、平稳过渡、整合提升、更大发展的唯一正确并且最为重要的整合策略、程序、目标和方法。解析天地华宇过渡时期及其之后购并整合的成败得失，一定会得到很多更有价值和借鉴意义的理论知识与宝贵经验。

1. 没能用好比较强势的华宇物流集团自我整合资源和极为难得的重要成果

如果说靠购并整合企业起家而做大做强，并且被誉为世界“购并骄子”的 TNT 集团、TNT 中国和被他们任命后派过来任代理董事长和执行总裁，以及提前一年就进驻华宇集团进行购并整合的项目团队，他们还没有用好、用活、用足华宇主动积极和较为强势的自我整合资源，甚至是 TNT 应当自己主导整合的优势资源，一定会没有人相信。然而，严酷的事实会郑重地告诉你确实如此。翻一翻 2007 年 3 月之前，王振华在华宇集团一些重要会议上的讲话和相关决策记录，看一看王总裁在业界高端媒体上发表的署名文章和记者访谈，读一读更名为《天地华宇》之前的《华宇天地》刊物，都能够实在而真切的证实，华宇集团确实是世界

购并史上极为罕见，甚至是绝无仅有的主动积极、卓有成效和尽心尽力满足购并整合主体企业一切需要的自我整合者。这是非常遗憾的事情，也是万万不该出现的问题。同时，也是TNT购并交易成功后在决定其成败的重大整合中，一直处于弱势地位、被动局面和出现过多失误的主要原因。

2.没能及时有效地修正、整合、融合重大矛盾、冲突和风险

一是在怎样召开、如何出席、联合研究华宇集团经营效益和发展策略的会议方式上，TNT和华宇出现了对立的观点和矛盾的做法。从2006年3月份起，TNT中国区董事总经理肯·麦高先生和TNT收购华宇项目总监彭昶裕，都要参加华宇集团每月一次的目标管理和经营效益分析会议。在4月28日举行的例会上，王总裁首先向前来参加会议的TNT中国公司的领导表示诚挚的欢迎，然后向他们简要介绍了集团的组织架构、集团高管、管理部门、各大区域和一级公司每月、每季、半年都要进行经营效益分析及目标管理会议的经营管理状况，以及对会议的一些重要评价和基本要求。在集团企划部向会议报告3月份和一季度的经营状况与目标管理的过程中，王总裁一一向他们讲解被分析的项目、内容、要点和具体指标。会议结束时王总裁总结说，希望参会的TNT领导帮助分析和在更高的层次上予以指导，以提升华宇集团的管理能力和绩效水平。参加会议的TNT购并华宇项目总监彭昶裕作了肯定性和指导性的讲话。

后来，没有想到的是，这个会议被TNT最高管理者说得一无是处，必须立即改进和提高，否则他们就不参加会议了。同时，还提出了要求马上建立华宇集团无法认同的汇报关系。王振华说："改进提高会议效果可以，单独向TNT中国高管汇报，现在我们还不能接受。"最后，僵持成为你肯·麦高指手画脚地在会上会后妄加指责，我王振华就不参加这

个会议了。肯·麦高说:“你王总裁不参加会议,就必须直接向我汇报。”结果是4月份的例会取消不开了,5月份的例会王振华也不参加。虽然,没有完全按照TNT的模式和要求开会,但是经过认真改进,会议的质量和效果确实有了显著提高。7月21日召开的华宇集团上半年经济工作会议,没请TNT高管参加。最后的解决办法和契机是,在2006年7月31日,中国“情人节”七夕的那天,主持会议的王振华从讲述牛郎织女每年只有一次“鹊桥相会”的爱情故事,开始了HOAU和TNT双方高层领导共同参加的联席会议。王振华十分高兴地说:“非常欢迎您前来参会。”肯·麦高先生也同样十分高兴地回敬:“非常感谢您的邀请。”以主人公身份主持会议的王振华和同样也以主人公身份听取汇报的肯·麦高先生,两人都心知肚明、心照不宣和心领神会。这种都让对方知道“究竟谁是老大”的游戏,就这样草草收场了。

二是双方在2007年华宇年度工作重点和主题理念上的差异留下了重大隐患。在定位2007年华宇工作主导思想,也称为全年工作主题理念的时候,中国政府已经批准了TNT全资收购华宇集团的协议。本来,双方可以通过深入沟通和充分协商,整合出来一个完整统一和重点突出的2007年华宇的主题理念。不知什么原因,却各拿各的工作方案和各说各的计划安排,结果在华宇集团2007年的工作主题、核心理念和经营目标等安排和预算上,出现了较大的差异和严重的混乱。首先推出来的是华宇集团的“兴中华物流,融国际巨头,全力推进华宇向更高层次更宽领域的快速发展”。在2007年元旦献辞中,王振华又把它进一步提炼成为“携手同创新天地,整合共赢大发展”主题理念,这种鲜明、简练、典雅的七言诗形式,符合中国人喜闻乐见、入心上口、好记易行、格调高雅的形式和内容完美统一的全年主题理念。后来又被员工们高度提炼概括为“整合、提升、增长”六个字。

而3月以后出炉发表在4月《华宇天地》刊物上署名为TNT华宇物

流集团总裁庞复兴的文章，题目为“平稳过渡，整改提高”，副标题是“与华宇员工共勉”，文中第九个自然段强调说：“在此冀望全体干部与我共进共勉、自省自律，做员工的好表率、好家长。”解析这位庞总裁所用的主题、副题以及这段文字的旨意和诉求，大家都感到，原来这只是一篇冀望全体干部与他“共进共勉、自省自律”的劝善文章。“冀望”就是读也行，不读也行；做也可，不做也可的事情。后来，他又推出了一个“2007——平稳过渡，整改提高，完成收入及利润计划”的由18个横放的长方形所构成的工作目标矩阵图。分别用“管理年”、“服务年”、“速度年”、“新产品年”统领。如果再加上“平稳过渡年”、“整改提高年”、“完成收入年”和“实现利润年”，那就是八个年了。这么多的“主题年”，叫华宇的干部和员工如何执行，怎样完成呢?！就是上帝和老天爷也不会知道啊。

这还不是留下最主要隐患的要害之处，也不是与华宇提出的“整合提升”相矛盾、相对立、相冲突的问题所在。隐患、危害和错误都处在“整改提高”这四个字上面。因为素质低、能力低、收入低、利润低、质量低、定位低、文化低和英语水平低等数不清的低，以及无法说尽的这个差、那个差、一切都很差，所以必须提高，必须整改；今天整这个，明天改那个，什么都得整和改，太多的整和更多的改。这是矛盾、对立、冲突越来越多，越来越尖锐的根本原因。有些员工厌烦地说，有那么多需要整顿和改革的地方，那你们还购买华宇这辆破烂“二手车”干什么？“整改提高”这四个字，就是第三位执行总裁徐水波所明确指出的危害极大和隐患无穷的三个倾向性错误的重要根源，也是天地华宇“在2007年走了大弯路”的理念原因。而华宇集团提出的全年目标理念“整合提升”，不仅没有理论错误和实践危害，而且是更为高级而科学的正确理念，是全体华宇员工愿意接受和自觉执行的最好理念指导。它的本质和主旨是在肯定、保留和继承的基础上的整合与提升。用哲学的规律和范畴来说，就是否定之否定，是飞跃，也称扬弃，而不是那种形而上学的思维模式，即全部否定和彻底抛弃。错误的理念必然指导出来错误的决策和行动，而错误的行动结果必然是失败。“整合提升”和“整改提高”这两个理念的对错、优劣、好坏的矛盾、对立、冲突和正反作用会如此之大，是那些过于稚嫩和生涩的企业高管所不能理解及难以预知的。这是应当引以为鉴的重要教训。

三是在盲目调动大区总经理时，激化了矛盾酿成了严重冲突和危机。不知道是为了解决家族势力过去强大，尽快改变管理区域与总经理团队的结构，还是为了某些利益而重新安排高管人员；也不知道是一个怎样的考核标准和按照什么样的流程决策的高管调整。在庞复兴总裁接管华宇集团不久，就传出了要把一个极不称职的刚刚从某管理区域总经理职位上调回集团临时充任更不称职的市场营销总监，调到较大和更为重要的华北区任总经理；把华北区总经理调到更大的华东区任总经理，把集团副总裁兼原华东区总经理调到集团行政部任总经理，将刚刚任命不久的集团行政部总经理晋升到更高的职位上。对于这个涉及高管很多、震动很大、流言四起、影响很坏、传播范围越来越广的小道信息，很多人并不信，认为没有什么正当理由，这么快地升降调动那么多高管人物，会引发企业管理层“地震危机”和“天地大乱”的。这些很坏的传言，使得很多人心慌意乱和疑虑重重，严重危害了稳定，冲击了购并整合和干扰了集团的经营管理工作。这时，也有“忧国忧民”的好心人向庞复兴总裁谏言献策，除了那个已经把原任的大区刮地三尺、将二级公司经理炒了多遍、搞得亏损落后，对集团市场营销总监既干不来，又没多少油水可捞，急切地想到“八路进财”和“肥得流油”的华北大区做一个“封疆大吏”的人之外，谁都不愿意被调动和降职。特别是兼任华东区总经理的集团副总裁一再表示，坚决不去当那个只管三五个行政人员的集团行政部总经理。就在这时，由庞复兴总裁签署的调动任命文件，真就发下来了，正式谈话后这个副总裁兼总经理也坚决不去，宁可辞职也不去，对立情绪很大，矛盾开始尖锐和激化，而且有传言说，他们要联合众多一级公司总经理集体辞职。此刻他们又传出话来："我们 TNT 就是不怕辞职"。许多人猜测："说不定他们的目的就是让我们辞职换人呢?"结果 TNT 很快就接到了众多总经理集体签名辞职的报告。对于这么多的集团副总裁、大区总经理和大公司总经理真的要挂冠而去的重大"地震"危机，令庞复兴惊慌失措，他根本没有想到会发生这么大的冲突和震荡，万般无奈，他只好又做出立即撤销调动这些高管的决定。有这么多的副总裁和总经理一起辞职，不仅华东大区的天塌了下来，其他管理区域的总经理队伍也会大乱。有人说，庞复兴"是不听劝告喜欢玩火的小孩子"；有人说他"没事玩毛泽东'文革'时期调动八大军区司令"的游戏玩砸了，他以为会像毛泽东那样，领大家唱一遍"一切行动听指挥"的军歌，就搞定了。还有的人说，是不是他也学会了腐败官员上任后首先"炒干部"的那一套"业务"呢？虽然危机和风波停息了，但是他的那点威信和脸面都被折腾光了，越来越多的领导和员工在心里忧虑，TNT 派这样的人来当跨国购并整合的总裁，华宇早晚会让被给搞黄了。

3. 没能抓住居于头等地位的思想整合这个第一要务

庞复兴丢下接管购并企业后的许多重大整合工作和经营管理的当务之急，却启动舍本逐末的英语培训项目和向脏乱差、破旧臭、危险大、死人事故多、工作和生活习惯不好的华宇开战，搞得人心慌乱、怨声载道。员工们议论说，不是我们不想玩玩时髦，说说英语，提高一下自己的英语水平，找机会和说英语的老外总裁搭讪几句，向他说点心里话，表达一下我们的心愿；也不是不想从根本上改变极为恶劣的生活和工作环境，就像你们有的高管嘴上和心里说的那样："华宇是个丑陋的庞然大物"；"华宇真不是人待的地方！"更不是喜欢这危险大、事故多、经常死人的货运企业；谁都知道，"车船店脚牙，无罪也该杀"啊。总裁心疼员工，有恻隐之心，实在看不下去，决心彻底改善，我们也非常感谢。但是，现在这样的搞法，让我们心里郁闷，自惭形秽，低人三等啊！确实如此，刚刚接管购并企业不长时间，正是购并后的“心理震荡”、“情绪抵抗”、“愤怒沮丧”、“失落迷茫”、“组织失调”、“管理失控”、“困惑不解”、“等待观望”和“辞职逃离”等等购并“后遗症”和“综合征”集中爆发期，购并后和整合中的各种矛盾、冲突和风险交织在一起。这个时期，有许多更为重要和更为关键的大事情，需要新任总裁抓住抓好，突出重点，凝聚人心，带领全体员工，排除各种干扰和障碍，快速高效地抓住抓好购并企业的整合、提升、增长。如果纠缠这些难度很大和风险很多又很难见效的小事，必然会贻误购并整合、平稳过渡、实现增长的大事，更何况这与当前必须做好的思想整合也背道而驰。

尽管有人向他提出忠告，有人给他提出建议，他还是坚持把主要时间和精力用在学习英语和改善环境这两项“大事”上面，最终是“得到了庞复兴总裁和人力资源部总经理张霞云的极大重视”，亲自出席开班仪式，并且做重要讲话的英语培训项目，虽然于 2007 年 4 月 3 日在上海、广州和北京三地正式启动了，从零开始的初级班和有针对性地学习的提高班也都结业了。但是，英语真正得到了普及和被提高水平的学员没有几个，结果是费力耗时、耽误工作、劳民伤财。后来听说，华宇物流的工作语言又不是英语而是中文国语了，参加培训的人都有一种被人嘲弄了的强烈感觉。如果说这个英语培训有什么成绩和作用的话，那就是非常明显的“珠玉在侧，自觉形秽”的效应。而紧紧抓在手上的另一个重要项目是：向华宇“丑陋”的习惯和“恶劣”环境开战的工作，则搞得人心涣散、士气低落、生产率下降，企业绩效恶化，同时出现了上访告状不断，员工索要企业拖欠劳动报酬、无端克扣工资和奖金、到期不还抵押金之类的债务增多，携款潜逃事件也时有发生，非法贪占钱财肆虐，直到发生了各种形式的罢工。对于这些风波和危机，他们只能仓促应对，不分青红皂白地弹压驱逐、开除、收买和安抚。

4.没能让华宇原董事长王振华履约继续发挥难得的重要作用

不论真正原因是什么和主要责任在哪里，没能让“华宇之父”王振华按照要约收购协议，在平稳过渡、整合提升、成功完成两年攸关购并成败的集中整合时期发挥不可或缺和替代的重要作用，无疑是一个重大的失信、失策、失职，因此而造成的巨大损失、损害、损毁是无法弥补和不能挽回的。在TNT收购华宇集团的重要法律文件中，明确约定收购交易成功的两年之内，王振华必须继续在收购后的新公司里保留重要的领导和管理职位，具体职务的安排，原则上是服务和服从于能够更好地发挥他的重要作用，以保证既定利润增长目标的实现。王振华深入各个区域进行思想整合，安抚员工之心和稳定大局，以及之后实现平稳过渡和整合提升过程中，都发挥了极其重要的作用。在《中国物流与采购》2006年第17期发表的“王振华：过渡期的守望者”的记者访谈中说：“现在，王振华肩上的担子更重了。在双方约定的一年过渡期内，他要将华宇平稳地过渡给TNT，不能让人员流失，不能让业绩下滑。除此之外，从过渡期以后真正收购股权的那天起，他还要留任两年”；“义务留任两年，王振华的动力源自哪里？来自对华宇的挚爱和对TNT的期望”。

在TNT购并交易成功前后的一些主要报告和文件里都有明确的阐述。2007年3月8日，迈克·德瑞克在致华宇同事信中明确指出：“借此机会，我想对王振华先生表示衷心感谢。王先生的卓越领导使华宇公司取得了令人瞩目的成绩，他对TNT公司坚定的信念和支持，更是收购取得成功的关键因素。在未来TNT对华宇的整合过程中，王先生将继续发挥重要作用。”在宣布庞复兴为负责经营管理工作的华宇总裁后，迈克·德瑞克先生紧接着说：“他将和王先生紧密合作、确保华宇公司实现既定目标”。在庞复兴“与华宇员工共勉”的文章中，首先明确指出："我本人是华宇集团总裁，全面负责日常工作，并邀请王总担任集团高级顾问，帮助我们谋划献策，指点方向。"

读了庞总裁这些施政纲领的要点之后，对于王振华职务的安排及工作职责的阐述，令大多数华宇员工和管理人员，心都凉了大半截。因为他们深知，不管多么高级的顾问，都是没人烧香祭拜的牌位，在当今世界的任何国度，都是权力说话，资本的所有者决策，不管你拥有多么伟大的能级、作用和魅力，没有实际职权，谁也不会理睬你。"顾问，顾问，顾得上就问，顾不上则不问，人家不问你，你还不能乱问"。这就是顾问的真实写照。迈克·德瑞克对王振华留任两年的原因和理由说了四条：他是华宇以往取得辉煌成就的关键要素；更是 TNT 成功收购华宇的关键要素；也是成功进行购并整合的关键要素；他又是确保新的被购并整合的华宇实现既定利润增长目标的关键要素。这四大原因、理由、作用和魅力，根本不是指点指点方向和献上几个对策那些可有可无的事情。到底是什么原因使王振华"留任"不到一个月就离开了呢？或者更接近实际地说被逼走了呢？原来是在许多重大问题上，都有重大分歧和尖锐矛盾，关系紧张、矛盾冲突到无法一起共事了。

5. 没能做到自省自律、共进共勉、做好表率和当好家长

四个没能做到，关键和要害在一个"能"字，它的内涵还很丰富。它既包括没有能力做到，也包括可能还有些能力但却没有做到，其原因是做错了、做反了、做坏了、做砸了。庞复兴之所以没能做到一个大型物流集团公司总裁所应该做到的职能和业绩，首先是他没有足够多、足够强、足够聪明和足够睿智的综合能力与情感强度，特别是没有把握、管控、整合购并主体和自己，以及与被购并客体之间协同关系，从而也没有与被购并实体企业高层领导团结共事的能力和技艺。同时，也没有像他自己所说的那种"自省自律"和"共进共勉"的能力，这是自我纠错能力不行不

够而必须采取的外部帮助措施。明眼人一看就会明白，他提出的这八个字，是针对不能自省自律的丑陋的华宇人说的，根本不包括他自己。用购并整合企业通常的比喻来说，就是驾驭一个大型购并企业，好像自己驾驶一辆买来的"二手汽车"，原来他根本不会开车，更不会开这个对车况、性能和特点都不了解的"二手车"。上司命令他立刻上去开，他也不推辞，不管内外方圆上去就开，方向不对，路线错了，快要翻车了，快要轧人了，他都不知道，还是一个劲儿地开，车上坐着那么多高级"教练"、"监考"和"顾问"给他指点迷津他根本不听。人家不想和他一起"同归于尽"，只好跳车或逃逸。其实，在他每一个错误的决策之前和执行中间，都有高尚而又高明的华宇好心人积极主动地给他指点、谏言、忠告和献策，可是他却全然不听。四个没能做到的结果，是没有实现企业的平稳过渡和整合提升，没有实现企业快速增长和持续赢利的既定目标，没有实现自己的诺言和员工的期望，没有履行总裁应尽的职责和应发挥的作用，造成了巨大损失和严重危害，同时也毁掉了自己的职业形象、总裁名声和美好前程。这个损失和危害是巨大的，它的教训是深刻和颇具典型意义的。

2007 年五一长假期间所发生的由两位副总裁和一个大区总经理联合发动的、有众多大公司总经理签名参加的、阵容比较庞大的集体联名"弹劾"、"驱逐"、"搬倒"总裁庞复兴的"运动"、"风波"、"危机"，除了有明显的"反抗"、"反对"、"反攻"的意思在里面外，主要还是因为以王振华为首的原华宇高管们，根本没有看好庞复兴的综合素质、实际能力水平和胜任品格等方面的严重缺失。华宇的高管和同他打过交道的同事，根本没有想到 TNT 会派他到华宇集团当总裁。他也没有想到，更没有准备好来购并整合的华宇任总裁，因为之前早就安排好了一位既懂物流企业经营管理，又有实际经验，同时一直作为 TNT 购并华宇的项目总监彭昶裕先生，他比谁都更加全面深刻地懂得华宇特点，更为重要的是，经过两年多购并整合的工作磨合，在思维方式、行为准则和性格特点等方面与王振华等高管互相都很了解，也很适应了。令人遗憾的是，可能是因为卷入了公司内部的政治争斗，在购并成功的“前夜”，他在 TNT 消失了。TNT 大中国区先后报了两个总裁人选，都没得到荷兰总部的批准，就像“临阵抓丁”一样，把这位即将退休和很不胜任的庞复兴推上了天地华宇总裁的宝座。

“劾庞”檄文共有四个方面内容，主要是历数他的重大失误和基本能力水平的缺失，罗列他不够格、不称职和不能继续担任集团总裁的道理。在五一长假期间，在大区总经理和集团 56 个一级公司总经理中“热传”征集更多签名时，不知被哪位告密者把它传给了庞总裁。据说见到这个弹劾自己的诉状后，他大惊失色，也惊慌失措。他立即找来身边的亲信研究应对办法和向公司报告。浑然不觉的“劾庞”主谋节后一上班，就被迈克·德瑞克找去谈话。这时，“劾庞”的主谋已经将原来的四大方面“罪状”，变成了更为具体和尖锐的 11 条理由了。紧接着，迈克·德瑞克就是像“过堂”一样找来每一位副总裁单独谈话，弄得神秘兮兮和人心惶惶，不知道发生了什么重大事件。后来在集团办公平台上，见到了关于这件大事的两个文件和三个人的“看法”。究竟是对什么问题的看法呢？仔细研读文件后才知道，原来是德瑞克、庞复兴、王振华对“促进和谐的看法”和“对最近一些异常事宜的看法”。他们只是表示了对“制造偏激言论，并找多人联名签字”、“造成派系的感觉”和“产生了一些不和谐”等现象不赞成的“看法”。这两个只是对一些小事“不予赞同”的“看法”，而没有什么真实做法的文件能起什么作用呢？只能让人更加大惑不解，感到软弱无力和丧失信心。当然，这种钝化、淡化、软化和虚化的办法，有时候也不失为一种以柔克刚和以弱胜强的无奈之举，从被动转为主动的低级手法，但其结果却是使自己陷入更加被动的境地。更为重要的是，丧失了从根本上解决问题，利用聪明睿智处理冲突的策略，化危机为新的契机，失去了将坏事变为好事的难得机会。在许多时候，直面冲突和危机的挑战，有理、有力、有节地抓住最佳机遇，是解决冲突与危机的最佳时机和过程，同时，也是一个最好的思想整合。

三个月之后，人们大都淡忘了这件事情，弹劾人的和被人弹劾的人都有一些小小的错误，都还在自己的职位上“照样”地工作着，但是心态、热情、方式、尽职程度和工作效益却发生了意想不到的重大变化。体现在经营绩效数字上的是集团已经严重亏损了，这是一路领先和一路辉煌、令国内瞩目和吸引国际巨头“求爱”、从来没有亏损过的华宇集团的一个重大转折。这时，总部的员工忽然发现总裁已经在大楼内和办公室里消失了十多天了，而在他的办公桌前坐着办公的人却是TNT大中国区的首席执行官迈克·德瑞克了。9月3日召开了一个异乎寻常的高管会议，最后进来的迈克·德瑞克坐在庞总裁以前坐的沙发上，左右看着长长的会议桌案两边的下属后，用手指着说：“这边TNT，那边HOAU，仍然像楚河与汉界那样分明。”

不用宣布大家都知道了今天的重大变化，直到如今迈克·德瑞克仍然十分无奈，三个多月也没能找到一位合适的人选，只好由他来兼任天地华宇总裁的繁重职务。他也由原来的“三星将军”变成“四星大将”了。这可是一个比TNT大中国区规模更大、人员更多和更加难以整合管理的大型物流集团公司啊！

后来听说，有人看到8月中下旬的某天下午3时许，庞复兴收拾完自己的办公桌后，铁青着脸，神情凝重，左手拖着鼓鼓的拉杆箱，右手推开办公室的门，锁上之后，步履沉重地走进电梯，很快地下去了。

现在看来，在天地华宇购并整合和思想整合过程中，可以说，该出的事情都出了，不该出的事情也出了；该犯的错误都犯了，不该犯的错误也犯了。它所产生的严重后果和造成的重大危害，已经呈现出来了，并且正在越来越严重地凸显着。这就是购并整合所具有的巨大挑战、重大困难和特有魅力。

对于这个凝聚人心、提升信心和坚定决心的员工思想整合的人心工程，必须高度重视、充分准备、做好方案、精心实施、认真抓好和届时完成。任何成功的购并整合，都必须是首先成功地整合于人、整合于心和整合于魂，中式跨国购并整合之道更是如此。

第四章 市场营销整合

如果说，前三章的定位和正位整合、定名和正名整合、定人和正心整合，是遵循和体现了中国古典哲学思维的“定天地之正位”的话，那么，接下来的市场营销整合、客户服务整合、网络运营整合，就是“行天地之大道”了；如果说，定正位、正名牌、凝聚人心的三大整合，是让跨国购并企业、人员和经营管理，都自然、自觉和自信地走上合规、合道、合德的发展大道的话，那么，市场营销、客户服务和网络运营三大整合，就是跨国购并企业不胡作妄为、更大有所为、实现领袖型企业伟大目标的必行之路、必成之事和必循之道。

市场营销整合是购并企业实现市场竞争能力优势互补和协同发展的必循之路，也是通过购并整合途径实现快速发展扩张的最好战略措施。一般来说，市场营销整合包括市场整合、营销整合、产品整合、品牌整合和市场营销战略、策略、能力等整合，更为重要的是，实现上述所有整合内容的统一融合和更大更高的整合。其根本目的和宗旨是：

(1)市场整合要找到与企业发展战略相匹配的最佳市场，快速拓展和创造更大的市场份额，抢占、提升和巩固市场竞争的制高点或领导地位；

(2)营销整合要制定出购并企业强大的营销战略和最好的营销策略，建立、完善、提升营销体系和专业化营销队伍，不断增强和提升营销能力，创造更大的市场收益和企业利润；

(3)顾客整合要找到最大的客户群体,创造企业的第一战略和领袖型企业地位所必须拥有的客户基础与生命根基,建立最优的客户关系和最高的客户价值;

(4)找到和扩大能够贡献80%利润的最佳客户,持续培育和不断拓展企业的最大利润区;

(5)包括服务产品在内的品牌整合,目的是率先实现市场营销的品牌化和名牌化,并以此推进、带动和提升企业的名牌化水平,这是卓越、顶尖、领袖型企业的根本性标志。实践一再证明,市场营销整合的最高境界是企业形象和品牌的整合营销。

这里需要明确指出的是,不同类型的购并企业,以及不同的战略定位,在市场营销整合方面,必然具有很多不同,甚至完全不同的规律和特点,跨国购并整合的企业天地华宇也是如此。它们不是那种战略定位和主营业务完全相同的两个企业的横向购并整合,而是战略定位和主营业务都有很大差异的纵向购并整合,而且是购并主体企业完成购并之后,只是派董事长和总裁以及联合组成一个新的管委会,进驻华宇集团进行独立经营的大型物流集团企业,因而必然有许多独有的特点和规律。如果不从这个实际出发,不遵循它固有的特点和规律,那么,包括市场营销整合在内的一切整合,必然会脱离实际,走上错误的道路,导致购并整合、经营管理和未来发展的失败。

一、天地华宇所谓的重建市场营销体系的艰难历程

1.从"TNT华宇通告广大客户书"开始了其市场营销的整合

市场营销聚焦客户、培育客户、开发客户、获得更多忠诚客户的宗旨

和目的是完全正确的。但是,必须首先明确市场定位、客户定位和销售目标定位;否则,就可能犯方向性的错误,不仅会出现事倍而功半的结果,而且还有可能导致市场营销整合的失败。在购并交易成功的当天,即2007年3月6日,当时的TNT华宇就向集团所属的全国六大区域、56个一级公司和1 200多个分公司发出指令,让他们立即发出"TNT华宇通告广大客户书"。

这个通告广大客户的文件明确指出:自2007年3月6日起,荷皇天地(中国)有限公司正式完成了对黑龙江省华宇物流集团有限公司的收购。自此,华宇物流正式成为TNT中国有限公司的全资子公司。TNT集团是全球领先的快递和邮政服务提供商。总部设在荷兰的TNT集团拥有128 000名员工,经营机构分布于全球200多个国家和地区。2006年全球营业收入超过1 000亿人民币。TNT集团分别在阿姆斯特丹和纽约证券交易所上市。TNT的快递集团拥有19 000辆车、44架飞机,以及欧洲最大的门到门陆路递送网络。

TNT中国快递公司是TNT集团在中国的分支机构,成立于1988年,现在拥有25家直属运营机构和2 000多名员工,服务范围覆盖中国500个城市,拥有北京、上海和广州三个全功能的国际口岸。

华宇物流集团是中国物流业最优秀的公司之一。自1995年9月25日成立到现在已经迅速成长为一个中国国内最大的公路货运企业之一。通过其拥有的56个中转枢纽和1 200多个营业网点,华宇物流向广大客户提供了覆盖全国的经济适用和安全快捷的公路运输服务。

通过这次收购,TNT中国公司将致力于加强华宇物流在公路整车及零担业务的领先地位。借助于TNT的先进技术和管理经验,新的华宇物流将逐步提高运营效率和服务质量,向您提供更为优化与经济的运输服务。我们在此感谢您对华宇物流的一贯支持,希望能够与您继续协作,共创天地华宇物流的新未来。

毫无疑问，这个简要的通告广大客户文件，是一个针对外部客户而开始进行的变革企业名称式的市场营销整合，这也是购并之后企业持续经营所必须进行的首要的营销整合措施。此外，还有一个针对企业“内部顾客”所必须开始进行的同样重要的营销整合。当然，它也是对内对外两种客户进行深度营销整合所必须经历的重要步骤。

2.运用“TNT 并购华宇问答”对内外顾客进行深度的营销整合

紧接着，TNT 华宇又下发了一个“TNT 并购华宇问答”的重要文件，这也是内外客户都期盼更早知道的解决各种疑问的权威营销活动。文件中的设问是：TNT 是什么样的公司？它为什么要收购华宇？华宇为什么被它收购？收购后的华宇服务模式和产品定位会改变吗？与原来的服务会有什么不同？服务价格会提高吗？对华宇的企业名称和品牌会做出变动吗？华宇的运输合同、合同章、公司名称及标识会改变吗？会开展进出口的货运服务吗？购并后对员工的发展有什么计划？是否改变现有的考核制度？有什么员工培训计划？有什么新的投资安排？在战略方针方面是否会有重大调整？将来会怎样与 TNT 现有的快递运营网络相互合作？共 15 个问题。

对于这些内部外部客户都极为关切的一些重大问题，TNT 华宇分别作了比较原则或比较具体、比较明确或有些含糊的回答。集中起来，可以从以下三个方面了解到 TNT 华宇传达出来的市场营销的初步整合信息。

一是购并目的和意义方面的整合信息：TNT 对华宇的收购符合其“专注于网络的发展战略，借助于华宇现有的全国性网络和国内市场地位，再加上他们的全球经验和管理技术，TNT 将致力于实现打造中国最大的递送网络的核心战略，以此为 TNT 集团及其华宇在中国乃至全球的客户，提供更大范围和更多层面的递送服务。简单地说，就是用资本的整合力量，抢占中国的市场和客户，以获得更多的利润”。

二是购并后的新公司基本不变的信息：华宇物流原来的整车及零担的公路运输产品结构与模式不会改变；专注于广大中小企业客户、零散客户和尽量更多地开发大客户的营销定位不会改变；由于华宇物流在国内公路运输市场上的知名品牌地位，TNT 是国际快递业务的全球品牌，两者在各自的市场和客户群体中均有很高的知名度，因此，TNT 华宇将会继续使用华宇品牌，为更多的新老客户服务，即华宇的品牌一时不会改变，并且用它来强化在国内公路运输市场上的领导地位；短期之内，公司的名称、标识、相关的运输合同及其合同印章都不会改变；华宇物流现行的实践证明十分有效的考核制度不会改变；对并购之后的全新公司持续投资计划不会改变；注重公路零担运输的发展战略也不会改变。

三是必然改变、进行重大调整和明显改变的信息：因为客户服务质量的提升、更高层次服务产品的推出和外部资源以及税费涨价等要素的影响所致，华宇服务的价格会有相应提高；为了跟上购并整合后的 TNT 华宇不断提高运营速度和服务质量的迫切需要，员工的素质、能力和水平也必须不断地提高；对员工和组织效率的评估与提升工作将会越来越高、越来越严、越来越多；计划适时进入定日和定时等时间要求比较精准、可靠、安全的中端服务领域，会产生突破性的两个服务产品格局的重大变化；由于购并后的华宇物流将逐步实行两种服务产品的组合，必然导致两个目标客户群体的较大差异和不同，这也是一个较大的变化；由此，TNT 华宇也会引进一些先进的销售与客户管理模式，以期整合华宇现有的服务模式的持续提升；虽然短期内新公司不准备对两个不同功能的快递网络和运输网络进行整合，但是会根据业务需要而相互支持和资源共享；还有一个较大的变化和重大的调整是，TNT 在亚洲建立的一个最大陆路运输网络，将在未来连通中国国内的陆运网络，通过整合公路、航空和海运网络，为该地区的客户提供高效的递送解决方案。这些现实和未来的重大变化，必将对公司内部和外部的客户营销整合，发生重要的推动和提升作用。

3. 运用高管访谈形式阐述市场营销整合的纲领和目标

由于购并后的市场营销整合具有特殊而迫切的重要作用，在成功购并后不久的5月10日，就推出了一个对集团销售与市场副总裁的访谈纪要。题目是“全力打造TNT华宇发展的第二大引擎，全面提升市场营销能力和水平”，全文发表在2007年5月20日《TNT华宇天地》企业内部期刊的“主题策划”栏目内。这个共有11个方面问题的高管访谈录，完全可以把他看做是购并之后新的TNT华宇集团进行市场营销整合工作的行动纲领和战略措施。

这位高管在回答他荣任TNT华宇集团销售与市场副总裁这一极其重要职务的感受和使命问题时说：“华宇发展十几年来，不仅有许多进步发展的机遇，也有前所未有的挑战。客户的要求越来越高，竞争也越来越激烈，我们‘开店待客’的经营方式，也越来越显现其局限性。如果说我们的全国网络增大和扩张是我们发展的第一大引擎，那么，下一步我们要开启的是市场营销，这是TNT华宇发展的第二大引擎。因此，我们下一步发展的方向，是营运和营销两条腿走路，共同开创天地华宇的新未来。”

这位高管在回答TNT成熟、先进、成功和领先的市场营销理念、模式、流程等优势和特点问题时说：“TNT对市场营销有一些独到和有效的做法。第一，它有一个庞大、专业、高效的市场营销和产品销售队伍来承担销售任务，运用各种资源，以市场营销为主导，以促销为后盾，以协同作战为特征，快速高效地完成销售任务。第二，把运输服务作为产品进行全新的包装，有‘早九快递’、‘午前快递’、‘特服快递’、‘限时快递’和‘专属快递’等等，把无形的服务产品，以积极主动的方式推向市场。

第三，对客户和市场进行细分，按照全球大客户、国家大客户和零散客户的类别，进行路区、电话、代表的模式和流程，大规模的促销，来促进发货量的全面提升。”

他在回答市场营销和销售，对于企业成为中国物流行业领袖的重要意义和作用问题时说：“意义和作用非常之大！我们视市场营销为企业发展的第二引擎，指的就是必须改变开门等客为登门拜客，积极主动地开发客户。有选择地开发一些集团大客户，来拉动我们华宇的综合服务水平。同时通过对华宇品牌的进一步推广和深入宣传，打造我们在行业内第一服务品牌的形象和地位。”

在回答如何解决目前市场营销方面严重制约和障碍企业快速发展的问题时他说：“首先，要开始进行真正的市场营销和销售，逐步改变过去开店待客的模式，开始主动上门的市场营销。其次，要逐步组织起一个销售队伍。第三，我们也将对我们的服务产品进行重新包装和定位，把定时快运与普通零担分开，把普货与特服分开，打造多层次的运输服务产品。”

这位高管在回答如何强化华宇单一品牌，进一步扩大华宇在这个最大的公路运输市场中的份额，而不是进入高价格、跨国际的空运快递业务问题时说：“在未来的几年中，我们会继续发展和强化我们在零担业务的领先地位，同时我们还要开拓公路快运服务。我们打算将零担和快运业务从目标市场上、价格上、服务方式上，进行全新的定位和包装，使之成为未来天地华宇集团的两个拳头产品，并且通过我们的市场营销及运营支持推向更大的市场。”

在回答目前华宇集团的市场营销处于什么样的层次、地位和水平？最大的障碍和难题是什么？是营销理念、营销战略、营销模式、营销队伍方面的还是营销素质、能力、水平方面的问题？现在需要尽快解决的最重要而又最紧迫的问题是什么？他说：“可以说是上述所有方面的问题都存在和应该尽快地把它们都解决掉。但最紧迫的问题是提高我们的服务质量和营运速度，在这两者都没有提高的情况下，任何营销都是事倍功半的，或者说不会有什么效果的。”

在回答2007年TNT成功收购华宇元年公司的销售增幅有多大？完成全年增长目标的把握有多大？完不成预算的差距有多大？他说：“按照前四个月实际完成的指标推算，距离实现全年的预算指标至少还有4%的差距，同比增长的幅度大大降低，不采取超常措施，是一个难以完成全年预算目标的形势。从总体上说，今年还是紧紧围绕完成全年的销售收入和利润计划而做了大量的市场营销工作，希望能够创造一个市场营销的良好开端和全新局面。”

比较明显，以上的回答和阐述，虽然没有明确地指出这就是购并之后，天地华宇市场营销整合的行动纲领，也没有鲜明的市场营销整合价值理念和目标诉求，但是，我们仍然可以从中看出他们在市场营销整合方面的功夫、能力和水平。实践是检验对错、正误、好坏的唯一标准。艰难沉重的市场营销购并整合三年多的实践及其令人很难接受的亏损业绩，已经告诉了我们天地华宇的市场营销整合成败得失的结论。

二、应当继承发扬华宇物流全员营销的成功经验

正确认知和公正评价10年华宇一路辉煌的市场营销的成功经验，对天地华宇成功进行场营销购并整合是极其必要的，也是购并交易成功后天地华宇靠什么和用什么进行市场营销整合？怎样进行市场营销整合？以及达到什么样的标准才能成功结束市场营销整合的必要前提和科学依据。如果认知和评价有误，或者完全错了，那么，在制定和实施市

场营销战略的实践中，必然出现根本性的失误或重大的错误。所以，认真学习研究、全面正确认知、如实评价和公正对待原来华宇集团全员参与整合进行市场营销的成功经验，是极其必要和十分重要的前提和基础，同时也是必须做好的一门跨国购并整合的重要功课。

在“十年华宇成功经典 20 条”中，华宇物流独具特色的整合营销处于极为重要的地位。它的基本要素和成功之道，被概括和提炼为：

(1)以市场营销为龙头，集团上下全员参与，驱动、拉动、带动、策动企业的加速发展、高速扩张、快速强大；

(2)全员营销、全程营销、全国营销、区域营销、网络营销、战略营销、整合营销和服务营销；

(3)品牌营销、企业文化营销、价值理念营销等是华宇物流快速崛起、一路领先、创造辉煌业绩，以惊人的速度成就中国公路运输著名龙头品牌的成功之道。

这是华宇物流的最大本领、拿手好戏和上乘武功。实践证明，华宇物流的成功首先是市场营销的成功。有专家说，最高水平的市场营销之道，就是卖得多、卖得快、卖得好、卖得省；卖得客户满意，卖得自己快乐，买得对手佩服，卖得业界称赞，最后把自己也适时地卖了出去，不仅能够卖个最高的价钱，而且还卖得名利双收和彪炳史册。华宇物流集团强大而高明的营销能力已经达到了这个境界。

从 1995 年 9 月 25 日，带领十几个下岗职工南下广州创立华宇货运公司开业的第一天起，王振华就极重视企业的市场营销，也首先进行市场调研和市场营销工作。当天下午，王振华就带人到羊城晚报广告部花钱刊登了该报第一个货运公司的广告。这个开创行业之先的商号和品牌营销之举，就使客户的货物源源不断地涌入华宇公司，第一年的三个月就实现了营业收入 1 900 万元，第二年就实现了营业收入的翻番式增长，第三年就创造了营业收入近 1 亿元的惊人奇迹，第四年就闯过亿元大关，第五年以后就不断创造超越2亿、3亿、5亿、10亿元等，更高速度和更大幅度的跨越式、翻番式、井喷式的增长与扩张。到了2006年企业快速发展扩张的第11个年头，在《中国物流发展报告2006—2007》中，刊发了文图俱佳和形神完美的中国物流业界最高层级的华宇物流的形象广告、品牌广告和理念广告的时候，企业的营收峰值已经超越了15亿元人民币。其中，每一年大幅度的增长和成番论倍的扩张，首先都是市场营销的巨大效应和持续驱动的结果。在《华宇经典》书中，收入了一篇华宇物流专家和职业经理人合写的研究报告，题目是“华宇物流整合营销的成功之道”。

这篇文章的核心结论是，10年华宇之所以能够创造如此辉煌的成就，首先源于他们的市场整合营销的巨大成功。虽然，华宇物流成功的奥秘、法则、经验和内在规律固然很多，但是，最重要、最基本、最核心、最关键和第一位的是整合营销这一条。一个公司的市场营销能力，特别是市场整合营销的能力，是决定企业兴衰成败的首要因素。研究报告还进一步指出，华宇物流的快速成长、高速发展扩张和创造了令业界瞩目的辉煌，首要的成功经验就是整合营销，他们后来的减速、滞涨和衰落，究其原因和内在规律，也首先在于市场整合营销的战略失误、能力低劣和衰微没落。真可谓“成也萧何，败也萧何”。

1.华宇物流10年辉煌的整合营销之道的主要形式

营销是人的天性，也是企业的本性。从一个人的诞生和一个企业的创立之日起，就开始了各自的营销生涯。这时的营销是本能的营销、初始的营销，也是自我营销和营销自我。然后是营销自己的能力、特长、优势和产品，逐步提升到营销自己的形象、品牌、理念、价值主张和哲学文化的最高阶段。回顾华宇物流的市场营销发展史，你就会看到他们采用了服务产品营销、服务模式营销、企业形象营销、品牌商号营销、发展战略营销、价值理念营销、企业文化营销和整合传播营销共八种形式。不同的营销形式和较多的营销层面，都有华宇自己的创造和独有特点。

诸如，他们创业伊始创造的"报上刊发华宇广告，路上奔跑华宇品牌"，"走街串巷，登门拜客，开发市场，拓展业务"；例如快速发展时期的"上门服务，免费提送"、"门对门"、"一站式"、"一条龙"式的服务；"一手抓服务，一手抓开发"，"服务好一个客户，带来更多的客户"等创新型营销理念，都是华宇领先的服务模式和独创性的市场营销，正是这些先进的服务模式营销和品牌形象营销，才带来滚滚的货源、迅猛增长的客户、节节高升的利润、高速扩张的发展。

例如"网络扩张"、"连锁发展"、"先大后强"、"一家发货，货到全国"、"网络全国，物流世界"、"跻身一百强，更要一百年"、"内提素质，外树形象"、"打造中国公路运输第一名牌，向国际物流名牌目标团结奋进"等，都是华宇品牌营销、企业愿景营销、价值理念营销、核心战略营销和整合传播营销的创造和推新。

再如，更高层次的价值理念营销，"一切为客户着想，服务让客户满意"、"华宇物流亨通天下，安全快捷服务到家"，等等。非常明显，华宇物流的整合式营销也取得了很大的成功。由于华宇物流在整合大资源，实现大发展的千锤百炼中，形成了强大的整合能力与核心优势，所以在市场营销中，他们能够更好地运用先进的整合理念、模式、方法、技术和管理，从而收到了极为显著的巨大效应。

又如，他们利用公司 10 年大庆的契机所开展的大型整合营销活动，就是一个最为经典的整合营销案例。它不仅是企业品牌、先进服务模式、卓越品牌形象、成功发展战略和最优价值理念等，各种营销内容及美好诉求的有效整合，最大化的推广和立体化传播，而且也是对外营销和对内营销的完美统一，从而收到了显著提升内部员工和外部客户，同时也显著提升了华宇物流著名龙头品牌和先进价值理念的信任度、满意度和忠诚度，进而实现了华宇强势品牌与核心理念价值的最大化和商业利润最大化的目标。非常遗憾的是，由于一些高管和许多基层管理者们的认知水平和领会能力较低，市场整合营销理论和实践能力水平较差，致使华宇物流这个有史以来最高层次的大型整合营销活动的最后效果，打了一个很大的折扣。

2.10 年华宇物流集团市场营销成功的基本经验

比较专业的研究报告总结归纳出了华宇物流 10 年成功进行市场整合营销的六条基本经验：

一是企业生存发展的首要使命和任务是市场营销和创造客户。

二是市场营销的对象首先是聚焦客户，包括内部客户即员工。聚焦外部客户就是开发客户、吸引客户、选择客户、创造客户、获得客户、留住客户、增长客户、增值客户和管好客户九个方面。聚焦内部客户就是，通过公司使命、价值理念、精神文化、共同愿景、管理模式和行为规范的灌输、传播、学习、教育和培训，来吸引员工、尊重员工、凝聚员工、激励员工、满足员工、提升员工、留住员工，充分发挥员工的更大作用。这是企业生存发展最为重要的两大战略资源和最具价值的核心资本。

三是必须把市场整合营销战略放在第一重要的地位。实践一再证明，“没有不好的企业，只有不好的营销”；“企业出现了严重亏损和长期亏损，肯定首先是营销战略、营销策略和营销能力出现了重大问题”。

四是企业领导者和职业经理人的市场营销能力是决定企业营销成败的关键因素。这个能力既包括制定和实施营销战略、营销计划、营销策略和营销方法的能力，也包括学习创新营销理论和最佳营销实践，以及不断提升整合营销管理的能力。

五是必须建立一个不断创新的营销战略和卓有成效的营销模式。没有这样的营销战略和先进模式，企业的市场营销必然是乱打仗、打乱仗、瞎指挥和管理低劣。

六是必须培养和造就一支理论素质高、实战能力强和能胜能赢的专业化的市场营销队伍。实践证明，全员参与市场营销并不能代替高效能、专业化的营销团队，而没有全员参与和支持的市场营销，也一定不能做好市场营销和创造辉煌的营销业绩。

3. 应当尽快建设具有天地华宇特色的战略营销体系

有这样一个普遍规律，所有成功的企业必须首先成功于市场营销，所有失败的企业也必然是首先失败在市场营销。与此相对应的是，成功营销一定是符合营销规律和人性特点的，在成功中找问题，在优势中找短处，在领先中找问题，这就是追求更大成功的胸怀、气魄和境界。原来的华宇物流就是这样，现在的天地华宇也应该这样。没有真正建立起来天地华宇物流的战略营销体系，没有形成具有天地华宇特色的市场营销模式，没有健全的专业化和效能较高的市场营销组织机构，没有突破在市场营销方面存在的一些盲点和误区，没有不断缩小在开发、积累和提升市场营销知识财富方面的较大差距，没有完全发挥在提升全员营销能力和公司整体营销实力方面的巨大潜力等，上述六个方面的问题、差距和挑战，都是购并整合中的天地华宇必须首先解决的迫切问题，这也是不能尽快地建立天地华宇新的战略营销体系的根本原因。这里所说的具有天地华宇物流发展特色、内在规律和强大功能的战略营销体系，包括整合营销的理念系统、组织系统、品牌系统、管理系统、能力系统、信息系统、考核系统和人力资源开发、建设、支持系统，等等。这是需要经过艰难、痛苦、长期的整合再造，才能建成的集团大营销系统。当然，它也是能够让天地华宇尽快成为中国业界领袖型企业所必须拥有的战略营销系统。

当代整合营销之父舒尔茨曾经说过："营销并不是什么神秘的艺术，

而是一种科学。”整合营销是一种通过各种营销理念、思想、工具、手段和策略等要素的系统化高度结合，是必须根据环境变化而进行即时性调整和修正，以使交换双方在交换中实现价值增值的一种创新性的营销理论和营销方法。它以市场为调节方式，以价值为整合方式，以互动为行为方式，以双赢为目标方式。整合营销是现代物流企业应对复杂多变的市场环境挑战的最新营销模式。在更为激烈的全球市场竞争中，凡是成功的企业大都采用了这样的整合营销的最新模式。

三、三年多来市场营销购并整合成败得失的初步解析

1.向全体员工灌输 TNT 关于开发客户和拓展市场的新理念

TNT 大中国区董事总经理兼 TNT 华宇董事长迈克·德瑞克先生，在与各管理区域员工代表进行面对面的沟通中，一个非常重要的内容就是利用企业的优势寻找更多更新的客户，提升 TNT 华宇的服务，保住企业的老客户。他说：“如何从竞争对手那里赢得业务？怎样获得更大的客户？在我看来最重要的优势是利用我们所拥有的全国最大的运送网络，因为分布在全国各地的集散中心和一级公司，为客户提供了只要使用我们一家公司就能够将多批货物送达多个目的地。我们能够找到更多的使用全国网络的客户，我们的优势会发挥得更好，从而会实现增长更快和利润更高的目标。可以说，让更多的客户知道我们这个最大网络的优势，是我们市场营销的最大任务。我们现有的客户通常较小，发货量也不是很多，我们应该保留这些客户。与此同时，非常重要的是我们要走出去寻找新的不同类别的客户，向各种公司推销我们的物流服务。这和我们在过去十多年中通过开发网点和客户自己找上门来的

发展战略是不同的。我号召所有的管理人员，包括一级公司、二级公司的经理，开始出去拜访现有的客户和新的客户。新的业务和新的客户不会像有魔法一样自己来找你，你们却需要走出去寻找新客户，争取新业务！那些有闯劲到市场上去找客户的人一定会看到销售业绩的大幅度提升。为了给我们的客户提供有力的支持，为了让我们的销售更加轻松，为了帮我们自己打造中国更大的递送网络，我希望所有的管理人员和员工，都能够注重确保客户的货物准时递送，并且完好无损地到达！这一点是最基本的要求，做到了这一点就会帮助我们获得更多的客户和利润。服务是天地华宇业务的核心，良好的服务是吸引和保持客户的长远保障。”这些经营思想和市场营销方面的要求，无疑是进行天地华宇市场营销整合的权威指南。

2.建立健全天地华宇专业化素质高的市场销售和服务团队

为了支持今后天地华宇的业务发展战略，充分发挥市场营销的第二引擎的重大作用，实现从依靠开设网点实现业务增长的发展模式，向以主动进行市场营销实现增长的模式转变，集团决定从 2007 年 11 月起，天地华宇将开始建立直线职能制的市场营销与销售组织机构和专业管理团队。在各大管理区和一部分有条件的一级公司先行建立专职的营销和服务团队。这是天地华宇购并后整合提升市场营销的一个新的起点和重大转变。各区域和一级公司的销售和服务团队正在招聘之中，在已有的 11 个一级公司和已有的销售部门和二级公司经理中，作为销售和客户服务团队的正式编制与职能已经开始运作。

在过去的发展过程中，历来都是通过开设网点或门店来促进业务量的增长和规模的扩张，这种模式已经陷入滞长阶段，同时面临越来越大的挑战。目前，在长三角和珠三角等较大区域，天地华宇的网点和门店过多过密，已经趋于饱和。新增的网点不仅没有给公司带来新的增长，反而在成本和运营上带来了许多负面影响与很大压力。致使现在约有40%的网点陷入不同程度的亏损和潜亏的不利状态。因此,“我们必须在促增长的同时,更需要通过各种营销形式来拉动天地华宇购并整合后的新一轮快速增长”。

现在和今后的销售与客服组织机构及其业务团队的工作中心,就是聚焦客户,不仅指大客户,也包括中小企业客户和更多的零散客户。“对于中小客户和零散客户,我们已经有了一套行之有效的开发和管理办法,应当继续强化提升和有效应用。而开发、赢得、经营和管理大客户,则是今后天地华宇更为迫切的第二个重点。我们已经有了一批每月发货5万元以上的大客户,一个这样的大客户就超过了我们某些二级公司一个月的营业收入。我们期望这样的大客户能够从现在的60多个,尽快地增长到600多个,把它不到5%的总营业收入,提高到占集团总营业收入的10%—15%。不仅如此,我们还要探索和创立天地华宇大客户的开发模式及运行机制。这是一个长期而艰巨的任务。”这位主管市场与营销的集团副总裁踌躇满志地再次重申:“一旦达到16亿的全年营业收入目标,全集团所有的一级公司都有年终奖金!让我们共同努力,再加一把劲吧!”

3.天地华宇营销团队的组织架构和运行机制基本建成

从2007年下半年开始筹建,经过2008年的艰苦努力和2009年的继续工作,基本完成了天地华宇市场营销与销售的组织机构建设、团队业务培训和运行机制的试行,到2010年初已经大功告成。可以说,这是天地华宇在市场营销整合方面取得的一个重要成果。好的开端就是成功的一半。而接下来的一半成功,可能需要更大的胸怀、更高的智慧、更多的整合和更强的能力了。因为这里面都是更为艰难、复杂、高级的深度整合内容。

在建立天地华宇市场营销与销售的组织机构、专业团队、工作机制、管理职能和考核标准的过程中，克服了许多困难，进行了许多整合，因而取得了许多成绩。

一是他们学习了 TNT 营销和销售方面的经验。对此，他们派人到 TNT 荷兰总部和欧洲几个国家的公司参观学习和业务培训，然后以 TNT 国际快递集团在阿姆斯特丹集散中心的销售运作和 TNT 荷兰、比利时、卢森堡等国公司销售管理为样板，学习他们骄人的销售业绩、有效的管理结构和客户关系管理的金字塔模式。虽然天地华宇的主营业务是公路零担和整车运输服务，与国际快递服务有很大的不同，但是仍然有很大的参考价值和借鉴作用。

二是每年都由市场营销和销售副总裁对过去一年的工作做出专门的总结，对新的一年里市场营销工作做出明确的安排。例如“2008 年天地华宇的市场营销战略”是，围绕比上年增长 11%的目标，实施四大策略：力抓二级公司产值、实现货运单价稳中有升、调整货物结构向箱装货运转变和以营销代替开设网点，从而开创新的增长模式。为了解决销售过程中的“跑冒滴漏”现象，增加销售附加值和利润，及时、准确、有效地管理和监控销售过程，要求集团各级公司推行和做好“五个一工程”，即每个业务员都发一杆秤，避免涨尺涨秤等吃亏现象；每个公司都推销一个箱，即天地华宇货运包装箱；每个经理都列一张表，就是产值、三项收入及收货单价等考核项目监控表；每个经理都要有一批客户，即由上一级公司经理下达的客户开发目标；每个一级公司经理都要掌握一个名单，即本公司所管二级公司营业收入未达标的最后五个公司的名单，以及相应的处理对策。集团将严格地对上述“五个一工程”的执行效果进行检查指导。两年多来的实践证明效果比较显著。

三是采取有效形式加大市场营销和客户服务等方面的培训力度，强力提高业务素质、管理能力和营销水平。除了集团的学习培训、各管理大区和一级公司的集中培训学习之外，集团主管副总裁、市场营销总监和各中心经理等，还组成了一个强大的培训项目团队，深入到华南、华北、华东、西部、东南和中原六大管理区域进行巡回培训。在贯彻执行2008年天地华宇市场营销战略之前或开始，首先进行了这样的培训。此外还采取以会代训、会训合一、会后即训等方式进行学习培训。培训学习的内容，从最基本的"为何营销、营销什么、怎样营销"，到更高级的营销理论、营销模式、营销管理和营销创新等内容。同时，还有互动共享的市场营销和高效销售的经验交流。例如集团营销管理中心经理付亚军，对如何使用价格周报、月报、季报和年报的经验进行交流时说，集团收货价格的执行原则是："短线做低，促量增长；主线做平，保持货量；长线偏线做高，创造更高利润"。近三年来对市场营销人员的培训是集团管理职能部门最多的。这些适应性的培训学习，真是可以用这样几句话来概括和描述："规模浩大、高频进行；不惜工本，强力提升；做好营销，不训不行；如此培训，亦不适应；三年亏损，仍是瓶颈；集团上下，都很头疼"。

4.采取有效措施历练营销能力和建立销售梯队

这两项举措都收到了明显的效果。业务旺季全力奋战，到了淡季兼顾练兵。为了解决淡季销售不淡和保持营收持续增长的难题，在2008年夏天，举办了天地华宇首次"促销方案"竞赛活动。这项在集团各个一级公司全部参加的活动中，要求参赛的"促销方案"不能是假设的，必须是在已经开展和即将进行的六种促进销售工作中实际应用的，而且依据这个方案的实施效果作为评比标准。经过权威的评奖委员会公开、公平、公正的开放式评比，最后评定出"最佳方案奖"金奖、银奖、铜奖和"最佳执行奖"金奖、银奖、铜奖各一名，给获奖者颁发奖杯和优厚的奖金。结果，经过三个多月紧张而繁重的竞赛评比程序，从集团六大管理区域的 30 多个一级公司入围的 48 份竞选方案中，评选出 6 位获奖者而圆满结束。这项活动充分体现了遍布全国各个层级的营销与销售团队的营销激情和创造性思维，既赛出了能力，也比出了水平，又产生了一批高效益的促销实战方案。实践经验证明，策划设计和制定正确的营销或促销方案，只是极其重要的第一步，更为重要的是有效地执行和创造性应用，才能获得理想的结果。他们总结说，只要保持高昂的激情，发扬大胆创新和深入探索的精神，相互学习，资源共享，就一定会在集团营销的竞争中，涌现出来更多的"天地华宇销售明星"。这项活动整合提升了天地华宇营销团队的整体能力。

2008 年年底开始进行的关于实施天地华宇销售储备干部的行动计划，也是一个销售队伍整合中十分重要的举措。这是为了支持和配合集团今后市场营销与销售，以及客服发展的迫切需要，组建全国范围的营销团队和高素质的销售储备梯队，而在各管理区域和一级公司中施行的销售储备干部项目。这个人才支持项目，首先从北京、上海、广州、天津、杭州、深圳、沈阳和哈尔滨等全国 45 个大城市，招聘了近 500 名应届大专和本科毕业生，经过集团市场与销售部门的统一组织培训后，从 2009 年 2 月开始到 7 月，作为实习生上岗工作 5 个月，每天发给津贴 30 元，吃住自理，按工作业绩提成作为岗位奖金。经过连续四次考核通过和本人同意后，由集团招聘中心统一签发录用通知书。每年进行一次的建设销售储备干部梯队的行动计划效果很好。实际上这也是一项十分重要的天地华宇市场营销团队的能力整合提升活动。

5.2009 市场营销组合和销售攻坚年聚焦八大方向

这是天地华宇市场与销售高级副总裁所推出的 2009 年市场营销战略行动计划。这八大方向是：强化各级经营管理班子的市场营销意识；实施因地制宜的差异化营销策略；确保定日达服务产品的成功营销；强化四大重点行业的客户开发;确保自己的市场份额和客户不丢失;确保华宇主干网络做大做强;强化市场营销团队和网络营运团队的协同作战;确保对树立全年必胜信心至关重要的第一季度开门红。为了实现这八大方向的全面胜利,必须坚持和大力发扬“敢拼敢赢”的2009年天地华宇集团一切工作的“主基调”。

在新的一年里,要想找到足够的新市场、新客户、新增长点,要想应对这个最大的挑战和最难的八大重点,必须主动出击,分秒必争,敢拼敢赢!在全球经济危机的环境下,竞争对手面临的是生存的危机、生存的挑战,而天地华宇所面临的却是发展的挑战、发展的危机。他们明确指出,必须从现有的客户中找业务,从新客户中找业务,从新行业中找业务,从竞争对手那里抢业务,不放过任何一个机会找业务。他们还说,你不从竞争对手那里抢市场、抢客户、抢业务,他就会从你手里抢业务、抢客户、抢市场。为了保持第一的市场地位,你就必须有效打击对我们形成威胁的第二和第三。2009年的市场营销战略很清楚,就是市场占有率优先,在不是第一的地方要成为第一,在已经是第一的市场上主动出击保住第一。为此,天地华宇成立了“抢”客户办公室,举办了“抢客户”征文比赛。对“抢客户”成绩突出者重奖,“抢客户”征文优胜者获大奖。2009年,天地华宇上下,在越来越强烈地煽动、鼓噪、奖励下和声势浩大的“敢拼敢赢”声中,抢客户和抢第一活动,结果出现了抢得内部员工头破血流,抢得在外部业界声名狼藉。

6.市场营销购并整合的三大成就、三大思维和三大探索

三年多来,无论是TNT大中国区的首席执行官肯·麦高,还是后来的迈克·德瑞克,不管是购并成功后天地华宇的首任总裁施庞复兴、第二任总裁德瑞克,还是第三任总裁徐水波,以及从TNT派过来的兼任常务副总裁、资深副总裁和高级副总裁的主管集团销售与市场副总

裁，都一直认为他们对天地华宇的销售和市场战略是正确的，是革命性的转变，是颠覆传统的，是里程碑式的，也是取得了重要成就的，而且非常满意和深感自豪。对此，迈克·德瑞克说，“尽管 2007 年是极具挑战和充满困难的一年，我们的销售收入增长了 9%（在另一个权威文件中他又说是 7%），我们应该为此自豪”。在这之前，他对 2007 年的销售成绩的评价是，今年的增长主要来自于涨价，涨价的幅度超过 10%，而全年运输货量总吨位数却下降了很多，市场覆盖率和占有率也有较大幅度的降低。产值和上年基本持平，利润严重亏损。尽管这样，这位最高领导人却说，“虽然业绩不尽如人意，但是有不少分公司业绩斐然，我非常高兴这些公司得到了他们应得的奖励”。

在 2008 年第一季度，迈克·德瑞克高兴地说：“我们的整体赢利除特殊的几周外，已在多周内达到了预算要求，并继续保持增长势头，这非常令人鼓舞。我们正在建立的一支客户至上的销售团队已经取得了效果，不断有新的或者大的客户开始使用天地华宇提供的服务。最重要的是，我们所有的员工正在努力朝着达到今年的业绩目标而努力，这一点非常好。”徐水波在荣任集团总裁的首次沟通会上说：“上半年的销售和运营工作势头很好。我们的营业收入创造了历史最高水平，可以说达到了预算要求。从去年 10 月至今年的第 27 周，我们所有的服务价格都是稳步提高的。对于订价问题曾引起过激烈的争论，总的趋势是把价格相应调高。”集团主管销售和市场的高级副总裁在总结 2008 年销售业绩时说：“值得高兴的是，在行业中同行们纷纷遇到巨大困难和普遍负增长的情况下，我们天地华宇的产值在 2008 年实现了正增长，这十分不容易。”然而，实际上这个营业收入的正增长，却是继承 2007 年严重亏损的更为严重的利润负增长。

进入 2009 年后，徐水波多次在他的文章和讲话里说：“收购后，我们实行了经营管理战略的根本改变，即改变以运营为核心的经营管理模式，坚决转变到以营销为中心，以运营和服务为保障。这一点，集团自始至终没有做过任何妥协”；“任何时候，都要有变革的思维，自己主动变的叫变革，被动的改变是被人革命。要敢于否定不合时宜的老经验，即使过去很成功，也要时时审视自己是否与时俱进。我们目前很多事情都是不破不立，需要先破后立。比如以前我们的门店销售，靠的是关系和地理位置做生意，我们现在要从尊重客户需求、挖掘客户需求、靠诚信做生意。不管大家是否接受，这都是集团未来的发展之路。我们必须围绕市场和客户的需求来施行我们的营销方略，一路走下去”；“在增长方面，2009 年我们制定了新的营销战略，向全集团贯彻，战略非常明晰，增长以市场占有率为先”。为此，停止了近三年的门店和网点的撤并行动，又恢复了依靠不断开发新的网点和门店，来快速扩张中国最强大的公路运输网络的发展模式，也恢复了零担运输必须持续地提升市场占有率为第一要务的营销战略。

三年多的实践证明，否定开发建设新的网点和门店的思维，主要依靠不断提升价格来实现增长和赢利的思维，将大客户作为零担运输主要群体的思维，以及与此密切相关的否定全员营销模式的思维，单纯依靠专职团队营销带动增长的思维，盲目引进 TNT 国际快递的市场营销经验和模式的思维等，都需要反复认知、深入探索、不断反省和再度整合。没有继承和发扬实践证明仍然有用有效的成功经验的正确理念，没有在原来基础上整合市场营销的思维，没有扬弃和只有抛弃的错误思维，没有优势对接和协同的整合通识，没有胸怀博大和能力强大的整合智慧等，根本不能成功地进行跨国购并企业的任何整合项目，市场营销的整合更是如此。用哲学术语来说，就是成功的整合是一个否定之否定的过程，而不是一个完全或基本否定的抛弃过程，不经过否定之否定的过程，根本没有成功的购并整合，甚至还会出现与成功目标相反的负向整合，特别严重的是必然会出现否定自己的整合。三年多来出现的业绩滞长、大幅下滑和衰落，市场占有率的不断下降和新老客户的严重流失，不仅没有实现购并整合的既定目标，而且还出现了连续三年多的重大亏损等严重的负面效应，所有这些都警示和告诫我们在根本性的整合问题上，已经出现了严重的失策和必须尽快纠正的错误。

令人庆幸和值得期望的是，天地华宇的第三任总裁徐水波先生，已经开始重新审视并有了正确认知，过去和一开始就发生过的用否定的思维和错误的理念，来决策、实施和管理整合的问题，开始了艰难的调整和校正。使天地华宇能够走上正确的整合之旅。在这种“正—反—合”三段式流程的辩证思维指导下的购并整合，才是真正能够获得巨大协同效应的成功购并整合。这是决定天地华宇跨国购并整合成败的关键！

7. 市场营销购并整合必须解决三大误区和三个悖论

三大误区：一是购并整合后的天地华宇才“开始进行真正的营销和销售”，过去十多年的华宇物流却没有真正的市场营销，我们 TNT 必须彻底“颠覆”和“转变”；二是过去的“网络扩张”、“开门待客”、“守株待兔”式的市场营销，不是把目标聚焦在获得更多客户特别是大客户上，现在必须予以否定；三是否定以货量和营业收入增长来驱动拉动企业成倍增长的模式，改为以不断提升收获单价为主的 TNT 的增长模式。这三大误区的结果是产生了三大悖论：一是不要市场份额了，不要市场覆盖率了，不要全员市场营销了，这与零担物流的规模经济、范围经济、网络经济发展扩张之道、内在规律和实现业界领导者的战略目标相违背；二是不仅不开设营运网点、货物取送站和物流门店了，而且大幅度撤并这些决定零担物流命脉的发展源和最为关键的成长点，致使 40％的网点和门店出现不同程度的严重亏损，这与打造中国最强大、最快捷、最可靠递送网络的愿景目标也是背道而驰的；三是没有真正进行市场营销的华宇物流，却连续十多年实现了跨越式发展扩张、以惊人的速度发展强大和成为业界瞩目的龙头企业，而购并整合后开始真正市场营销和销售的天地华宇，却出现了滞涨、衰落和严重亏损，不仅过去的三年一直亏损，而且今后的三年还要继续亏损下去！

2009 年 8 月，基于职业发展和家庭原因，这位主管了三年多天地华宇物流集团销售与市场工作的副总裁倪圣杰，令人遗憾地接受 TNT 亚太区销售团队邀请，担任大客户总监而离开了天地华宇。徐水波总裁对他的评价是："在天地华宇充满挑战的三年时间里，为成功收购华宇和整合做出了积极贡献，特别是他一直不懈努力从无到有地建设集团的销售与市场职能团队，为集团的转型打下了基础，他在大客户开发方面有特别的贡献。"徐水波还说："我们已经同时在 TNT 和天地华宇内部，以及委托专业的猎头机构，做最大的努力尽快地为集团寻找到合适的继任者，在新的主管销售与市场副总裁没有找到之前，我将代理他的日常管理工作。"仔细研读徐总裁的高度评价和纵观他三年来那"一虚两实"的"突出业绩"，实事求是地说，他对天地华宇市场营销和销售的贡献结果，不是负面的和片面的，就是反面的。最集中和最有说服力的体现，就是集团三年多的滞长、负增长和严重亏损，而且还要持续亏损三年。广大经理和员工也是这样评价他的。有的甚至高兴得放鞭炮欢送他这个"亏损瘟神"。由于他的"特别贡献"以及由此而产生的一些"悖论"、"误区"和严重亏损的现实，使得他所主管的市场营销和销售工作，变成了阻碍天地华宇正常发展的最大瓶颈，如果不能尽早认识和快速纠正他所造成的那些重大失误、偏差和悖论等严重问题，他的那些祸患、危害和影响还会继续存在下去，这是极为可怕的事情。诚然，他冠冕堂皇地择机溜走，不负责任地甩手而去，无疑，为彻底纠正他的重大失误，清除所形成的许多积弊，以及总结、吸取和借鉴沉痛的教训，提供了一个十分难得的机会。

第五章 客户服务整合

对于现代物流服务企业来说，客户服务整合，不仅与市场营销整合、市场扩张整合和客户份额提升整合紧密相连，而且也是这些重要整合取得成功的关键要素、核心内容和决定性力量。对于跨国购并整合企业更是这样。谁都知道，没有市场便没有企业生存和发展的空间，没有越来越多、越来越好和越来越高价值的符合客户需要的服务产品，也不会有企业赖以生存和发展壮大的更大市场空间。因此，企业不仅要善于用自己的服务产品去打开市场，在市场上找到自己立足和快速发展扩张的阵地，而且还要善于通过自己服务产品的不断出新、更新和创新，去开辟和创造更大的市场，这就必然需要进行意义非同寻常的服务产品和服务附加价值的大整合。这种通过对客户服务产品的大整合，使传统企业从相对市场的被动关系，变成一个现代创新企业所具有的主动、积极、更富有朝气和无穷创造活力的全新客户服务关系。

天地华宇跨国购并整合中的客户服务整合，比较突出地体现出了这种全新客户服务关系的基本特征。正如美国《财经周刊》中的一篇文章所阐述的那样："在整合管理中，怎样体现和提高企业的营销优势？其实任何一个企业都懂得营销是自己的生命线，营销不畅使企业失去活力、动力和发展空间。然而管理者们往往只知道去加大营销投入，而不去调查市场、了解市场、去抢占市场的制高点，从而使自己领先于他人。因此，要想让自己的营销策略和实力高人一筹，这里最为关键的一点就是要把整合的管理思想贯穿于营销、营运和服务实践之中，这样才能在战术上争取主动，而且更能在战略上取得优势。”这就是进行客户服务整合的重大意义，或者说整合客户服务的战略意义和领先优势之所在。

一般来说，跨国购并企业的客户服务整合，包括对客户的服务产品整合、服务标准整合、服务流程整合、服务质量整合、服务模式整合、服务品牌整合、服务管理整合、服务理念整合、服务文化整合和服务能力整合等10个方面的重要整合。上述这些整合，对于跨国购并整合的天地华宇来说，不算什么了不起的大事，甚至可以说是小菜一碟。但是，在整合的实践中，却遇到了很大的挑战、严峻的考验和不小的危机，直到三年之后的今天，仍然处在艰难、复杂、沉重、痛苦、缓慢、效果并不显著和更不理想的整合之中。这也证实了一个最简单的道理，虽然，你可以凭借强势的资本力量，很容易地购买一个原来“盛产金蛋”的“大鹅”，但是，你并不一定有能力把它很快地整合成为继续“盛产金蛋”的赚钱企业，反而却有可能把它整合成“下蛋又小又少甚至只吃食不下蛋的愚顽颓废之鹅了”。原因在哪里呢？就在你是怎样整合的，用什么去整合的，你究竟是正向的高效整合，还是反向的负效整合？

一、艰难沉重的服务质量整合至今仍然没能完成

购并成功后接管企业的首位总裁庞复兴，在天地华宇纪事元年，提出了一个在“平稳过渡，整改提高”的新理念指导下，围绕“管理年”、“服务年”、“速度年”、“新产品年”，完成2007年收入及利润计划的工作安排。对于“四个年”的工作，它列出了14项任务，即制度、操守、整洁、信

息、安全、客服 800、服务质量、三项服务、区域销售、缩短在库、运作定时、经济快运、大项目、新网点。虽然，庞复兴总裁把他的“工作矩阵图”和“目标管理树”画得非常清晰、浅显、漂亮，但是，并没有几个人能够读得懂其中的奥妙和明确自己在这么多个“主题年”里做什么，更不知道如何抓住这么多“主题年”的工作和任务。更为严重的是，他也没有能力和水平真正抓住 2007 年的工作重点，实际上他也不会抓他所提出的“四个主题年”的工作。不仅如此，由于他的水平能力大大低于一个跨国购并的大型物流集团首任总裁的职位要求，这使他深深地陷入了各种比较尖锐的矛盾、对立、冲突和危机之中，不仅集中爆发了“购并后的综合征”，没有实现他的“平稳过渡，整改提高”目标，也使得他没有时间和精力去抓“四个主题年”的工作，而且，也没有实现被购并整合后的华宇员工所急切企盼的新企业能够出现一个全新的客户服务形象，反而是服务质量越来越差，服务投诉越来越多，出现问题越来越没人管，结果是客户严重流失，员工灰心丧气，生产效率下降，企业出现严重亏损。不但新的服务产品没有及时推出来，旧的服务产品反而越来越差。近些年来一直存在的运输速度慢、服务质量低、货物差错过多、货物毁损率太高、货物丢失多，服务管理极为混乱，客户不满意度和投诉率过高等“老大难”问题，又开始困扰和阻碍跨国购并新企业的正常发展了。

因为没有别的选择余地和更好的出路，在经过一番亲自深入沟通和对各种类型一级公司的实地调研后，新兼任的第二任总裁迈克·德瑞克先生，不得不从整合客户服务开始，进行购并企业的经营管理工作。他深知不突破客户服务这个最大的发展“瓶颈”，天地华宇的任何工作也无法进行，任何经营目标也不能实现。为了紧紧地抓住和抓好物流企业客户服务这个核心、命脉和关键问题，实现客户服务质量、效益、能力的突破和提升，他决定把天地华宇 2008 年一切工作的主题和重心，定为“同心同德，服务双赢”。他明确要求，在新的一年里，集团上下全体员工的一切工作，都要紧紧围绕“同心同德，服务双赢”来进行。由于指导理念正确，奋斗目标鲜明，关注重点突出，全体员工一致认同，并且能够凝心聚力、同心同德、团结协作和集中精力提升客户服务质量，因而成果比较显著。不仅在传统零担服务的整合提升方面取得很大进展，而且在新的定日快运服务产品试运行和推出方面也取得很大成绩。

一贯高度重视和坚持不懈地狠抓客户服务质量的迈克·德瑞克，为了积极面对 2009 年更为严峻的挑战，他把“2009 年，聚焦 3C”提到包括天地华宇在内的 TNT 北亚大区的全体员工面前。他在“总裁来信”中明确指出：“最近，我们举行了 TNT 北亚大区管理层年会，会议的主题是继续致力于为客户提供业内最好的客户体验。我坚信，这可以让我们在竞争中艺压群雄，并确保公司光明的未来。对我而言，客户体验意味着我们必须真正了解客户想要什么，而不是我们认为他们想要什么，意味着有效的流程（而且要严格遵守）和忠于职守的员工。这些员工能够在他们所做的每一件事情中，传达我们 Sure we Can 的企业文化。”在会议上，他介绍了 2009 年需要特别关注的 3 个 C：一代表着客户（Customer），二代表成本（Cost），三代表信心（Confidence）。他特别强调说：“无论顺境还是逆境，我们都必须照顾好我们的客户，这永远都是我们的首要关注点。”他还说：“令人欣喜的是，截至目前，我们 2009 年的业绩相比预算表现良好。这是因为每个人都将重点放在了我们业务的根本——员工和客户上。就在最近，我们还不断赢得新客户，如摩托罗拉、通用电气和霍尼韦尔等。”

可令人遗憾的是，刚刚上任不久、喜欢标新立异的集团第三任首席执行官徐水波先生，却转换了一直专注于客户服务的年会主题。他把 2009 年天地华宇集团一切工作的“主基调”确定为“敢拼敢赢”四个字，让许多人感到非常突兀和难以理解。其实，在 2008 年 10 月初，集团总裁办的工作人员为他准备 2009 年集团管理年会方案的时候，经过调查研究和广泛征询，概括提炼出了一个深化和继续突出2008年年会“同心同德，服务双赢”的主题：“凝心聚力，服务升级”。在阐明这个方案主题、纲领、目的意义和方法措施等要求的第一段中明确指出：“凝聚人心，提振信心，下定决心，齐心协力，团结拼搏，从根本上解决制约和障碍集团发展的客户服务这个最大瓶颈问题，对于完成2009年天地华宇集团的预算目标，是至关重要和极为迫切的。服务产品升级、服务速度升级、服务质量升级、服务品牌升级、服务效益升级、服务能力升级和客户满意度升级，是天地华宇2009年各项工作的主题、主要矛盾、核心目标和第一关注重点。因此，应当将2009年定为‘天地华宇快运服务质量全面升级年’。这也是从根本上解决天地华宇当前发展最大瓶颈的首要对策，更是实现企业今后持续发展、有机增长和购并整合战略目标，从而真正成为中国业界领袖型企业的唯一道路。”

十分明显，这个“凝心聚力，服务升级”的年会主题，与“敢拼敢赢”的年会“主基调”，无论从哪个角度来说，都是不可同日而语和有天壤之别的。不同的年度工作主题、指导理念和工作重心，其实践效果是完全不同和南辕北辙的，对于指导千军万马的大型集团公司总裁来说，对此失之毫厘，更会谬误和贻害千里啊！这里权且不说哪个“主基调”更对、更好和更有效，也不讲哪个年度工作主题更错、更差和更贻害无穷，就说一个国际快递巨头，成功地购并了一个国内最大的名牌龙头物流企业之后，一年、两年、三年和更多年，在为新老客户提供服务方面，没有一个令人期望、满意、佩服的显著提升和根本性突破，那前途命运和最终结局就可想而知了。当然，让人意想不到的是，那位刚愎自用、年轻气盛的总裁选择正确方案的能力和水平低得离谱儿，令人大失所望。

二、从服务管理整合中狠抓客户服务质量的提升

1. 集团主管常务副总裁发出关于狠抓客户服务质量的信

2008年5月15日，错过了一年多大好时机进行客户服务整合提升的天地华宇集团，出现了越来越多的客户投诉、客户索赔和客户大量流失的严重问题。为了切实有效执行“同心同德，服务双赢”的理念和标准，从根本上解决服务质量和管理混乱的问题，集团常务副总裁发出了关于狠抓客户服务质量的信。信中说，“自去年11月以来，天地华宇已将收货价格上涨了10%左右，这使得企业货物运输吨位数额与上年持平，但是，在实际下降很多的情况下，仍在今年3月和4月实现了营业收入的增长。这个增长能否持续下去，最重要的一点就是取决于我们对客户服务的质量和水平。从现在开始，我们将掀开天地华宇的一个新篇章：提高服务意识，狠抓服务质量。因此，集团推出一系列促进客户服务质量改进和提升的文件。”

一是提高服务意识的“六项守则”。这是用于指导我们集团内部各个兄弟公司之间，协调相互服务关系的重要守则和行为规范。

二是“天地华宇服务规范”。这是面对客户，旨在规范和统一集团各级公司对客户服务的承诺。

三是“关于天地华宇客户投诉升级制度的流程”。目的是为了强化集团对各到发货公司的服务监督，集团设立客户服务的内部检查组织，来仲裁各个公司之间的服务争议。

四是“关于对大客户的运作和服务规范”。这个规范要求各个发货公司对大客户设立服务专员，主动跟踪每一票货物，各个到货公司原则

上在12小时完成送货服务。

五是对大客户实行服务跟踪和签单返回制度。为此而建立发货公司监督到货服务制度，并且采取“服务异常情况跟踪表”的形式，对各个到货公司进行客户服务的评比和奖惩。

集团要求各个公司和全体员工，深入学习和认真执行上述各项服务守则、服务规范和服务管理制度，必须做好本公司客户的服务监控和有效管理，并且按照要求逐月上报集团规定的五类服务事件。集团将从6月起，以神秘客户、到货服务评比排名、寻访和抽查等方式，对各公司的客户服务质量进行检查、监督、考核和奖惩。

2.集团总裁亲自签发提高客户服务质量的重要文件

2008年5月21日，天地华宇董事长兼总裁迈克·德瑞克先生，亲自签发了“执行黄金准则，提高服务质量”的重要文件，要求集团上下必须认真执行。他说，“我想强调一个需要马上改进的问题，这就是对客户货物的照管。说实在话，我们有太多的受损货物，太多的串货现象，还有太多的货物需要到货公司更快速地递送到客户手中。最近，我看到了一套黄金准则，它将对我们的客户有益，因而对我们集团的长远发展更为有利。我支持这些准则，也请大家确保每个员工都能看到这些黄金准则和这个重要文件，并且认真贯彻执行。”这个黄金准则是：

(1)我们奉行“以客户为中心”的服务理念，维护天地华宇的声誉，将服务视为我们的基本责任。

(2)我们坚持以发货促产值增长，在承诺服务的前提下，按照集团统一的标准收取运费及各项服务费。

(3)我们必须按照发货公司的要求，按时完成每一次到货服务。这是我们对天地华宇和广大客户应尽的义务。

(4)我们不向兄弟公司乱收服务费，更不以此作为服务客户的先决条件。

(5)我们本着"先服务客户,后解决争端"的原则,解决任何内部争议。

(6)我们应该接受客户和兄弟公司的双重监督,并且服从和遵守集团按照"天地华宇服务规范"所做出的裁决。

上述"六条黄金准则",整合了服务规则标准,增强了协同意识,强化了内部协作,提升了服务品质,确实是比黄金还尊贵的服务法则,也是我们客户服务规则和服务管理制度整合的重大成功。从此,天地华宇内部协调一致和全体统一做好客户服务的工作,走上了正确的道路,而且不断提高对于客户服务的质量,也有了一个可靠的保障。

3. 推出从经济利益上保证和促进提供更好服务的有效方法

一直以来,原来的华宇物流集团和跨国购并整合两年多的天地华宇,都是由于经济利益上的原因,致使到货公司不能够,也不愿意积极主动地为发货公司提供快速高效的货运服务,由此而产生的矛盾、争议和纠纷总是难以解决。2008 年 6 月 16 日,以集团董事长兼总裁迈克·德瑞克的名义,签发出台的"定价转移项目和体系"重要文件,从管理制度上基本解决了长期困扰企业不能快速高效地提供协同服务的老大难课题。无疑,这也是关于客户服务质量提升整合的又一个重要成果。

迈克·德瑞克十分高兴地说,"我们将变更为集团内部其他公司送货等服务的收费方法。这个重要变革就称为转移定价项目和体系。很多因素决定了我们必须建立一个公平而有效的体系,对我而言,有两个原因最为重要,第一是推进一种'以客户服务为中心'的思维方式和企业文化,让全体员工逐渐习惯和专注以客户为导向的工作流程,提供更好的客户服务,将会得到更高的回报。第二,它符合税务管理部门的合规准则,以规避 TNT 在未来可能发生的财务风险。对于这项变革而言,如果与先前的体系进行比较，总会有一些人和公司受益，而另一些则不会。但是，无论如何，我们已经多次讨论了新的转移定价方法，并且相信它是公平的，而且是建立在坚实的基础之上的。我敢肯定，要完全理解所有的小细节和真正带来的影响，需要花上一段时间。但是，请注意我们会在初步实施后的三个月进行审核。如果确有必要，我们会进行调整。另外，我们每年都将对成本进行审核，以确保它的及时更新和不断提升。"

"我们提出的这种转移定价方法，已经与多位资深经理进行了充分的讨论。集团管理层和各个区域总经理也多次参与研究，这个项目方案已经得到了他们的全面支持。因此，我要求每一个员工都要接受这个新的体系，尽管它还不太完善，但是，它比现有的方法更为公平。如果你们收到的是负面影响，我希望你们应正面地做出积极的回应。下半年的预算，我们将会根据转移定价所造成的影响，进行有升有降的调整。我希望能够得到你们的支持，这个转移定价项目的成功实施，必将给天地华宇客户服务的美好前景带来巨大的变化和更多的益处。"

三、在服务流程的整合中强化对客户服务质量提升的保证机制

如果说从服务管理的整合中开始狠抓客户服务质量的提升，还是处于治标的初级阶段的话，那么，从服务流程的深入整合中，强化客户服务质量提升的保证机制，可以说是进入了客户服务整合治本的较高层次，这就是用科学、先进、有效的服务流程来保证客户服务质量和品位的不断改进和持续提升。

尽管华宇物流集团在尚未被购并的 2001 年就率先通过了

ISO9001:2000版的国际质量体系认证，2002年又获得了交通部批准的全国首批仅20个道路运输一级资质企业两块极其难得的“质量金牌”。但是，在企业快速发展和高速扩张的过程中，没有足够重视和跟进服务流程建设，因而在运输质量和货物安全保证的能力方面并不是很强势。对于一般零担运输的临时交易型的客户服务，还可以应付得过去。但是，对于要求较高和运作复杂的企业客户、中型客户、大客户和特大客户服务质量的保证，就显得力不从心了。因此，通过服务流程的优化和改进整合，实现服务流程的优化、改善和再造，就变得越来越重要和迫切了。为此，于2007年9月13日，集团成立了客户服务质量内部检查小组，通过“神秘客户”和定期不定期的公开抽查等方式，检查、分析、总结和发布集团各个管理区域和所辖的各级公司服务质量的动态状况。在检查所规定的8项职责和内容中，一个极其重要的内容，就是认真查找、研究和制定造成质量问题与事故的服务流程方面的漏洞、缺陷、问题和尽快改进、优化、提升的有效措施。

2008年8月19日，集团“神秘客户”抽查报告显示：货物在库时间过长，有的已经超过了最高标准24小时的5倍，达到120个小时；不及时送货，特别是不送货；签单返回不能及时，拖延的时间过长；货物损毁与丢失严重；客户投诉不满、质疑、索赔和中断托运现象很多很多，这五个方面是必须尽快解决的严重问题。

2008年315网上的投诉统计显示：对于天地华宇货运服务投诉内容的结构和状况是：送货不及时8%，货物损失43%，索赔不及时29%，服务态度恶劣11%。同年8月集团客户服务通报显示，客户投诉明显增多，集团及6个管理区接到的客户投诉数量和比率都严重超标，投诉原因分别是，运营问题占39%，货物损毁与丢失的索赔占35%，人为操作错误占17%，服务态度恶劣占9%。

2008年5月28日，集团发出一个关于西安、烟台、上海、柳州、深圳五个公司，严重违反特殊物品安全运输的规定，造成电脑、服装、钢材和铅条等贵重货物丢失，给公司造成了巨大损失的重要文件。

2009 年 3 月到 4 月，在不到一个月的时间里，集团主管部门，包括主管副总裁和总裁，共发出了十多份关于加强和改善飞科集团、上海宇舜、北京新三奇、深圳品胜、神州电脑、通用电气、五洲药业、广州班尼路、上海科邦、上海瑞奇和蒙牛阿拉等诸多公司大客户服务的重要通告。由于在天地华宇试运营和正式服务中，出现了严重问题，无法容忍“经常出现货物丢失、毁损、乱收费、单货不符、送货不及时和服务态度恶劣”等事故，他们都“表示强烈不满”，对天地华宇的服务能力“提出严正质疑和失望”，“要求立即拿出整改方案”，“再无改善，就要终止合作”或“将解除合同与合作关系”，实际上，有的已经“停止了在天地华宇的 13 条线路的承运权”等。

集团对这些极其重要的客户服务事故，及其所造成的巨大损失和严重危害，高度重视，于是，把这些文件集中起来，下发了一个“关于深入系统学习、有效贯彻执行集团发出的必须加强和改进签约大客户服务的专题文件的决定”。为了指导学习卓有成效和真正解决问题，集团总裁办和沟通部，特别提出必须尽快解决四个焦点问题：

一是为什么长期以来，给集团造成巨大损失和严重影响的货物丢失、货物损毁、货物迟到和货物差错过多，服务态度恶劣和积习难改的问题一直存在，而且出现越来越多的趋势？

二是到底是什么原因造成的？是职责上的？流程上的？人员素质上的？管理上的？技术上的？企业文化上的？还是思想情绪上的原因？

三是对于这样一些始终困扰、一直制约和严重障碍赢得更多满意的客户、避免流失太多的客户、获得有利润和持续增长的客户，对实现中国最强大、最快捷、最可靠的领袖型企业的战略目标等，都至关重要而又极为迫切的问题，是不是应该成为以“敢拼敢赢”为“主基调”的 2009 年天地华宇必须解决的最大课题?

四是建议用三个月时间或者更长一些时间,在集团上下全体员工中,进行一次积极参与的系统学习、全面检查、深度整合、集中改革、快速提高客户服务质量的重要行动,从根本上解决障碍天地华宇发展的最大瓶颈的难题。

解决如上这些问题,已经成为越来越多的管理者和员工们的共识和强烈要求,他们说,"客户服务质量提高的问题,'狠抓',我们也'狠抓'了;'严管',我们也'严管'了;'死看',我们也'死看'了;'重罚',我们也'重罚'了;可是,效果就是不大,都是不能从根本上解决问题。现在,只能在服务流程的改进和优化的深度整合中,特别是在人员素质、能力、水平的胜任和提升上,寻求和实现突破了!"

四、天地华宇服务模式整合有个先天的良好基础

1.华宇物流客户服务名牌十年磨一剑

在华宇物流集团10年大庆之后推出的《华宇经典》书中,在封面、封二、封三、扉页和与文章相互配合的地方,刊载了天圆地方和文图精美的九大篆刻,被称为"印刻经典华宇"和"华宇经典篆刻",其中有四方面内容是这样的:

(1)"华宇物流,亨通天下,安全快捷,服务到家";

(2)"客户第一,员工为本,网络为王,服务制胜";

(3)"优选路线,管控时间,精细整合,快速运转";

(4)"心系客户,诚信服务,全程到位,优质快速"。

这并不是10年大庆的一时诗兴大发,也不是歌功颂德的溢美之词,

更不是脱离实际的随意杜撰，而是华宇物流的创业员工和后来一路辉煌的创造者，在10年艰辛创业、痛苦成长和快速发展扩张过程中，用自己的血汗、泪水、智慧、力量和欢笑凝结、谱写、铸就的堪为中国物流经典的华宇优秀服务理念、服务模式、服务准则、服务之道、服务文化和第一服务名牌的精华。它已经成为印刻在华宇员工的头脑里，融化在他们的血液中，落实在他们的行动上的思维模式、价值理念和成功基因。同时，它也成为华宇物流最具价值的无形资产和最为宝贵的知识积累。当然，它也应当成为购并整合中的天地华宇很好学习、消化吸收和发扬光大的具有鲜明服务特征的企业文化精髓。

上述四方"华宇经典篆刻"，可以说都是华宇物流的服务模式、服务准则、服务之道、服务品牌、服务文化和服务理念中的精华。如果细分的话，就会有如下的排列次序：

第一位的是"**华宇物流，亨通天下，安全快捷，服务到家**"。因为它是国内外驰名的、集团总体上的、最高愿景级的、企业使命性的服务理念、服务模式、服务准则、服务之道、服务品牌和服务文化，它对天地华宇的一切服务，都起统领作用、指导作用、推进作用、激励作用、评价作用和提升作用。这就是伟大企业和领袖型企业，都赢在共同愿景、赢在核心价值理念、赢在服务品牌、赢在服务文化、赢在服务模式和流程等的大道理。

第二位的是"**客户第一，员工为本，网络为王，服务制胜**"。它既是战略性的、价值观性的、优势流程性的、独特本质性和成功规律性的，也是华宇物流客户服务的成功之道。虽然它不是第一位的，但是它在成功理念方面的重要作用，是任何其他的选择都不能替代的。

第三位的是"**优选路线，管控时间，精细整合，快速运转**"。把它排在第三位，可能有点屈尊。因为它是华宇物流快速高效的运营之道，而且它是从战略上解决不断提升物流速度、服务质量和经济效益的根本措施。作为运输型物流企业的成功运营之道和运营模式，应该理所当然地排在第一位或第二位。但是，从物流的本质和成功的规律都在于服务这个角度来说，它只能屈居第三位，当然这并不影响它发挥应有或超越其他的重大作用。

第四位是**“心系客户，诚信服务，全程到位，优质快速”**，这是华宇物流优质快速的服务之道，是达到通晓物流根本大道最高境界的、被实践证明为科学有效的服务模式的、具有华宇特色和品牌文化层级的服务之道。它是华宇创始人、缔造者、创业员工们和资深营运经理，会同中国管理科学研究院知名教授和品牌策划设计专家一起，在调查研究和深入探索华宇物流的服务真谛、服务精髓、服务模式、服务品牌和服务文化的过程中，总结、提炼和概括出来的。经过董事长总裁和总编王振华审定批准，在《华宇天地》2005 年最后一期上隆重推出后，在集团上下引起了很大震动、热烈反响和高度认同。集团高管、经理和员工们争相研读，并且一起认真讨论研究如何尽快实际应用。初步获得的一个明显效果，就是 2006 年的客户服务质量和效益出现了一个崭新的局面，也登上了一个新的台阶，客户投诉也明显减少，市场美誉度也显著提升。许多经理都高兴地说，十多年的实践探索，华宇物流终于有了一部自己创造“客户服务宝典”，这真是十年磨一剑啊！《现代物流报》、《中国物流与采购》、《运输经理世界》、《2005 中国物流年鉴》和《中国物流发展报告 2006—2007》等权威报刊和高端文献，都作了全文发表和摘要转载。

2. 华宇物流服务宝典在实践中发挥了重大作用

这个华宇物流的客户服务宝典，首先是作为华宇物流优质快速的服务之道提出来的，实际上它也是华宇物流客户服务的成功模式。由于华宇物流从董事长、总裁到高管和总经理，从经理人到普通员工，都有一个“崇道”、“重术”、“明理”、“正名”和“笃行”等中华民族的哲学思维。所以，为了成功和快速做大做强，就经常研究探索华宇物流快速发展扩张的“大道”，以及在这个“大道”层次之下的营销之道、营运之道、服务之道、经营之道、管理之道和品牌之道等，而这些大道是很难甚至无法用浅显、简单、抽象的理念或模式来表达的。这就是中西管理文化之间的最大差异。其实，正是这个巨大而无形的中国传统哲学大整合思维的“软钉子”，却把那些固守西方思维的高管们撞得头破血流和灰飞烟灭，却不知省悟、悔改和自救。因此，十多年来，有许多作家、记者、管理专家和取经者，纷纷到华宇物流来研究、探索、总结、提炼、报道和著述他们的成功之道、成功奥秘和成功经验，而不是研究这个模式和探索那个公式。因为“模式”和“公式”，最大的弊病和局限是一旦成型和固化就成为行动的“套子”和创新的“桎梏”了。因为它不能随着时间、地点、条件的变化而变化和更新。而“大道”、“哲理”、“内在规律”和“运行逻辑”，就没有这些弊病和缺陷。由于天地华宇是外国资本主宰的购并整合企业，因此，应当阐明中国的“道”和西方“模式”的各自含义及其相互区别。用通行的哲学语言来说，“道”就是最大的道理和最高的道理，就是事物发展变化的本质和规律。“不通其道，难成其事”，“朝闻道，夕死可矣”。这都是中国传统文化中的“崇道、明理、重行”和“行大道，成大事”的道理所在。

所谓华宇物流优质快速的服务之道，或者称为服务规律或服务模式，是由两部分组成的：“心系客户，诚信服务，全程到位，优质快速”和“专业化、规范化、标准化、个性化、流程化、增值化、品牌化”。正确认知、深刻领会和全面掌握它的本质含义及其重要价值，对于贯彻执行和发挥它的最大效应是极其重要的，对购并后的客户服务整合提升更是如此。

首先，应当正确理解和深刻领会华宇物流服务之道的特殊规定性，即“优质快速”极为重要的四个大字。它规定了华宇物流的服务之道，不是一般物流企业的服务之道，更不是那种“劣质慢速”最低层次的物流服务之道，而是“一路领先，一路辉煌”的、被誉为中国公路运输第一龙头名牌的、以“优质快速”而著称的、最高层次的华宇物流服务之道。这个“优质快速”，既是对华宇物流的服务标准定位，也是对其服务品牌的价值定位。当然，也是有针对性地解决目前仍严重存在的“劣质”服务和“慢速”运送问题的战略措施。其实，这个最高层次的服务定位和标准，也是华宇物流过去和现在都做过的，并且在整体上成功过的，而且，被一再证明是完全可以企及和能够做得更好的标准。同时，也是华宇物流必须做得更好，才能真正符合广大客户和政府管理部门所授予的“中国物流市场用户十大满意品牌”等各种光芒四射的“金牌服务”荣誉称号。

其次，应当全面理解和深刻领会这个服务之道中 16 个字的核心含义及其整体意义。“心系客户”，就是“一切为客户着想，服务让客户满意”；就是“一切工作都以客户服务为中心，无论什么时候都必须把关注客户的需求和服务放在第一位”；“服务就是华宇物流企业的生命”；“华宇物流的使命就是更好地为客户提供更满意的服务”。这就是华宇物流的服务理念，也是华宇物流在客户服务方面所奉行的核心价值观。

“诚信服务”，就是华宇物流不管什么时候和什么条件下，都坚持诚实守信、一诺千金的商业原则。作为物流企业，没有客户的高度信赖，企业没有起码的和足够的信誉，哪个客户还敢于和能够放心地把货物交给你来运送？华宇物流首先是靠信誉起家的，也是靠更高的信誉快速做大、做强和做长久的。例如，1997 年，他们对世界第一体育名牌“耐克”顶级客户的开发所靠的就是诚实守信。1999 年春节期间对名牌班尼路的开发和后来对“阿迪达斯”、“锐步”、“李宁”和“太阳神”等中外驰名品牌客户的开发，都是靠过硬的信誉取胜的。当时中国体育用品市场上 90％的销货量，都是交给华宇物流来承运的，其他许多行业的客户和货源的开发，也都是靠华宇物流越来越高的信誉和越来越响的品牌力量制胜的。诚信文化已经成为华宇物流优质快速服务的根基和灵魂。因此，他们把“诚信服务”作为华宇物流优质快速服务的核心内容而放在最重要的地位上。

“全程到位”，是指与物流同步的服务流、管理流、信息流和资金流等，必须同步跟进，全程到位，不能空位，也不能错位；否则就会出现错误或者事故，从而导致运营和服务过程的失败。“全程到位”服务的理念比较新，标准比较高，难度也比较大。然而，不能做到和不能做好“全程到位”服务是根本不行的，因为以服务为核心和关键的现代物流，从本质上说，就是一个不能断裂和错位的货物运送流程与服务流程完美统一的高效整合过程。物流的成功和失败，都出在是否“全程到位”这里，“劣质慢速”的物流服务和“优质快速”的物流的服务，它的区别和分界就在这里。这是由物流就是服务的本性和规律所决定的，不是以任何人的主观意识为转移的。所以只能遵循而不能违反，只能做到做好而不能做差做坏。物流的一切过程、一切环节、一切职能、一切时间和空间的一切工作，都要服务到位和协同到位，都要无缝链接、高度协同和高速运转。这是16个字的服务之道中最为关键的环节要素和准则。

“优质快速”，既是华宇物流服务之道的特殊规定性，又是华宇物流必须坚定不移地贯彻执行的最高标准，不管它多么难以达到都必须真正做到。否则，就会出现如溃堤的洪水一样不可收拾的局面。

第三，应当全面、准确、综合地理解和掌握，21个字的“七化”服务特色和服务标准。可以说，这个服务特色和服务标准很高，是不容易达到的。然而，这也是必须做到和一定要达标的。否则，就不配中国公路零担运输最大的首批5A级龙头企业和第一名牌物流的荣誉称号了。中国的先哲曾经说过：“取法乎上，只得其中；取法乎中，只得其下”。其实，这些特色和标准，并不是高不可攀和难以企及的事情，它也是被敢为天下先和能为天下先的华宇员工做到了，而且是做得很好的事情。跨国购并整合的天地华宇，没有一点理由和半点理由做不到或不能做好。在“七化”标准中，重点是“专业化、流程化、品牌化”。

将以上三个方面的理解、领会和认同有机地整合起来，你就会全面掌握华宇物流优质快速的服务之道，你就能够在客户服务的整合中，吸收和传承其精华，发扬光大、不断增强和持续提升客户服务能力、服务质量和效益水平，就一定能够在贯彻执行天地华宇优质、快速、高效的服务之道中，发挥出更大的综合效应。

3.认真领会和正确把握"100－1＝0"的物流服务法则

当时华宇物流为什么推出这个优质快速的服务之道呢？用他们自己的话来说，就是"应时而生、应运而生、应需而生"。通俗地说，就是应该推出来了，是推出来的时候了，也有能力推出来了，再不推出来就严重制约和障碍企业发展了！他们归纳出了五条理由：

一是应对和适应物流行业服务竞争，特别是品牌竞争的迫切需要；

二是增强和提升华宇物流服务一路领先的优势与核心能力的迫切需要；

三是抢占和巩固业内物流服务制高点与龙头地位的迫切需要；

四是普及和培训华宇物流服务模式、服务标准、服务品牌、服务理念、服务文化和服务技能，从而解决当时严重存在的服务"瓶颈"问题的迫切需要；

五是超前准备与国际物流巨头 TNT 购并整合的迫切需要。

为了全面贯彻和有效执行华宇物流优质快速的服务之道，必须排除陈旧落后的思维模式和管理方式，积极主动自觉地接受和运用"跟进服务流"、"整合服务链"和"全程到位服务大道"等先进服务理念与核心价值观。这是他们在整合华宇物流服务之道的研究过程中，提出来和首先使用的三个新概念、新范畴、新思维。它充分反映和准确表达了现代物流服务的独特性质与客观规律，它的关键和要害就在一个"流"字，包括信息流、资金流、价值流、管理流等在内的服务流，必须与物流同步跟进和全程到位。如果是比物流更高级的供应链，那么，就必须用服务链与其同步跟进和全程到位了。这就必须具有整合服务物流和供应链的能力了。因此，要求我们必须学会"流式服务"、"链式服务"、"整合服务"和"流式管理"、"链式管理"和"整合管理"，而且都必须是全程到位的。因为任何缺位、空位和错位都会导致服务流或服务链的断裂、事故和失败。这就是物流服务和物流管理所特有的"100－1＝0"的法则。通晓和掌握这个服务法则，对做好物流服务和物流管理的跨国购并整合都是至关重要的。

十分明显，从服务理念、服务价值、服务思维和服务文化的世界观和方法论的视角来说，他们优质快速的服务之道已经达到了物流哲学的高度。

五、服务理念、服务品牌、服务文化和服务能力的高级整合

这是更为高级、更为艰难和更具挑战性的购并服务整合，当然，它也是需要具有更高级的整合能力才能取得成功的购并整合。由于这四个方面的系统性整合还没有进行，同时这四个方面的系统整合与企业理念、价值体系、企业品牌、企业文化和企业综合能力等方面的整合关联度更大，也更紧密，为了避免重复和混淆，所以本章只能说个框架和纲要了。由于天地华宇服务理念的整合比较复杂，因此，首先要确定究竟是用 TNT 全球的服务理念、TNT 大中国区的服务理念，还是用原来华宇物流的服务理念来对购并之后的企业进行服务理念的整合，或者都不用，而是重新选择和确立一个全新的服务理念去整合。其次，还要确认哪个的服务理念更先进、更有效、更符合原有的、现在的和潜在的目标客

户需要，更适合中国目前市场和未来市场开发的需要，更能够与所占份额目标和市场领导地位最相匹配的需要。最后，决定要用什么理念去整合，要保留什么理念，要整掉什么理念，要新立什么理念，以及要什么时间完成这个整合。同时，还要有精练、准确、新颖、高雅、艺术水平较高和卓有成效的整合行动方案等。

关于服务品牌的整合，基本和上述的服务理念整合程序和指导原则一样。现在看来服务品牌的整合大体上已经完成了。原来的华宇物流品牌经过融入 TNT 品牌的过渡期，包括它的标识和视觉形象现在已经变成“天地华宇”橙红或白色四个美术体汉字和下面六个细方头汉字“全国快运服务”，总共大小 10 个字所组成。它和“天地华宇”四个字一样，只有商标，没有注册的企业名称，更不是企业名称、产品名称、商标名称三统一的名称。当时看来，企业商标和品牌是整合成功了，如果产品名称和产品品牌名称都用统一名称的话，那么服务品牌业已整合完成了。这样一来，原来的主要产品和新推出的定日达产品就都是天地华宇的“全国快运服务”产品了。今后可能推出的其他产品，统统都叫天地华宇的“全国快运服务”产品了。但是，从标准化、系统化、个性化的品牌识别系统，对天地华宇的品牌进行整合的通行标准来说，这个品牌整合远远没有完成，而仅仅完成了三个系统中的一个视觉识别系统里的一项，即业务标识图案，而且还只是一个没有任何含义说明的标识图案。这已经相当严重地影响品牌营销、品牌经营、品牌竞争、品牌管理、品牌地位不断强化和持续提升等品牌效应最大化的发挥了。因为购并整合已经三年多了，而企业服务品牌才整合到这样一个程度和水平，这实在是极为罕见和令人遗憾的事情。

这个极为罕见的服务品牌整合，还表现在对天地华宇服务品牌和对它的新旧两个服务产品品牌的整合上面。首先，看看他们对购并后的企业品牌的整合过程，三年多来一共整合出了三个品牌视觉形象，一是将

TNT和华宇两个品牌标识组合起来的、“TNT华宇＋HOAU的橙红蓝白”色的、第一版的机械组合式的品牌视觉形象；二是经过专业机构策划设计的、由中文方头变形美术体字“天地华宇＋全国快运服务”、上下组合大小10个字所组成的、没有内在涵义诠释和外延介绍的、第二版的初级形式的全新品牌视觉形象；三是最近推出的、也不知是谁策划设计的、令人疑惑不解的、莫名其妙和毫无根据的提升为“中国公路快运领导者”的品牌视觉标志，可称为第三版或山寨版的、品牌视觉形象“笨拙变脸”和“虚妄提升”的、又整合一次的天地华宇品牌视觉形象。对于这个不知道是不是最后定型长期不变的品牌标志，有了一个很长的品牌涵义和价值诉求的诠释或说明。不论是外行还是专家，是内部员工还是外部客户，都普遍认为，这么快地就从“全国快运服务”，一下子提升到了“中国公路快运领导者”的高位，不知道是“自吹自擂和自诩自封”的？还是被国内、国际或全球哪个行业协会或权威管理机构恩赐、强卖和评定的？

其次，随同这个“笨拙变脸”和“虚妄提升”的天地华宇更新的品牌Logo形象一起推出的，还有一个与原来的“定日达”服务产品标志一起使用的、以改变定日达广告语为理由的、可能是以集团总裁亲笔签字手写体形象出现的、“说到做到，定日必达”加一横的新的定日达服务标志，这也是异乎寻常和极为罕见的品牌标志整合的快速变脸奇迹。理由之一是，一个“定日达”服务产品，有两个同时并用的标识，而原来的“零担”服务产品却一个也没有；理由之二是，将原来的“天地有我，定日必达”广告词，变成“说到做到，定日必达”，前者是自己掉进“妄自独尊”的陷阱，寓意为除了我天地华宇之外，谁也不能做到定日必达；后者则是自己陷入“拾人牙慧”的误区，重复人家UPS定日快运推出两年多的广告词的旨义：“定哪天，就哪天到！”——UPS定日货运服务，全球各处都能如期而至！任何有点广告宣传知识和行业规则意识的人，都不会犯上述那些既违反行业规则，又损害自身利益的低级错误。关于品牌文化和服务文化的购并整合，就放到企业文化整合中去研究和阐释吧。

天地华宇服务能力增强和提升的购并整合，相比上述三个方面的客户服务整合要简单多了。它既包括硬件的整合，如长途运输车辆、自备服务车、装卸机械、搬场设备、集散中心等整合；也包括软件的整合，如企业发展战略、网络优化方案、运营策划设计、可编码和不可编码的企业知识、经验和文献、信息化支持等方面的整合；还包括企业活件的整合，即关键人才、急需人才和常规人才的去、留、招、培训、教育和提升能力，以及各种专业团队的建设和提升能力的整合等。当然，还包括购并的主体企业 TNT 和被购并的客体企业华宇物流原有的各种服务能力的整合，服务资源的整合，以及购并后新投入的各种服务能力和资源的协同整合等。如果整合能力非常强大并且市场环境也允许，那么，整合更多更大的外部服务能力和服务资源，也是极其重要的一个通过外部资源整合来增强、扩张和提升企业内在服务能力的重要途径。只有大整合才能实现大发展，小整合则只能小发展，不会整合就不能正常发展。

最近，长期以来一直令天地华宇高管和员工懊恼、头疼、为难的客户服务能力的整合又出现了很大的反复。集团总裁徐水波在 2010 年管理年会上说："我们的发展一日千里，速度之快前所未有，然而问题不少，教训很多，必须面对；管理粗放，长途车成本控制、收货价格管理、新网点建设和客户服务质量等，都出现了反复；特别是客户服务意识尚未根本建立、人才梯队流程尚未形成、胜任人才匮乏和销售能力等还没有得到根本改善。"

2010 年 3 月 22 日，天地华宇又下发紧急文件，部署全力保障定日服务质量的重要工作。文件严肃而明确地指出，去年集团的定日达服务取得了显著效果，服务质量也得到了业内人士和客户的广泛而较高的认可。但是，在今年过去的两个月里，我们的定日达服务质量却急转直下，严重地影响了定日达这一高端服务品牌在客户心中的形象；我们实际达到的定日达服务质量核心指标，与我们制定的质量标准的差距越拉越大，表现在通知送货不及时及单货不符的投诉比例高达73%，集团整体即时送货率只有46%，及时通知率也很低，定日达货物的上下转移和提送货的装车质量很差；基层公司业务人员的服务意识淡薄，服务态度不好，服务热情很低。所有这些严重问题，都增加了定日达运营的难度，同时，也显示出公司对定日达服务质量的重视程度和支持力度还很不够。因此必须立即采取各项有力措施，尽快扭转、改进和解决。今后，集团上下必须通力合作，努力保证定日达服务质量的稳定性，真正做到"定日必达，说到做到"。

虽然，客户服务品质的购并整合已经进行三年多了，但是，实际上现在仍然没有找到能够持续稳定提升客户服务质量的成功之道。看来还得在不断提升客户服务质量和持续增强客户服务能力的整合上，下真工夫、下大工夫、下苦工夫和下长工夫。

第六章　网络运营整合

三年多来，网络运营一直是TNT和天地华宇接管购并企业以来最大的关注点，第一位的关注点；是他们寄予最大期望和投入最多的关注点，也是表现最坏、挑战最多和难以消化的关注点。就是因为华宇集团拥有中国最大的公路运输网络，所以TNT才不惜重金、虎口夺食、通过竞购而买到了它，为了让它实现TNT在中国市场上的最大存在、专注于网络的战略和称雄世界第一的野心，他们也不得不暂时放下“最具网络运营专长”的尊严，而卑微谦恭地求助于科尔尼咨询公司派专家来整合、提升和再造这个最大的运营网络，改进和提升天地华宇目前还表现极差的网络营运质量及其效益。

2007年12月10日，TNT大中国区和天地华宇集团的董事长总裁迈克·德瑞克先生，给集团管理层的各位领导和员工同仁发出了一份重要文件，通告大家：最近集团雇佣了科尔尼咨询公司，帮助我们企业改善当前的零担业务。科尔尼咨询公司是全球最大的物流管理咨询公司之一，在中国市场拥有多年的运营经验，曾与众多中国公司合作，帮助它们提升业务能力，也因此积累了对物流运输行业比较深厚的专业知识。为此，科尔尼（中国）公司派出了10名咨询人员组成的团队进驻企业，同我们紧密合作，帮助我们寻找网络中心和堆场运营的改进机会，并将对识别出来的改进目标实施快赢举措。同时，为每一个步骤的改进行动提供有效的帮助。总之，科尔尼的咨询顾问团队是来帮助我们的，更为重要的是，他们还要向我们的营运团队传授网络运营方面的知识和技能。

对雇用和外包给科尔尼帮助整合天地华宇的网络运营，迈克·德瑞克先生强调说："我希望天地华宇管理层的每一位领导，都能够以友善的态度和开放的心态，欢迎和善待科尔尼的咨询顾问工作。在必要的时候，与他们分享您的信息，确保共同实施对公司极为有利的改进措施。他们的成功就是我们的成功。第一阶段，我们选择上海、青岛、常州、唐山四个层级和类型的网络中心，由科尔尼进行研究分析，并将在上海和青岛试点快赢举措。今后几个月，我们将定期通告这个改进项目的进展情况。"这就是天地华宇的外包给著名咨询公司来"改善零担业务，实施快赢举措"项目。同时，也是科尔尼专家接受 TNT 的委托，帮助天地华宇进行网络运营优化、改善零担业务、提升服务品质、增强网络营运能力和推进网络枢纽再造，从而成为中国第一的系列咨询顾问和跟进实施重大项目深度整合的开始。

一、天地华宇网络运营效率持续改善和优化整合

1.探索华宇物流优质快速高效运营模式的艰难整合

在"为提前一年实现第二个五年宏伟目标而奋斗"的 2004 年华宇物流集团工作报告中，王振华首先明确地指出，回顾华宇物流的发展历史，我们之所以能够白手起家创大业，历经磨难而不倒，一路领先当排头，创造辉煌成奇迹，从根本上说，不在于我们有多么幸运，而在于我们有多么睿智、洞见和通达，在于我们能够始终准确地分析形势、把握大局和出奇制胜，这就是我们必须牢牢把握住的一条成功的经营之道。站在时代的

高度，运用大发展的视野，客观地研判2004年面临的形势，可以说是极不平凡的一年，其考验之巨和任务之重前所未有，机遇之多和希望之大更是前所未有。从不利的因素看，我们将面对的五大压力、挑战和考验，也是前所未有的：一是由于竞争对手的增多和竞争方式的变化，面对的竞争压力越来越大。二是由于国家严厉治理公路超载行为，降低运营成本的空间越来越小。三是由于国家加大规范货运行业行为和市场秩序，获得税收政策扶持的机会和程度也越来越少。四是由于油料价格一直在上涨的趋势中运行，致使营运的成本越来越高。五是由于在企业快速发展过程中积累的一些矛盾和问题没有得到及时有效解决，需要化解的矛盾越来越沉重。特别是快速发展和落后管理之间的矛盾、快速发展与人才短缺的矛盾、快速发展和投资不足的矛盾，以及物流速度慢、服务质量差、客户要求高和人员整体素质较低的矛盾，等等，越来越突出，压力和挑战也越来越大。

针对五大矛盾、压力、挑战、考验和难题，王振华提出了五大对策：一是全面提质提速提效，积极抢占市场制高点；二是推进企业管理和运营模式创新，全面带动企业管理能力升级；三是实施企业名牌战略，全力打造华宇龙头名牌；四是导入先进的人才开发机制，全力建设优秀的员工团员；五是以提高执行力为重点，全面提高管控能力。尽管这五大对策完全正确和极为有力，但是，八年多来所积累的诸多矛盾和严重问题，不是用几个月的工夫就能够真正解决的。更何况沿袭八年多的单纯追求规模扩张、快速增长和更大利润而可以牺牲其他利益的经营思路没有改变，其结果是，不但没有解决或缓解五大矛盾和问题，反而使得这些矛盾和问题所带来的潜在危机，更加尖锐和突出地表现出来了。

2.10 年大庆后推出华宇快速高效的营运之道

2005年第24期《中国物流与采购》刊物发表了华宇物流快速高效

的营运之道，即营运模式的摘要。这是从战略上解决不断提升华宇物流速度、服务质量和经济效益的根本措施。这个由 24 个字组成的快速高效的营运之道是：**“优选路线，管控时间，精细整合，快速运转，全程服务，到位监管”**。

“优选路线”，就是通过不断进行的对华宇物流网络运行图的规划、设计、整合、优化和创新，从集团公司的整体角度、管理区域和一级公司发车的角度，选择最优的物流运输路线后进行营运，其最佳目标是运程最短、运量最大、转运最少、速度最快、时间最省、质量和效益最高。优选路线，也是能够在华宇物流的全国网络运营图、管理大区网络运营图和各个一级公司的网络运营图中，以最快速度找到快赢线路、核心线路、黄金线路和最高利润线路及其区域的最好方法。

“管控时间”，就是选出最优运行线路之后，设计和编制好最优的运送流程和与其相关的服务流程，并且依据这个流程制定出一个比较准确的运行时间表，然后认真贯彻执行。这就是尽量压缩货物的运输时间、转运时间、装卸时间、提送时间和在库时间等。只有通过不断地进行流程的改进和优化、时间的严格管理和全程到位的监控，才能最大限度地达到管控时间的最优目标。即时间最短、时间最省、时间精准、时间价值最高和让客户满意。现代物流的第一要务就是管控好时间，物流运营和服务的核心与关键也在于管控好时间，因为时间就是速度，时间就是质量，时间就是利润，时间就是客户的最大价值。

“精细整合”，就是运用“精细物流”的理念、管理和技术，通过“精细整合”的方法和准则，把货物流、信息流、服务流、资金流和管理流等整合在一起同步到位地运行，从而解决物流速度慢、服务质量低和经济效益差的老大难问题。这也是把传统、低端、质量差、效益较低的“粗放物流”、“粗放作业”、“粗放运营”、“粗放服务”和“粗放管理”，转变和提升为“精细物流”、“精细作业”、“精细运营”、“精细服务”和“精细管理”的根本措施。没有这个根本性的转变和提升，就不可能解决频繁出现的越来越多的严重事故、习惯性错误和重复性问题。在一定意义上说，物流的这个“精细整合”中的“精细”与“精益制造”中的“精益”含义是相同的。

“快速运转”，就是物流的运转速度要快，中转要快，中转次数要少，从而实现协同高效和协同增效最大化的目标。这也是从根本上改变“华宇物流，慢如蜗牛”的战略措施和长效机制。

“全程服务”，就是指与物流同步到位的服务流是全过程的，是全程跟进和同步到位的过程服务，不能空位、缺位、错位和越位。从特有本质和内在规律上说，现代物流就是“服务流”和“服务链”的整合过程，同步协同和到位运作的客户满意服务过程。

“到位监管”，就是指作为供应链一部分的物流及其运营，必须进行全程、同步、到位、高效的监督和管理的整合。没有监督、管理、调整和校正等紧密相连的到位整合管理过程，就不可能真正实现物流运营流程的动态管理、整合到位管理和快速高效管理。

上述 24 个字的华宇物流优质、快速、高效的运营之道，是从华宇物流的 10 年营运实践中，运用理论和实际相结合的方式，总结、概括和提炼出来的网络运营之道和内在规律。为了保证这个新的营运模式的有效实行，必须进行集团公司经营管理体制的根本性改革，就是变集团、管理大区、一级公司、二级公司和三级分部的直线职能制陈旧落后的管理模式，为全国性最大网络、区域性中型网络和一级公司小型网络的更高级的网络化流程管理模式，这是完全符合现代物流本性和运行规律要求的网络运营管理、网络流程管理和网络链式管理。它的管理组织结构、汇报关系和命令链条等，都是网络化、流程化和高效化的。如果不进行这样网络化的管理体制变革，就根本建立不起来和运营不成功全国最大的公路运输网络，成为“中国公路快运领导者”的美好愿景和战略目标就是一句空话。

由于时间已经进入 TNT 购并华宇的资产整合阶段与交易成功的前夕，有谁还会顾及什么优质、快速、高效的网络运营之道或最佳模式的重新建立，以及集团网络式管理体制的变革呢？对于这些积重难返的尖锐矛盾和严重问题，只好等待购并成功之后的 TNT 新主人来解决了。

3.科尔尼网络运营改善整合项目开始在天地华宇艰难推行

2007 年 12 月启动的天地华宇网络运营改善项目，经过 6 个多月的实际调查、分析和研究，最终确定了改善网络运营的两个方向：一是降低货物的差错率、破损率和丢失率，二是加快营运的速度和质量。这两个方向的改善，是物流企业最核心的市场竞争力优劣高低的重要体现，这也是天地华宇网络运营能力最为薄弱的环节，下大力气和真工夫解决这两个方向的问题，不仅可以解决当前阻碍企业发展的最大"瓶颈"问题，而且还能为下一步快运服务和提升品牌形象打下坚实的基础。

在降低差错率、货损率和丢失率方面主要有四个对策：一是对一级公司的运营岗位人员的配置标准和岗位责任进行严格评估及审定，目的是解决岗位职责不明确，运营管理无章可循的问题。二是完善、明确和严格执行一级公司装车、卸车和交接的流程，以期大大降低装卸和交接环节的差错率、丢失率和货损率，目标是半年内必须降低 10%—20%。三是通过改进 IT 系统、细分异常类型和明确规范异常货物的处理流程，来降低卸车的差错率，目标是降低集团差错率 10%—20%。四是采取对装卸车质量打分的方法，考核装卸团队或小组的货损率、差错率和丢失率，目标是必须降低 20%。

在加快物流速度方面，也采取四项有力措施：一是建立和启用货物在库时间超限预警系统，这样可以减少发货在库时间 3 个小时。二是通过增加通知客户的频率和次数，通过考核二级公司过长时间货未出库的票数，来缩短二级公司货物在库时间 3 至 5 个小时。三是通过对下转移送货自备车排序的措施，减少二级公司重复装卸时间，可以提早送货半小时左右。四是通过设定运作时间计划，整合装卸力量，规范装卸作业流程等办法，优化和节省时间5至9个小时。

科尔尼的这个网络运营整合改善项目，在一部分一级公司、二级公司试行取得显著效果和经验后，于2008年5月集团进行了全面推广的骨干培训和管理区域执行人员的培训。为了确保集团在更大范围内的推广效果，确保推广工作能够在当前繁忙的网络营运等本职工作之外，有条不紊地完成任务，集团决定分成两个阶段来实施推行网络运营改进计划行动。

由于这次大范围的实施网络运营改善项目的推广行动，会涉及和触及集团所有一二级公司营运部门员工的工作方式和传统习惯的转变与变革，肯定会遇到许多有形无形的阻力、阻碍、抵制和矛盾，甚至出现冲突和产生负面作用。实践证明，千百万人的习惯势力是最可怕的。在同年5月5日举行的有六大管理区营运经理、集团操作优化中心经理、科尔尼咨询顾问和改善项目领导小组成员一起参加的项目启动准备会上，科尔尼的网络运营改善项目方案就遭到了集中而猛烈的“炮轰”、抵制和否定。他们认为这些简单而浅薄的做法，华宇集团以前早都做过了，没什么效果；现在的运营都完不成计划任务，再用那么多时间去改进业务，肯定会两相耽误。对于这些正确的和不正确的推广阻力和消极思想，除了进行充分的交流、研讨和整合外，还硬性规定了任何抵制、阻挠、反对、拖延推广改善网络运营整合项目的消极行为，都是不能允许和必须坚决排除的。

中原管理区积极主动和认真执行科尔尼的网络运营改善项目，取得很大效果，集团领导就用这个典型指导和推动其他管理区域及公司的改善行动。他们的经验是全体员工“无条件执行”，专职员工“全职执行”，管理人员“严格执行”，八个整改项目和八大流程都必须“有效执行”。资历较深的管理区域营运经理姚青岩著文说：执行标准化的运营流程，是天地华宇优质、快速、高效地进行网络运营整合提升的强大基石和可靠保证。

2008年10月，科尔尼的这个网络运营整合改善推广项目基本结束，并且取得了较大的成果。集团网络运营操作优化中心总结道，这是从根本上解决物流速度慢，差错率、破损率和丢失率高，营运效益低，客户索赔和员工抱怨过多等“瓶颈”问题，迈出的最为关键的第一步。今后，网络运营方面的整顿、整改、整肃、整合问题和工作还会很多，我们必须做好长期整合改善、整合优化、整合提升和整合变革的一切准备。从而通过整合实现打造中国最强大、最快捷、最可靠的递送网络的战略目标。

二、全国网络、大区网络、公司网络的优化整合与功能提升

从TNT全球、TNT亚太、TNT北亚、TNT中国和天地华宇共同愿景及其战略目标来说，天地华宇全国营运网络、大区营运网络和一级公司营运网络的优化整合、提升整合、再造整合、进一步扩张整合，比正在改进、增强、提升的网络营运速度、质量、效益和能力的改善整合、优化整合、提升整合、流程再造整合更为重要和迫切。当然，这也是更为艰巨、复杂和长期的深度整合项目。同时，也是更具挑战性、革命性和创新性的高级整合。按照普遍性原理和华宇物流网络的特殊性规律，他们的更深度和更高度的网络运营的整合，也经历了三大阶段，运用了“三段式”的整合模式。

1.学习TNT网络整合专长、网络整合技能和网络文化理念

2006年6月5日至12日，华宇物流董事长总裁王振华和三位核心副总裁，应邀学习、参观、访问了物流业大国、郁金香之邦、仰慕已久的荷皇天地集团TNT总部和分布在欧洲其他一些国家的快递业务总部、TNT陆运中心、TNT国际集散中心、TNT空运中心、TNT客服中心、TNT包裹配送中心七大业务管理部门。荷皇天地集团的高层领导和TNT大中国区首席执行官，都极为重视这次参观学习访问活动，特别安排了TNT总部的高级经理专门协调和陪同这次学习访问参观活动。TNT集团全球首席执行官彼得·巴克先生、首席财务官亨克·范达伦先生和全球快递集团董事总经理玛莉·克莉丝汀-兰芭女士亲切会见、交谈和宴请。TNT大中国区首席执行官肯·麦高先生、TNT大中国区购并华宇项目总监彭昶裕先生和购并高级经理李唯先生，都专程陪同学习参观访问。因此，双方都取得了巨大成功，一致反映说，参观的印象极为深刻，学习的收获也非常大。回来后，王振华等四位高管在许多重要会议上传达了学习心得，并要求华宇引用先进的TNT运营理念、网络整合技能、网络运营和管理经验、网络服务流程和标准、网络枢纽和中心的运营及管理经验。特别是随同一起参观访问学习的集团副总裁兼华东区总经理杜景春，在《华宇天地》发表专题连载文章，向华宇物流一万多名员工传播他们参观学习的心得和需要引用的重点。这是一次非常成功的TNT网络运营专长学习整合活动。

2007年5月27日至6月2日，刚刚完成购并交易的TNT华宇集团高管团队一行17人，在新任总裁的带领下，完成了TNT购并之后极为重要的第一次对TNT集团欧洲网络运营业务的学习观摩和考察访问之旅。他们参观了TNT荷兰总部、荷兰阿纳姆陆运快递网络中心、比利时集散中心和法国陆运集散中心等欧洲网络营运管理机构。一路

所见、所听、所闻和所学，让他们对 TNT 的网络运营规模、效率、能力和水平感受深刻。

作为世界四大快递物流巨头之一的 TNT 集团，源于 60 多年前澳大利亚的一家“肯·托马斯小运输公司”，通过 20 多年的艰苦创业和奋斗，创立了名为“托马斯国际运输”的公司，简称为“TNT”。1973 年公司业务进入欧洲，快速发展壮大。1996 年被荷兰邮政和通讯公司（KPN）收购。1998 年物流集团从 KPN 分离出去成为国际邮政 TPG 上市公司。2005 年 TPG 用 TNT 全球统一品牌在全球开展业务，专注于快递网络的全球发展。经过一系列快速并购发展扩张，TNT 集团首先拥有了荷兰乃至欧洲第一的快递运营网络。在亚太、南美洲、澳洲、其他新兴市场和地区，也是采取购并整合的方式，快速开发、建立、拓展、兼并和扩张运营网络。如今覆盖全球的最大运营网络已经基本成型。通过短短几天的参观、访问、学习，使他们受益良多。

一是 TNT 的发展道路与华宇的发展具有高度的相似性，现在的华宇很大程度上就是 20 多年前的 TNT，学习应用 TNT 的网络运营专长，整合提升网络运营能力和先进管理经验，可以很快打造成功中国强大的最具竞争能力的快运网络。

二是 TNT 的发家史和发展史，就是一部不断购并整合的历史，成熟而强大的并购、整合、改造和提升能力，会使同样具有网络优势的华宇物流快速强大起来。

三是 TNT 的网络运营文化、客户服务文化和经营管理文化，也会对购并整合中的天地华宇受益很大。这次参观学习的特点是带着课题去，找到答案回，更具专业性，学习是为了更好地引进应用。

2007 年 9 月 29 日，由天地华宇 11 位一级公司总经理和 5 位集团有关部门总监或经理组成的第二个学习参观团，赴 TNT 欧洲三个国家五个城市的货运集散中心和荷兰总部，带着各自需要解决的课题，进行了为期 9 天的学习参观和旅游观光活动。他们一致认为心得颇多，收获很大，普遍感到这次学习参观是一种震撼、一种充电、一种憧憬、一种深入的学习整合，因而激起一种强烈地学习网络运营更新更多实践知识的冲动，也是一次全方位和比较深入的成功培训活动。不仅学到了网络运营的知识和经验，而且深切地体验到厚重的 TNT 网络运营文化，他们说 TNT 的现在就是天地华宇的明天。

TNT 在欧洲共有七个管理大区、16 个陆运集散中心和一个航空货物集散中心为主体的规模庞大的运输网络。TNT 的运营网络资源是他们独特而巨大的资产优势，TNT 和华宇同样都是依靠一个庞大的运营网络来支撑货物的运送与快递业务的服务，这个运营网络是他们快速发展扩张和为客户提供优质服务的基础。

他们的营销、营运、服务、经营和管理等，都高度流程化、网络化、标准化、信息化和高效化了。

在他们作业现场和办公室里，都是以海报的形式明确地告诉工作同仁，必须认真执行作业流程。

在大屏幕上每时每刻都显示着发车时间、到货时间和运营线路；路区的广告牌上明确地告诉和提示客户，“别错过了那趟公路货运”。

他们的一切作业、运营和管理，都认真执行以时间控制为中心的流程模式。

他们的一切运营工作都是事先筹划和设计好了执行方案，没有车等货和货等车，也没有人等事和事等人的现象，因而他们的长途车运营的准点率高达 96%，派送准点率达到 98%。

除了直达车之外，他们必须把每天的货物整合到集散中心，并且通过这个集散中心来提高网络运营效率，这样整合的运营利润很惊人。

他们拥有由高级营运经理和外聘专家教授组成的专门进行网络运营设计和不断优化的课题组，每个月都要根据网络优化的结果，调整运营线路和制定新的时间表，然后再交给运营部门有效执行。

科学地网络优化，既加快了物流速度，提高了运营质量和效益，又降低了运送成本，更为重要的是不断提高了客户的满意度和忠诚度。

这次更为求实务实的参观学习，使得诸多的一级公司总经理和集团部门经理，找到了可供学习应用的 TNT 网络运营经验和管理方法。

2.全力推行全国、大区、公司三级网络优化整合的实施方案

通过参观学习后的对比研究，他们发现天地华宇这张覆盖全国最大网络的功能作用和优势劣势都比较清晰了，网络优化提升的重要性和迫切性也十分明显了，采用符合网络运行规律的根本措施优化整合的指向和目标也十分明确了，这就是天地华宇全国运营网络、大区运营网络和公司运营网络的全面整合、优化提升的根据，也是打造中国最强大、最快捷、最可靠的快运服务网络的战略措施和根本途径。

12 年来，华宇物流这张全国最大的公路运输网络规模越来越大，功能越来越强，优势也越来越多。但是，这个运输网络所隐存的诸多问题，就像新买来的一辆旧车那样，开了一段时间便出现了许多缺陷、损坏、毛病和问题。亟须更换零件、整合、修复或改造等。原来的一位天地华宇集团网络运营总监对此颇有研究。他说，由于缺乏统筹管理，不能有效整合货运，56 家公司都是根据自己的货物安排各自的发车，导致大部分线路车等货和货等车的现象发生，致使更多的货物“睡”在 56 家公司的仓库里等待发车的矛盾比较突出，有的“睡”个三五天和十天八天的都是常事。结果是物流速度越来越慢，运送时间越来越长，运营效率越来越低，致使客户越来越不满意，事故比率也越来越高，员工抱怨更是越来越多。这种货量与流向的不平衡性和不稳定性，导致了物流时间的不确定性，货物转运的随意性，众多线路往返货物的不对称性，以及市场车源与许多线路货物之间难以匹配与整合等问题，所有这些严重问题，都大大

增加了运输成本和压缩了企业获利空间，使企业陷入微利和亏损状态。这就迫切要求华宇物流网络运营，必须通过整合来实现不断优化、改进和提升。

所谓运营网络的整合优化、改进和提升，就是通过网络规划技术、网络整合程序、网络再造模式和网络管理效能等等，从根本上解决华宇物流营运网络存在的一些矛盾、缺陷和问题，建立起新的网络营运模式，从而能够在整体上提升网络营运能力、服务质量、物流速度和综合效益。当然，全面、系统、整体上的运营网络的优化、增强和提升，是一个十分庞大的系统工程，也是网络营运模式的根本性变革。它不仅需要动用诸多方面的巨大资源，同时也需要拥有强大的整合智慧和能力，而且至少需要三年时间才能够完成。对此，集团总裁、高管团队、主管运营的副总裁和网络运营管理部，以及一切直接间接相关的职能部门、区域和公司等等，都必须下定决心、攥紧拳头，团结一致，紧密配合，协同行动，一抓到底，坚决完成艰巨复杂和颇具挑战性的整合任务。同时，需要 TNT 总部及其 TNT 欧洲网络策划设计和营运专家提供支持、全程指导。这不只是他们天地华宇和 TNT 中国公司，也是中国物流产业前所未有的规模最大的公路运输网络的整合提升和再造工程。从 2007 年 7 月开始，分三个阶段进行的天地华宇网络优化、增强和提升整合工程，到现在已经三年多了。

3. 三年来天地华宇运营网络整合提升取得三大成果

一是定时快运实现了重大突破。2007 年 12 月 30 日，集团在广州公司召开了定时发车、快速运输和提高质量工作总结交流会议。参加首批“定点快运”试点工作的上海、广州、北京、天津、东莞、中山、深圳和佛山八家公司的营运经理参加了会议。他们对三个多月的定点快运试点经验作了总结，充分肯定了“定点快运”，在稳定客户和挽回流失客户、扩大货源，缩短货物在库、在途、提送时间，提高营运效率和单车毛利率等方面，给各个公司带来的可喜变化。上海发北京和天津的“定点快运”，在库时间分别由过去的21小时和31小时，降到现在的12小时和18小时；货物在途时由过去的45小时，降到现在的24小时，这是前所未有的一个重大突破。有一天，天地华宇的客服人员回答一位客户的查询时，告诉他货物已经到达北京了，这位客户听后不相信地说，“你不是在骗我吧？”客服人员郑重而肯定地告诉他说，“我没有骗你，天地华宇上海到北京的定点快运36个小时准点到达。”经过核实确认，他感到非常惊讶。上海公司到货部调度高伟明说，“‘定点快运’推出后，东莞发上海的货量增长了9%，佛山发上海的货量增长了12%，而且挽回了许多流失的客户。像这样的‘定点快运’应该多开、早开、快开，每条线路都开！”中山公司发货部调度说，“我们现在敢于向客户承诺了，凡是发往上海的货物48小时保证达到。”开通“定点快运”后，单车毛利率也稳步上升，有的高达60%。广州公司“定点快运”经理说，过去因为速度慢和质量差而经常遭到员工的埋怨、领导的批评和客户的责骂，现在他们对“定点快运”取得的成绩感到自豪，对自己在“定点快运”中得到的锻炼和成长感到高兴，他们决心总结经验，进一步解决存在的差距和问题，把“定点快运”做得更好。主管网络运营的副总裁在总结集团2007年提高物流速度和准确率时指出，全集团2007年平均发货在库时间比去年降低了6小时，每天早8点前发车的车次已经占到日发车总数的46%，准时发车和准点到达率都达到了40%，“定点快运”取得了初步胜利。集团上下一致认为，这是天地华宇今后发展的必由之路。

二是区域网络优化取得了重大成绩。天地华宇各个管理大区的运营网络优化战略行动，早在TNT购并华宇前就有了明确的计划安排，这就是在不断扩大和加密全国性最大运营网络的指导下，以当时的职能直线制管理为主的六大区域范围为基础，在全国新建和优化出10个到

15 个结构最优、速度最快、效能最高的大区网络。现在看来这种类似于网络枢纽或区域集散中心为圆点的大区网络，最多 9 个就足够了。天地华宇西部管理大区，在集团突出大区营运网络整合提升的战略工程中走在了前列，并且率先完成了任务。他们在改善零担服务，加快运送速度，提高运作质量和综合效益的基础上，于 2007 年下半年将工作重点及时转移到调整区域网络结构、优化网络线路和提升网络能力上来。他们针对西部区域 1 000 公里左右线路毛利率高的特点，在侧重对 1 000 公里左右的路区货源开发的同时，整合优化这样的高利润的黄金线路。到了 2008 年元旦，他们已经开发和优化出了西宁、兰州至西安和银川至西安两条黄金较长线路，作为“每日定点快运班车”线路，互发或单发。在元月七日正式运营的当天，他们将这两条“黄金长线”每日的“定点快运班车”的始发、路经和终到的时间表和运营图，通告集团各个区域和公司，求得他们的支持、监督和帮助。从管理大区的网络运营和有效管理的层级来说，这也是开创天地华宇网络运营之先河的大事，确确实实具有极其重要的里程碑意义。

他们所取得的重大成绩还不止于此，更为主要的是他们还利用区域管理总部和西安公司本部搬迁新建的契机，新建了一个西部大区网络运营枢纽，也称为中国西部区域货物集散中心。至此，可以说，西部区域的网络优化、能力增强和整体提升工作大功告成。为此，天地华宇集团总裁徐水波先生曾带领高管团队，到西安祝贺和慰问他们，并且研究和指导如何充分发挥以西安为中心的中国西部大区全新网络的整体优势和巨大作用。这是天地华宇管理大区网络优化整合和网络整合再造的重大成功，同时，也是管理大区网络营运模式变革的重大步骤。因为西部大区所取得的重大成绩和最佳经验，集团下令将西部大区“网主”总经理李智岩，调到拥有更大网络运营发展空间的东南大区就任总经理和未来的网络中心总管。

三是管理大区之间的网络优化达到了更高要求。2008 年 7 月 29 日，履新不到一个月的天地华宇总裁徐水波，在员工沟通会上向大家报告了集团上半年各项工作取得的重大进展。其中最为重要的是，在管理大区范围内和大区网络之间的优化整合提升工作，已经达到了在更大范围内推出“定日快运”服务的更高要求。上半年各管理区域货物在库时间平均降低了 5 个小时，率先进行网络优化的西部区域降低了 12 个小时，集团全部公司的到货时间也降低了 4 个小时。这样大幅度提高速度和节省时间，使得天地华宇的企业形象在客户心中逐步树立起来了。特别突出的是，在优化提升运营网络方面取得了重大进展，实现了山东半岛到珠三角地区的快速定日班车营运网络的优化，把以前的 85 条线路优化成现在的 4 条。这样较大范围和更深程度的优化整合与明显提升，虽然会增加成本和减少利润，但是从客户的角度来看，能够让他们更方便、更快捷、更满意地使用天地华宇定日快运服务，也能够为客户提供更为优质的增值服务。这完全符合天地华宇专注于网络运营发展战略和为客户提供更加满意服务的使命。当然也为今后服务价格的提升打下坚实的基础。因此，对华东管理区域、华南管理区域和中原等管理区域的运营网络整体提升及大型运转中心的建设，正在紧张的规划、设计和实施之中。

2008 年是天地华宇围绕打造全国最大的公路快运网络这个新的战略目标，着重调整、改善、优化、提升、增强、整合网络运营至关重要和具有里程碑意义的关键一年，也是最富有挑战性和最能够焕发学习创新激情的攻坚之年，在集团董事长迈克·德瑞克先生的直接领导和跟进执行下，在全球著名的咨询顾问公司科尔尼专家团队的全力帮助下，特别是在各级经理和全体员工的共同努力下，取得了令人满意的成果。

三、天地华宇运营网络整合进入建造管理大区枢纽的新阶段

1.开创中国公路快运网络运营的先进模式

2008年6月18日，全球领先的国际快递巨头之一TNT旗下的在华全资子公司天地华宇，正式启动了在武汉新建的大型公路快运分拨中心。这个中国目前物流业界规模最大、设施一流的公路快运大区分拨中心和网络运营枢纽，开创了国内公路快运网络运输的新型模式。它的启动将显著提升天地华宇在武汉这个九州通衢的大武汉区域的营运能力、递送效率和服务质量，这是天地华宇购并整合之后发展历程中又一个里程碑。这个坐落于武汉东西湖保税物流园区的天地华宇大型公路快运分拨中心，占地面积46 620平方米，现有70多辆自备服务车往返于武汉公司下属的33个分公司，有88辆长途运输车往返于全国各个区域网络的中转枢纽，共有33条直发线路，通达北京、上海、广州、济南、郑州、成都、沈阳等全国各个主要大城市的集散中心。它通过网络运营体系和经营管理能力的整体优化与全面提升，使运营成本降低了10%，运输速度和服务质量显著提高。它还可以使被辐射的福建、江西、湖南、四川和成都等公司的许多重要长途干线的货物运输时间大大缩短。同时，又可以使这些公司与贵阳、昆明、南宁和柳州等公司，以及西南区域的线路和网络连接，并且能够提升这两个区域网络运营的效能。TNT北亚区董事总经理迈克·德瑞克先生在启动大会上高兴地说："投资建设这个大型公路快运分拨中心，旨在增强我们的竞争力，使我们能够为客户带来更大的服务价值。尽管当前的经济环境充满挑战，但是，我们仍会继续投资于天地华宇，这不仅表明了我们致力于成为中国市场领导者的决

心，也是 TNT 在中国市场上是继续成功的关键。中国日益增长的国内消费，将会带动物流市场对更快捷、更可靠、更稳定和高品质公路快运服务的需求。而武汉网络运营分拨中心，将会使天地华宇更加充分地借助该区域未来快速增长的强劲势头，占据更加有利的市场地位”。

2. 全面实施整合建设天地华宇定日快运分拨中心战略

这个中国业界一流的大型区域快运分拨中心的正式启动，标志着天地华宇网络营运系统的全面升级，对天地华宇今后的战略发展，乃至对促进中国物流产业的优化升级，都具有十分重要而深远的意义。它不仅进一步优化了天地华宇目前的全国运营网络，而且创造了中国公路定日快运的新模式。天地华宇总裁徐水波向前来采访启动仪式的众多记者们介绍说：“其实，武汉分拨中心并不是天地华宇的第一个，而是第二个了。去年 10 月，我们就在西安建设成功了天地华宇第一个公路快运分拨中心。占地 3.3 万平方米的设施和功能齐全的分拨中心，坐落于西安市经济开发区草滩生态产业园内，在它投入使用的半年多里，就将成都、重庆、兰州、西宁、银川、乌鲁木齐至广东、江苏、浙江、北京和辽宁等省市的辐射线路，以及营运网络能力整体优化和升级。例如，重庆到北京的运输时间，从之前的 9.7 天减少到现在的 6.7 天；北京到西安的运输时间比之前减少了 2.5 天，而且，运输速度大大加快，营运质量显著提高。”

早在 2008 年，天地华宇就开始实行了建设“分拨中心战略”，从技术和管理层面，通过对总的货量、线路流量、货物流向、长途运输和中转方式等，进行了有效的规划、设计和整合，并且选择了全国运营网络中的一些重要枢纽和节点，作为运营枢纽和分拨中心，不断增强天地华宇的全国最大运营网络，在中国公路运输核心骨干网络中的重要地位和掌控能力，以达到完善运营网络结构、健全网络功能、增强网络能力、创新网络运营模式、提升网络运营速度、质量和效益。这不仅仅是扩张网络运营的规模效益，而且还是今后满足更大、更高和更多各种类型的客户对天地华宇公路定日快运的战略需要。这个“分拨中心战略”，或者说网络枢纽和分拨中心的整合、优化、健全和提升的系统战略工程，准备用五年左右的时间完成，现在西安和武汉的分拨中心已经投入使用，华南区、华北区、中原区和其他管理区域的集散中心、分拨中心或快运枢纽正在紧锣密鼓地实施之中。

3.天地华宇网络运营整体能力升级计划行动全面展开

实际上，网络运营整体能力升级计划，既包括运输网络的规划、整合、健全和能力的升级计划，也包括如何优质、快速、高效地运用和管理这个网络的整体能力的升级计划。这个整体运营能力，包括运输能力、装卸能力、提货送货服务能力、信息化能力、财务管理能力、人力资源支持能力和后勤保障能力等诸多软件、硬件、活件能力的整合、协同、统合综效、整体增强和大幅度提升。既有结构性的复杂，又有动态性的复杂。这个总体上的整合性能力、协同性能力和能够获取综合性绩效的能力，是目前天地华宇最为明显的短板、缺陷、劣势。如果这些极其重要的综合能力和整体能力不能及时提升和不断增强，并且还是这样严重滞后，那么，任何功能健全、结构完善、质量效益很高的全国性、大区性或公司层级的运营网络和网络运营，都难以发挥更大的效用。

十分明显，全面实施这个分拨中心开发建设战略，也是天地华宇网络运营能力整体升级的重要组成部分。从2007年末，天地华宇就雇佣全球著名的科尔尼咨询顾问公司，在TNT总部网络专家的指导和参与下，制定出了到2013年整体提升网络运营系统能力的六年规划。其中包括建立区域性统一的客户服务中心；通过优化流程改善提送货服务；尽快转变成为以枢纽为中心的新网络运营模式；整合标准化的长途运输合同车；通过整合优化仓储运营，提供及时的物流状态跟踪查询；集中进行营运车队的专业化管理；建立健全和完善优质快速高效的营运流程整合管理；分层次进行网络运营经理、专业化团队和作业员工的专业技术培训提高，等等。目前，这个庞大的网络营运体系的整体提升计划已经全面展开，先期进行和已经结束的部分管理区域和一些公司效果相当明显。

从 2008 年开始的第一批网络线路优化已经完成，优化成功的 9 条黄金线路，占天地华宇货物流量的 25%，不仅速度和可靠性都得到显著提高，而且平均节省时间近两天。例如，青岛至东莞的物流时间由之前的 6 天减少到现在的 4 天。2009 年又陆续完成了三批网络黄金线路和高利润线路的优化整合，总数达到 37 条，平均节省时间 1/4。在整合优化线路的同时，网络运营管理部门对每条优化线路都制定了标准化的运营流程和操作手册，其中包括发车安排、调度、车型选择、中转枢纽、运输速度、发到中转时刻、合同价格、结算方式、准点率和差错率指标，以及其他监控和考核规定指标等内容。从各个层面改变过去那种粗放决策、粗放运营、粗放作业、粗放服务、粗放管理、粗放监控和粗放考核等落后习惯。新的优化整合和精益运营管理实现了按照优化流程作业和全程到位管理，货物的差错率、丢失率和货损率，分别下降了 75%、36% 和 50%，这是一个重大突破和根本性的转变。

此外，为了充分发挥天地华宇的网络运营优势与强大核心能力，集团网络运营部还将快速提升长三角和珠三角地区的短线快运能力。其实，华宇物流早就知晓“得天下者必先得到两个三角区域，得两个三角区域者必先得到短线快运市场制高点”。过去由于忙于快速发展扩张和快运能力不够，一直没有机会做好两个三角地区的“当日快运”、“次日送达”和“隔日送达”三个高利润的高端服务业务。虽然，在长三角、珠三角和华北区域等数十个城市之间开通了众多的华宇“定日快运”，也赚到了大把大把的真金白银，为此，企业的名称和品牌也曾一度改为“华宇快运”，但是，由于粗放经营和管理跟不上“定日快运”的要求，致使客户流失严重，市场份额大幅度降低，市场地位逐渐衰落，不得不退出“定日快运”服务市场。目前，长三角的短线快运网络优化工作已经结束，很快就会举行启动仪式开始运营，集团给它制定的确有把握实现的预期效益目标是：“速度提高一倍，时间减少一半，利润提高50%，市场份额和行业排名将不断升位”。在江苏、上海、浙江的所有城市之间大力推广天地华宇“定日快运服务”，远的可“隔日达”；近的就“当日达”；中间的则“次日达”。这样，一定会很快成为长三角区域、珠三角区域乃至其他区域的短线“快运之王”。

最后，应该特别说明天地华宇关于网络运营和运营网络整合所取得的两项重大成就：一是2007年12月19日亚洲陆运网络正式延伸到中国。至此TNT成为全球首家家经营一个整合的亚洲陆运网络的国际快递公司。TNT亚洲陆运网络覆盖新加坡、马来西亚、柬埔寨、越南、中国等国家和地区的120多个城市，全长4 000多公里。其中，连接新加坡与中国南宁和广州的两条陆运线路在试运营完成后，于2008年初正式投入商业使用。TNT的亚洲陆运网络，连接的是TNT在中国的国际快递网络，下一步将连接其国内的递送网络，这一战略举措将使TNT的客户能够享受到TNT覆盖亚太区域的陆运递送解决方案。TNT大中国区董事总经理迈克·德瑞克说：“中国对于我们众多亚太乃至全球范围内的客户而言，是一个极为重要的发展扩张市场。它是我们全球发展战略中不可分割的重要组成部分”。二是2010年3月8日在广州宣布天地华宇建成了中国首个定日公路快运骨干网络。他们说，这是“开创中国公路定日快运新纪元”的重大战略举措。这个网络覆盖中国26个主要城市，目前拥有246条线路，800多个运营网点；主要经济与商业地区的定日快运网络，都可以确保分布在全国各地的客户享受到天地华宇准时、安全、稳定和快速的公路定日快运服务；以“说到做到，定日必达”承诺我们的客户;定日快运全国骨干网络的建成,以及在客户服务、基础设施和网络运营等方面的持续投入,进一步增强和提升了天地华宇定日快运的服务能力,以及在中国公路快运市场的领先地位。

第七章　经营管理整合

对于一个大型跨国购并的集团性物流企业来说，在购并成功，接手经营管理企业的时候，却找不到一个全职和能够胜任的总裁或者首席执行官，这不能不说是一个极为罕见和十分不幸的事情。不管他们是很不胜任，还是滥竽充数？在不到两年的时间里，经过荷兰 TNT 总部批准，TNT 大中国区就给天地华宇集团任命了三位兼职总裁：2007 年 3 月至 8 月，任命 TNT 大中国区资深副总裁庞复兴兼任天地华宇总裁；2007 年 9 月至 2008 年 7 月，TNT 大中国区董事总经理迈克·德瑞克，在兼任天地华宇董事长的基础上，又兼任了总裁；2008 年 7 月至今，又任命了 TNT 大中国区人力资源总监徐水波兼任天地华宇首席执行官职务。这三位兼职总裁上任后，都是从整合天地华宇的经营管理组织架构开始，进行了至关重要的企业经营管理方面的整合，以及进行企业整合式的经营管理。

一、三年多先后三任总裁
进行关于经营管理的艰难整合

1.庞复兴的"平稳过渡，整改提高"式的经营管理整合

一开始庞复兴就说："TNT 承诺对华宇会投入资金技术，并在一定

时期内借调国内外专家与员工到华宇工作，我们也承诺增加各种各类培训，包括实用英语、网络管理及海外教育等，使企业与个人都能获益，在TNT接手经营管理初期，我们会本着'平稳过渡'的原则，基本上维持华宇现有的人员、规章与制度，仅在'急迫'、'重要'及'提高'等方面进行整改，希望广大员工积极配合，并在工作中多提意见。"

仅在哪些"急迫"、"重要"及"提高"等方面进行整改呢？庞复兴明确地指出："我们也观察到华宇的日常工作与管理中存在的一些影响成长的问题，在服务质量上，我们要重视产品速度、系统性的客户服务与更多生产设备的投入；在销售上，我们需要建立有效的方法和队伍；在工作与生活环境上，我们要强调有序、高效、安全与卫生；在管理上，我们不能忽视群众要求的劳逸均衡、公私分明与以能力为主等原则。只有在解决了影响产品、生产力、服务、销售与团队合作的问题后，我们才能建立可持续的利润、服务、成长、员工的良性循环，成为一个高效的与工资福利逐年改进的企业。"

以上两段阐释，就是庞复兴这位首任兼职集团总裁在"施政纲领"中，对他接手经营管理华宇之后必须执行的"大政方针"的阐述。用他最擅长的"罗列清单"的方式来表述，就是"他——率领国内外专家型的高管团队——通过实用英语和网络管理等培训教育——进行旨在解决影响发展的急迫问题的整改式管理"。

能够集中体现这位兼职总裁实际经营管理重点的是，在他任职期间所召开的天地华宇管理委员会三次会议。第一次是TNT成功收购华宇庆典之后的2007年3月15日首次集团管委会的会议上，他明确提出了天地华宇元年，是平稳过渡年；是整改提高年；是管理年、服务年、速度年、新产品年；他要求集团上下都要紧紧围绕"六个主题年"的各项任务和要求，进行14个方面的经营管理和投资建设工作，并且必须完成全年的收入及利润计划。令人钦佩的是，内容和要求如此丰富、复杂、艰巨的

“六个主题年”的经营管理任务和具体措施，这位总裁只用了55个汉字和18个长方形的矩阵图，就简单明了地表示出来了。这也是原华宇领导、经理和员工们从来没有看到过的“看图游戏”。第二次是4月27日至28日在北京召开的第二次管委会会议，主要研究一季度的业绩和亏损问题。集团一季度的营业收入只完成了预算的95.8%，而利润只完成预算的6.5%，缺口很大，已经出现了从未有过的严重亏损，并且在物流速度、客户服务质量和安全管理等方面，都出现了前所未有的严重事故和很多问题。因此，他十分紧张地提出加强内部管理、成本费用控制、提高营运质量和经济效益，特别是要加强财务、安全、营运和质量管理部门的工作。第三次是在青岛召开的总结上半年工作和安排下半年任务的管委会会议。连续9个多小时的会议，从总裁庞复兴的“既很实际又非常重要的题目”开始，到六个管理区域分别进行研究汇总后，会议对如何改进提升零担业务、优化营运网络、推出快运服务产品、做好财务管理、加大人力资源支持、实施信息化改进、加强市场与销售、大力推广新的天地华宇品牌形象九个问题，提高了认识，统一了思想，找到了对策和办法。

此外，以罗列问题或措施清单见长的庞复兴总裁开列的“11个新思维”、“关于保持环境整洁的六点建议”和“关于TNT的5条管理原则”，这不仅体现了他在经营管理方面的关注点、着力点、管理方式和风格特点，也反映了他在经营管理方面的思维理念、知识积累、实践经验和能力水平。例如，他在“关于TNT的5条管理原则”文件开头语中指出：“TNT收购华宇后，发现广大员工对TNT的管理原则缺乏认识，造成了一些不必要的误解，因此有必要告诉大家并且特别说明一下，希望管理者和员工们好好学习，加深认识，认真执行。”接下来，庞复兴总裁就推出了他的经营管理方面的“五项原则”：

(1)坚持以“工作表现”与“综合能力”为评价标准的原则。TNT拒绝以派系或关系作为评价员工的标准，强调“工作表现”与“综合能力”。因此我们希望不要陷入“关系”和“派系”思维。TNT 在中国 20 年，了解“黑猫、白猫”的道理，希望员工们不要捕风捉影、听信谣言。如果心里不踏实，应该自问“是否努力工作了”、“工作是否做好了”、“是否有违法违规行为”，而不是想到岔路上去。TNT 收购了华宇，成为企业的长期拥有者和管理者了，大家必须调整心态，转变认识，并且以“工作”与“能力”的视角去分析问题，而不是以“关系”与“派系”来思考问题。

(2)坚持“全职工作”与“避免利益冲突”的原则。员工与 TNT 签了劳动合同，为 TNT 工作并接受报酬，也成了 TNT 的员工。这就需要为公司全职工作，不为自己也不为他人工作。在工余时间如果要额外赚钱，为他人服务，应该告知公司，在公司允许的情况下进行。个人的投资行为，应该在与公司无关的范围内进行。譬如，“养车”就是个人与公司“利益冲突”的行为，应该避免。公司会很快做出规定通知大家，规范并且在一定时间后禁止“养车”。另外，有的经理让家属承包公司的某些业务，这也是禁止的“利益冲突”行为。

(3)坚持以“市场导向”与“企业能力”定酬的原则。我们对各级员工工资的决定原则是参考同行业类似的工资情况来决定报酬水平，另外一个定酬原则是我们的能力，也就是我们企业的获利能力与工资总额的情况，必须是企业能够担负得起的相应薪酬。我们相信华宇现在的总劳酬，包括“五险一金”、住房与伙食等在内，是不低于同行的，我们也将继续提高。在今年 2 月份，我们严重亏损，相对反映出了我们高额的固定成本，这值得大家警惕。

(4)重视“物流速度”与“服务质量”的原则。TNT 快递的经营准则是：“把货物最快地与毫无损伤地完成递送”，我们要以这个原则为目标。我们现在的服务，虽然不求最快，但是要有“及时”、“准时”的概念。我们集团上下对“货损”的容忍也是惊人的，每年超过总收入 1% 的赔损额，也是可怕的。作为一个“快运服务”企业，必须绝对坚持“速度”与“质量”原则。

(5)强调“整体运作”与“团队合作”的原则。我们是一个网络型企业，一个地方有问题，整个网络就会受到影响。你的发货，就是我的到货，反之亦然。所以大家要重视团队合作，强调整体运行。TNT在员工奖励方面也会设计与整体挂钩的方式，以促进彼此的密切合作。对长期合作不好，特别是不重视到货服务的公司和个人，我们只能给予较低的评价并通报批评。每年我们也会要求各个公司相互评价“合作”与“服务”的绩效与问题，以期共同促进整体合作运行的更好发展。

最后，简要摘录庞复兴总裁关于保持工作和生活环境整洁几点意见中的一些观点及方法，对于认识和理解他的经营管理方面的价值观念与基本要求，也是十分必要和极为有用的。他痛心疾首地说，“华宇集团许多公司的生活与工作环境，实在是太脏、太差、太破、太旧、太乱、太臭、太不安全了，事故隐患之多、货损货失货差之多、死伤事故之多，以及造成的生命和财产危害之大，再也不能容忍下去了！我们口口声声说要做个现代化的大型文明企业，但是工作和生活环境脏乱、无序、恶劣到这种程度，还能说什么呢？各级经理仪容仪表很好，西装革履，谈吐不俗，但是客户看到如此脏、乱、差、臭、低劣、难以忍受的工作场所，肯定是吓了一大跳，然后，必然是对我们是否能够安全可靠地将他们的货物运输服务提出严正质疑和失去信赖。因此，我们必须痛下决心，首先把工作和生活环境治理好了。我现在提出治理环境的几点意见，作为对全体员工的要求，同时也作为检查各级经理能力的主要内容，一是‘以部队为师’，二是‘以自己为准’，三是‘环境要整洁’，四是‘有专人负责’，五是‘要及时修整’，六是‘要遵守规矩’。”非常明显，摆在这位新任总裁面前的工作难题、生活难题、管理难题和改革难题确实很多，需要整顿、整改、整肃、整合的问题和难题也是很多，必须尽快破解、攻克和排除的瓶颈、矛盾、障碍更是很多！怎么办？如何解决？所有这些问题、难题和课题，无疑都是对他这位兼职总裁的实际素质、能力、水平、智慧和经验的巨大压力、严酷挑战和生死考验。

2. 德瑞克的经营管理哲学或经营管理理念的整合

2006年9月，这位履新刚刚一周的TNT大中国区董事总经理迈克·德瑞克，在一天工作之后，高兴地接受了TNT大中国区内部刊物《天地之音》的访谈，发表时的标题是“迈克访谈：重回根本”。在回答“你是怎么看你所面临的经营管理工作的”时，他说：“我很有信心在2到3年内，将TNT中国建成一家卓越的企业。卓越不仅是对客户而言，对我们的员工也是一样。在此，谈谈我的基本管理理念，我希望能够将它用于中国。概括起来说，这个理念就是‘员工—服务—增长—利润’。简单地说，如果我们雇用优秀的员工，他们就能够提供优质的服务，从而吸引新的客户并留住现有的客户，这将帮助我们发展业务，而业务发展能带来丰厚的利润，从而可以让我们能对员工进行再投资，这个美妙的良性循环就能一直持续下去。‘员工—服务—增长—利润’这一简约的模式表达了我们要做的工作。投资于员工，投资于服务（即客户），其他部分自然水到渠成。”2007年第8期《天地之音》“总裁来信”的题目是：“P—S—G—P初见成效”。迈克·德瑞克极为高兴地告诉TNT广大员工这个喜讯。“每年TNT都会在世界各地的客户中做三次满意度调查，以了解他们对我们服务的看法。这里我非常高兴地告诉大家，TNT中国今年在客户满意度方面是TNT所有业务区域进步最快的！这是一项很大的成就，恭喜大家！我确信这初步验证了P—S—G—P（员工—服务—增长—利润）的经营理念开始奏效。投资于员工帮助我们提升了服务品质（根据客户反馈），好的服务又为我们带来良性的增长和利润。”

为了更好地体会和深入地理解迈克·德瑞克的基本管理理念，不妨再转引一段2008年10月7日他在荣获“中国杰出企业领袖”大奖之后，《人力资源总监》刊物对他的访谈录，这是从与员工和经理沟通的视角来阐述这个先进的管理理念的。题目是“用希望照亮员工的未来”。他说：“无论是管理层还是基层员工，在TNT我们都是一视同仁的，因为，对我们来说他们都同样重要，对他们的尊重和沟通也同样重要，在这方面我们有一个管理公式，员工—服务—增长—利润；即一切都要从员工开始，有了好的员工才会有好的服务，有了好的服务才能能带给企业健康的增长，从而产生好的利润，进而再投资到员工身上，我们全公司都贯彻这个理念”。有时，迈克·德瑞克也称其为TNT的经营管理哲学。2007年9月迈克·德瑞克兼任天地华宇总裁职务之后，无论是与员工沟通，还是指导天地华宇的经营管理，他都是应用这个管理理念、管理模式、管理公式、管理哲学和经营管理良性循环。

2007年9月28日，在致天地华宇各位员工和管理人员的重要信中，迈克·德瑞克说：“各位或许已经悉知我对公司高官团队进行了重组，我本人现在担任董事长兼总裁的职位，我将制定新的组织结构图。新的管理组织结构图将使汇报关系和职责分工更加清晰。”接下来说的是企业经营重点和管理上所面临的主要挑战。在写这封信之前，他用了近一个月的时间对集团较大的一级公司的经营管理状况和存在的严重问题，进行了深入细致的实地考察。读一读反映这些考察的专题文章，对于正确认识和理解天地华宇第二任兼职总裁是如何进行经营管理整合的肯定大有帮助。

在随同参观、考察、调研的集团宣传总监李北伟的文章“与总裁同行，学经营管理”中提到，迈克·德瑞克每到一个公司，大致的程序都是下车后总是从参观仓库和货场开始，边看边问，“仓库的面积有多大？已经租用几年了？签订了多少年的合同？今后发展够用不够用？配备了几台新车辆和新叉车？还需要多少自备服务车和叉车？到货量、发货量和中转量有多大？到货、发货中转服务时间是多少？”。接下来，他会在仓库里来回地转，在货场上详细地看，他最关心的三个细节问题是问危险品是否还在运输？问特型异型货物是否加价了？查看货签写的贴得是否正确？他说，“货物标签是运输递送过程中最基础的信息，字写错了，贴的地方错了或其他环节出错了，就会给其他运送流程的人员和环节，制造很多不该有的工作量和成本，造成很多货差、货损和麻烦，一个小小的货签问题，可以看出员工的工作态度和敬业程度，看出公司对流程和服务管理执行的到位程度和质量水平。”德瑞克强调说：“管理细节很重要，我到一个公司最喜欢看细节，因为细微之处能看出素质、水平和能力。细小的方面管理好了，大的方面不用检查，肯定都管理好了。”在管理执行力方面，他经常说这样两句话：“不要想当然的期望，一定要去实地检查”；“只有检查得紧，才能真正执行”。他检查完了仓库和货场之后，就查看员工食堂和宿舍，看看、问问、查查员工们吃的住的如何？他常和经理们说，“关爱员工，让员工满意，才能为客户提供满意的服务，从而实现业务增长和企业利润。”

查看和询问之后，他会坐下来认真倾听公司总经理的汇报。汇报中或汇报后，德瑞克都要深入询问三个最重要的问题：一是二级公司的经营管理状况。“你们有多少个二级公司？最近的多远？最远的有多少公里？你知道哪些二级公司赚钱？哪些赔钱亏损？你多长时间能够走访一遍所有的二级公司？是你自己去还是和财务人员一起去走访？走访之前是否通知他们？”二是长途运费等成本管控问题。他经常问道：“作为公司总经理你是否直接管控长途车运费的支出？在这方面有什么成功经验与集团其他公司共享？”德瑞克深知管理控制成本的力度和方法是公司利润增长的根本保证。三是企业今后如何吸引新客户和留住老客户。怎样不断扩展业务和促进增长？通过对这个问题的回答，他可以看出一个总经理的经营能力和管理水平。经过查看、询问和倾听，德瑞克发现了许多原来不知道、不理解、不掌握的经营管理问题和及时解决这些问题的方式与办法。这三个方面的调查和研究结束后，如果时间和行程允许，他通常会和总经理及其管理团队一起就餐，这也是一个很好的深入沟通交流的机会。席间，德瑞克会问每个人："在华宇服务多少时间了？如果能够满足你的一个愿望，有助于提高你的本职工作的话，你的愿望是什么？"他可以从对这个问题的回答中了解和掌握一线公司经理的共同要求。作为同行的高管和翻译，李北伟深有体会地说："回顾总结同德瑞克走访调研的经历，在如下三个方面受益匪浅，一是各级管理者一定要走出办公室，深入基层，注重细节，确保运营和服务流程的贯彻执行。二是不仅要自己有水平有能力抓好经营管理，而且还要培养和重用下属，关爱员工，加强团队合作。三是行动和结果永远比语言更为重要，这就是带头执行、跟进执行、有效执行。"

2007 年第 10/11 期《天地华宇》刊发了一篇图文俱佳的记录德瑞克总裁中原区调研之行的文章，题目是"精通管理，关爱员工，高度敬业，细节制胜"。作者是中原区运营经理姚青岩。文章报道的是 2007 年 10 月 11 日至 12 日德瑞克总裁一行视察和调研中原区济南、青岛、石家庄公司经营管理工作的真实情况。他们通过查看、倾听、讨论、点评、测试等方式，比较全面深入地了解和掌握了三个公司及其总经理的管理素质、管理能力、管理水平和存在的倾向性问题。同时也留下了德瑞克总裁精通物流管理、网络管理、服务管理、仓库和货场管理以及员工生活管理的深刻记忆，更留下了他关爱员工、高度敬业、言传身教、帮助公司经理们提升管理能力和水平的令人敬佩的胜任形象。在视察和调研中反映出来的经常出现的倾向性问题是：有制度，不遵守；有流程，不执行；有管理，不精细；有布置，无检查；有工作，不求实；有产值，不赢利，等等，所有这些问题，都必须尽快改正和彻底解决。对于当面询问"你认为一个公司总经理最重要的三件事是什么"时，德瑞克一一看过各位总经理的回答后，高兴地说："回答利润、产值、服务是完全对的，但是大家必须明确，利润、产值、服务是工作的成果，只有让员工们有一个正确的目标，很强的能力，很高的敬业精神，很多有效的方法，执行严细的流程和依靠团队合作精神，才能保证和更好地实现服务、产值、利润指标。"实际上，这是总裁和一级公司总经理以及基层管理人员，一起进行的切实有效的经营管理的深入整合。

3. 徐水波的"三个词"、"八大关系"和"五项策略"的不断整合

第一，关于"人—客户—专业化"的经营管理整合。

2008 年 7 月 28 日，新任天地华宇集团首席执行官徐水波先生，向全体员工发出了题为"让我们共同创造天地华宇的新未来"的信。在这封用 3 000 多字阐明他的"施政纲领"和"工作计划"的重要信件中，有三个最新、最突出、最鲜明，也是最核心的内容：一是"纵观华宇物流的长远发展，改革华宇是迫在眉睫的任务"；二是集团已经作出了"立足于并继续发展传统零担业务，全面推进定日达业务的发展战略"；三是"为了实现这样的战略目标，我将和大家分享人、客户和专业化三个词"。用他们最简要的清单形式来表达就是："改革华宇"、"全面推进定日达"、"用专业化的人更好地服务客户"。很明显，这已经不是一般的并购整合和优化整合了，而是根本性的全面改革整合和整体再造整合了。

徐水波明确指出："对于这三个词所赋予的丰富含义，我们只有从全集团上下高度重视、坚决贯彻和持续提高，才有出路，才有越来越多的人材，以诚信为原则，以客户为导向，塑造出我们的产品特色，才能以专业的流程和圆满的态度提升我们的服务，服务好客户，才能在我们立足于零担业务，大力发展定日达服务的战略下，不断成长和不断扩大我们的市场份额，实现丰厚的利润，才能让每一位华宇人获得更好的发展前景和更大的回报。"

在2008年7月29日召开的天地华宇员工沟通会的讲话中，徐水波进一步指出："我致信全体员工的核心部分是与大家分享三个主词：人、客户、专业化。我为什么提出这样三个主词呢？其核心含义和主要目的是什么？希望大家可以深入学习领会，但必须认真贯彻执行。这是关系我们新的发展战略成败的大事，也是关系我们能不能共同创造天地华宇新的美好未来的重大问题。对此，我在信中已经做了一个基本的诠释和阐述。在这里就不多说了。华宇的原总裁王振华先生看了我在2008年管理年会上的讲话之后对我说，非常感谢你，你非常了解华宇，也理解我们华宇人。是的，我很认同华宇企业，也认同华宇人。华宇人确实是一群平凡的人做出了非常不平凡的事业，是一群创造企业发展奇迹的人！我们新的天地华宇人所要创造的新的发展战略将会更不平凡。我们坚信，我们的新天地华宇人一定会共同创造出新的美好未来。"

在2009年4月29日召开的集团第一季度的员工沟通会上，徐水波又进一步论述了"人、客户、专业化"的重要意义和现实作用。他开宗明义地说："刚接任总裁时，我给全体员工写了一封信，信里突出三个词，人、客户、专业化。天地华宇和老华宇之间的最大区别就在于此，同时，这也是收购后集团经营战略的重点所在。"

关于人，他说，首先是人格上的平等，其次是在企业发展中的角色定位不同。公司不是他们的恩人，他们也不是企业的"家奴"。在民营企业里凭血缘和裙带关系来区分、贵贱、高低、亲疏，在天地华宇是凭职业操守、业务能力、工作态度和绩效贡献，只要认同并遵守天地华宇的核心价值观，在工作中做出突出成绩，任何员工都可以得到晋升和发展机会。

关于客户，"与老华宇也有根本性的不同。老华宇长期以营运为核心，在当时整个市场大增长的时代有其适应性，不在意对客户的服务。但是在今天的市场和面临金融危机时，必须认识到关注客户满意和善待客户的重要性。应该培育客户的忠诚度、实现客户价值的最大化。收购后，我们在经营管理战略上实行了根本改变，坚决地转变以营运为核心的经营管理模式，改为以营销为中心，以营运和服务为保障。对此，集团自始至终没有做过任何妥协。希望大家理解客户就是一切”。

关于专业化，他说，“必须解决过去以管理区域、一级公司和职能管理部门各自为政的经营管理架构，集团的职能管理体制也是不适应网络化、流程化、专业化和标准化的物流运营规律要求的。希望通过对管理区域、一级公司、集团职能部门等等的组织架构、管理职能和运行机制的根本性改革，实现天地华宇经营管理系统的整体性提升；否则，任何好的发展战略和美好蓝图都不会实现”。

徐水波总结他对“人、客户、专业化”的阐释之后，概括地说：“以上就是天地华宇三位一体的经营战略，针对这三个方面的经营重点，我们要在全集团推广三句话：员工满意度是我们事业取得不断成功的根本保证；客户满意度是我们检验一切工作的标准；专业化是我们保证服务质量的必然之路。希望各位员工能够深刻地理解和认真地执行。”

这就是徐水波上任后提出来的并且在实际工作中已经推行的“三大经营策略”和“三条经营管理标准”的新颖概念及主要内容。在特有的时间或场合，他又称其为“管理框架”和“成功指南”。对“人、客户、专业化”这六个字的最高称谓，就是上面转引的“天地华宇三位一体的经营战略”，可以说，它已经达到了登峰造极的高度。但是，就是在这次重要的沟通讲话中，其主体结构和新颖内容，所应用的却是他的顶头上司德瑞克一贯使用的概念：“管理公式”或称“美妙循环”。为此，他特别解释说：“今天的沟通会分四个部分，员工、服务、增长、利润，这也是 TNT 全球的管理策略。我们坚信，只要有优秀的员工，就能为客户带来卓越的服务，从而实现业务的增长，进而实现经营利润，然后再投资于人，形成良性循环，周而复始。”虽然语言不太规范和确切，但是大体上没有离谱儿。这里他所称的是“管理策略”，却是德瑞克从来没有使用过的新概括、新概念、新称谓。谁都知道，无论是东方还是西方，凡是“策略”的主要含义和明显隐义，都是“诡计”的意思。

在2009年天地华宇管理年会上，徐水波把“人、客户、专业化”三位一体的经营策略又放在了突出重要的地位，并且一再强调必须坚决推进和全面执行。他说：“企业要真正屹立而不倒，最终能够成就伟业，就必须实现核心竞争力、服务产品和经营管理的升级，实现天地华宇的整体升级，这是大势所趋、迫在眉睫和当务之急。就是我们这两年来为什么一直坚持各种管理的整合优化，推出定日达高端服务产品的目的所在，也是我们把天地华宇今后两三年的奋斗目标，定位在将集团企业塑造成为集人才、管理、资金、技术密集型的国内领先现代物流标杆企业，成为中国最强大、最快捷、最可靠的公路递送网络的根本原因。”

第二，关于今后发展必须处理好“八大关系”的经营管理整合。

用来整合华宇经营管理问题的最权威和最重要的武器，就是他在2008年8月3日的华北管理区第三季度经济工作会议上讲话中，针对华宇仍然存在的管理粗放、管理混乱、管理方式陈旧、管理事故太多和管理效益较低等倾向性问题时，明确提出来的在今后发展中必须处理好“八大关系”。在2008年8月13日集团的高管会议上，徐水波又紧密结合迫切需要解决的重要管理问题，进一步阐述了如何处理好经营管理中的“八大关系”。后来，经过认真修订和润色，作为集团极其重要的管理文件下发执行，并且在内部刊物上全文发表，督促和指导集团上下认真学习、贯彻、执行。他强调指出，“华宇最大的敌人是我们自己，是我们对于改革自身和变革管理问题是否形成了统一认识与坚定决心”。当前和今后企业在经营管理和更大发展中，必须处理好的“八大关系”是：

(1)产值和利润的关系。纠正产值上升，利润恶化；产值正增长，利润负增长；重视产值，忽视利润；不惜成本抓产值，严重亏损无人管的严重问题。

(2)定日快运和传统零担的关系。从根本上解决两个产品战略和业务模式定位含混不清的问题；及时纠正"有了还没正式下蛋的小母鸡，就要杀掉仍在很好下蛋的老母鸡下酒庆功"的错误；避免正在出现的用定日快运代替传统零担，以及牺牲零担产值和利润来保证定日快运的计划指标完成的不良倾向。

(3)市场营销和网络营运的关系。彻底转变传统零担以被动的"坐商"为主的落后习惯；正确理解和成功实施定日快运战略，必须充分认识根本改变陈旧落后的经营管理模式的重要性和迫切性；重点解决网络营运速度慢、质量差、效益低、事故多、货损货失比率太高，大客户流失触目惊心等系统性问题；真正解决市场营销和网络营运谁主谁次、孰先孰后，如何协调统一和快速高效发展这一难题。

(4)个人管理水平和整体管理水平的关系。主要解决目前企业整体管理粗放、反复不定、水平较低和不成体系等问题；区域与区域、部门与部门、公司与公司、管理者与管理者相互之间割裂、阻隔、不协调、不合作等严重问题；帮助大家正确理解建立统一、协同、稳定、高效的经营管理系统和运行机制的重要性，而不是把天地华宇成功经营管理只放在几个有限的管理明星身上。

(5)提高一线全体员工的积极性和基层管理人员管理水平提高的关系。下工夫根本解决一线员工整体能力、工作积极性和主动性较低的问题；突出解决基层管理人员敬业程度较低、工作能力较低、整体管理水平较低的严重问题；特别是相互之间的匹配和协同效应更低，远远不能适应客户需求和市场竞争迫切需要；以及比较优秀的一线员工和管理者大批的招聘、大批的流走、来去如潮水和持续恶性循环的致命问题。

(6)公司和基层、集团和职能管理部门、各管理区域和一级公司的关系。目的是强调集团上下协同作战，重视职能管理部门专业化建设。今后整个集团的运作模式，类似于总参谋部、集团军司令部和各班、排、连、营、团、旅、师、军，根据基层实际情况制定游戏规则，以确保各个领域的管理专业化、持续改善和协同作战。为此，我们将会把很多优秀的一级公司总经理提升到集团去工作。其实，这个问题、难题和课题，华宇物流集团原董事长总裁王振华很早就注意到了，并且已经进行了两次调整与改革，也有资深专家向他建议，彻底破除那种军队所惯用的直线职能制的管理体制、组织构架、命令链条和管理模式，创立符合网络营运、灵活应变、扁平高效、快速发展和经营管理规律的全新的网络型、突出区域枢纽和集散中心作用的快速高效的网络运营体系。而不是还在原来落后过时的经营管理体制的误区中，盲目地反复折腾而不能自拔。

(7)民主与集中、集权和分权的关系。这是引进以个人全权负责为主的、直线职能官僚管理体制后出现的、危害很大的、必须尽快解决的严重问题。例如，采用偏平式网络型和能够保障协同统一进行经营管理的先进体制，从根本上解决过去那种民主与集中、集权和分权、个人专断和依靠管理体系的矛盾、冲突和失误过多的经营管理体制，因为在一个有效的经营管理网络中和流程上，任何一个员工和管理者的职责、职权、职能都是事先规定好了的，是不能随意乱变的，都是必须按照流程和规定的要求，准确、到位和有效地执行。在原来的私人资本主宰的民营华宇集团里，没有所谓民主和集中、集权和分权的等问题，因为，分与不分、民主与不民主，都不是最重要的，最有利于企业振兴发展、快速崛起、赚钱、长久经营才是最为重要的。这个最大的刚性目标和使命，决定了他必须建立一个上下贯通和灵活高效的经营管理负责制体系，这也是华宇物流具备的最大优势。当然，它也是深度整合及再造天地华宇必然遇到的重大问题。结构决定功能，体制决定效能。制度安排正确与否是决定一切的，对于原来的华宇物流和现在的天地华宇来说都是这样。在一定意义上讲，集团公司、职能管理部门、各大管理区域和下属三个层级公司的组织结构、经营管理体制、运行机制和管理风格的正确定位与安排，或者说深度整合，是购并后的天地华宇最为重要的第一大整合项目，如果真是因为盲点和误区而没有进行这样深度的整合，或者就这样想当然地草率行事，那么，必然遭到错误所带来的后果的严厉惩罚，而必须重新进行到位和有效的关于集团经营管理体制的整合补课。

(8)主观和客观的关系。主要是解决我们面对困难、问题、事故和错误的时候，我们的员工、经理人和领导者都应该有一个正确的态度、觉悟和方法，而不是归罪于外、搪塞推托、都是客观原因和别人的责任等极为不好的习惯。其实这是个浅显和深奥的哲学世界观与方法论问题，如果天地华宇的高管团队和职业经理人都能够从这个高度正确认识人的主观能动性，对于做人做事成败的决定性作用，那无疑是更具战略意义的哲学世界观和方法论方面更高级的购并整合了。

对于他所提出的和必须做好的经营管理“八大关系”的传达学习和贯彻执行的效果及其作用，徐总裁是很不满意的。在 2009 年集团管理年会上，他将其作为 2008 年存在的 10 个问题中的第二个重要问题提出来予以解决。他说：“对八大关系的认识是学而不习，敷衍了事，管理干部作风很不过硬。”如何解决呢？没有下文了。2009 年的主题是“敢拼敢赢”了，因而徐水波总裁也不提怎样处理好“八大关系”问题了。

第三，关于施行“一、二、三、四、五”策略的经营管理整合。

在 2010 年天地华宇管理年会上，徐水波在主题报告中明确指出，我们遵循“员工—服务—增长—利润”的管理哲学，坚持执行“人、客户、专业化”三位一体的管理框架，依据既定的 2013 年天地华宇愿景，全力奉行“品质智胜”的战略，实现 2010 年有效益的增长目标。他进一步强调说：“在明确了‘品质智胜’发展战略的基础上，我们还要牢记‘一个中心——坚决推进以定日达业务为中心的战略转型；二个坚持——数一数二的发展战略，差异化营销战略；三个基本点——品、质、质；四个突破——大客户开发、大客户保留、开发垂直行业市场、定日达占比目标；

五个管理深入——二级公司赢利能力、强化优势线路能力、提升单车赢利能力、强化客户开发能力、不断提高人均劳动效率等深化管理。此外，还有一个可以排在第六位的一些强化管理——标准化、常规化、纪律化、简单化，等等，从而全面实现新的一年有效益和可持续性增长。”

对于天地华宇上述六个方面内容的年度经营管理整合，徐水波总裁高度重视和全力推进，他指令集团总裁办下发指导文件、拟定研讨提纲和限时上报整合成果。虽然，这项工作已经晚了一个季度，到4月初才开始进行，5月后才能实际产生与显现效果。但是，它毕竟是攸关2010年企业经营管理成败兴衰的重大整合工作。

二、正确认知华宇集团的成功之道对经营管理整合有重大意义

中国经济科学出版社出版的《兼并重组与公司控制》一书，在中文版序言里有一段话，对跨国购并企业更好地整合被购并企业的经营管理，具有极为重要的指导作用。不妨摘引过来帮助我们研读一下：“西方的并购理论最值得称道的是它将企业作为一个有机体，而不是简单地由厂房、设备、工人等组成的一个生产单位。无论是科斯的交易成本理论、阿尔钦和德姆塞兹的生产成本理论，还是威廉姆斯等人的合约集合理论，都阐释了企业作为一个复合体有着大于它的各个组成部分之和的效率。质言之，企业是有生命的。人们一旦创造了它，它就有了独立于创造它的人的命运和特征。构成这个命运和特征的并不仅取决于企业的硬件，也不仅仅是企业的职员，而是通过人与物建立起来的人与人的组织经验，从而成为组织资本。这种资本是无形的，但它又是通过有形的人与物来反映”。从而“能够把兼并或收购从简单地购买资产和雇佣新工人

的方式区分开来的特征，是前者涉及组织资本的收购和保存”。

好一个“组织资本的收购和保存”！好就好在它给我们提供了一个至关重要的成功进行购并整合所必需的基础、前提、根本目的、价值导向和可靠保证！好就好在它可以让我们避免犯下将孩子和洗澡水一起泼掉的特大错误！同时，它也好在它可以告诫和警示一些外行或糊涂人，破除自己的错误心智模式，去全面认知对自己投入巨额金钱买来的企业组织资本，必须更好地保存和使用。那么，什么是企业购并买来的最具价值的组织资本呢？通常来说，企业的一般管理能力(包括财务能力)、行业专属管理能力和非管理性质的能力，是企业组织资本的三种表现形态。实践证明，每个企业的这三种能力都有不同的内容，并且有不同的比例和很不相同的表现。根据这三种形态的不同内容、比例和表现，企业的个性就会千姿百态和特性迥异，这也就决定了它们在购并整合中的行为各不相同。如果不能掌握这个基本规律和不同特点，任何购并整合活动都很有可能陷入盲区、误区和雷区。天地华宇购并之后包括经营管理整合在内的一系列整合，都遇到了一个如何全面认知、正确评价、很好保留和更好使用被购并的华宇物流金色10年的组织资本的重大问题，就是必须予以充分肯定、确实保留和更好使用重大选择，而绝对不能根本否定、彻底抛弃和全都不用。

那么，应该正确肯定、很好保留和充分使用的华宇物流的组织资本有哪些呢？经过初步调查研究，在经营管理方面，大体上有以下一些方面的内容。

(1)目标管理能力。善于进行目标管理，充分发挥“灯塔的力量”。激动人心、有时近乎梦想然而却能实现的宏伟目标，是华宇物流快速成长、高速发展、迅速强大和创造物流奇迹的领导力量、驱动力量和激励力量。

(2)思想管理能力。他们深知“得人心者得天下”、“抓快速发展扩张，必须首先抓好人心凝聚和思想统一”的道理。他们说，企业管理就是抓住人心、凝聚人心、鼓舞人心和赢得人心从而成就大业的过程。人心涣散、思想混乱、情绪低落、丧失信心、没有决心，等等，企业必将一事无成。

(3)营销管理能力。10年辉煌和巨大成功，首先是强大的市场战略营销管理能力充分发挥作用的结果。他们以市场营销为龙头拉动、驱动、策动企业快速发展和成为行业至尊的优势能力为行业所瞩目。他们全员、全过程、全方位、全路区和覆盖全国的整合营销、网络营销与品牌营销，是华宇物流创造辉煌业绩的第一成功要素，也是一直被业界所称道的公开秘诀。

(4)网路营运管理能力。比较强大的网络营运管理能力，包括营运网络的战略布局、快速扩张、整合优化和不断提升的整体能力，都是令行业同仁羡慕不已的核心能力。他们在业界率先推出运用营运图、时间表和精益物流，从战略上解决不断提升物流速度、服务质量和经济效益的网络运营之道。全国最大的运营网络是华宇物流成功运营第一重要的资本和发展扩张的命脉，荣登中国吉尼斯创新纪录的中国第一强大的公路运输网络，是他们最大的核心能力，他们就是依靠超强的建网能力、管网能力和用网能力而实现快速崛起、腾飞和辉煌的。物流经济既是规模经济，也是范围经济，更是网络经济，因而通行网络为王和网络制胜的法则。

(5)战略管理能力。科学制定、有效实施和高效管理企业战略的能力，是华宇物流快速崛起和高效发展的拿手好戏和制胜法宝。十多年来，他们连续成功地实施了一系列卓有成效的企业定位战略、名牌发展战略、经营管理战略和快速发展扩展等一系列正确战略，这是他们一路领先和成为行业龙头的公开秘籍。

(6)服务管理能力。“一手抓客户服务，一手抓市场开发”；“上门服务，免费提送”；“一切为客户着想，服务让客户满意”，等等，都是他们在业内率先提出来并全力执行的强大服务能力的精彩表现。他们一直坚持客户服务的质量效能就是企业的生命、品牌、利润、更多客户和更大发展的硬道理。而且十分注重不断解决经常出现的服务问题、客户投诉和重点问题。

(7)品牌管理能力。他们一直认为品牌是整合更大资源和实现更大发展的载体，是赢得客户的核心能力，是制胜竞争的神奇武器，是扩大市场份额和提升市场地位的最大法宝。他们创业创牌、内外结合提升品牌、整合高端传媒精心打造和全方位推广中国公路运输最大龙头品牌与第一名牌的强大能力，堪称中国物流名牌的一大经典。

(8)流程管理能力。流程管理、服务管理、网络管理及其整合管理是华宇物流最重要的管理能力。他们是业界最早规划设计出来并且实际应用货运流程、操作流程和服务流程的领先物流企业之一。他们的物流服务流程和质量保证流程的监管，已经达到了供应链管理的高度。

(9)整合管理能力。他们深知大整合才能大发展的道理。他们比较早地抓住了现代物流就是整合各种资源，从而实现物料和货物快速流动的内在规律。因此，在创业创新快速发展扩张的实践中，历练出了比较强大的整合资源能力、整合管理能力、整合发展能力和整合名牌能力，等等，他们的成功经验归结到一点，就是依靠强大的整合能力，整合企业内外更多、更大和更好的资源，实现更大、更快和更好的发展。

(10)客户管理能力。可以说，华宇物流是以客户为中心、为导向、为驱动、为使命、为核心价值取向的物流服务企业。他们的诚信服务、上门服务、免费提货送货服务和标准化、个性化、增值化、品牌化的满意服务，都是客户管理能力的充分体现。他们是最早实行客户关系管理的企业之一，不仅赢得了18万庞大客户群体的高度信赖，也积累了比较丰富的客户管理经验和强大的客户管理能力。

(11)文化整合能力。经营管理是一种文化，文化管理也是最高能级的管理。经过十多年的发展、积累和创新，华宇已经形成了比较成熟和系统的艰苦创业文化、求是创新文化、拼搏争先文化、客户服务文化、网络运营文化、整合发展文化、以人为本文化、快速学习文化、管理制度文化和团队协作文化等。

(12)领导管理能力，强大而有效的领导管理和管理领导的能力，是华宇物流董事长总裁王振华成功统御、管控、经营遍布全国的大型集团性物流网络企业的奥秘之所在。所谓领导管理，就是运用先进理念、美好愿景、正确理论、企业文化、成功经验、科学方法、榜样力量、人格魅力和政策法规，等等，并且通过领导集团所属各个层级的管理人员，对企业实施统一、权威、有效的经营管理。所谓管理领导，就是除了首先管理好了自己之外，必须对各个层级的领导人员严格实施最为重要、最为关键、最为艰难，但又必须管住、管好、管活的有效管理。两者的高度统一和完美结合，就是王振华对华宇物流集团最为有效的统御和管控之道，领导和管理之道。这是华宇物流集团最强大、最高级、最难学的领导管理和管理领导的成功之道、之策、之术，也是难以学习、难以历练、难以传承的品格魅力和组织资本。

三、关于天地华宇经营管理购并整合实践效果的初步解析

1.一定要选对、选好和选长一位胜任的总裁。这是跨国购并企业一切整合都能获得成功的第一关键要素。从2007年3月8日到2008年7月7日，由TNT大中国区董事总经理迈克·德瑞克先生宣布，包括他自己在内的三任兼职总裁所进行的一次接一次的跨国购并整合及其经

营管理方面的整合，本身就是一个很大的问题。他们在接管企业平稳过渡期的以全面整改为重点的购并经营管理整合；在推出 TNT 新思维和管理原则的购并整合；在引进迈克·德瑞克“员工—服务—增长—利润”管理模式的购并整合；以及在徐水波的以“三个词”、“八大关系”、“一、二、三、四、五”，等等，“一年一变，花样翻新”的经营管理整合，不管其内容对错、水平高低和效果好坏，也不论它是否统一、连贯、前后冲突、自我矛盾和能否实行，都造成了经营管理整合的很大困难、错误、混乱和危害。实践证明，他们三位总裁的经营管理哲学和精神文化理念、管理理论和实践经验、管理偏好和风格特点、管理能力和管理水平，等等，特别是对经营管理整合的领导和管理、组织安排和实际执行、方法和技术、关注点和深浅度，以及衡量标准和实际效果等重要方面，都不是统一、连贯、一致、协同、融合和一脉相承的，并且令人难以理解、难以认同、难以把握和难以指导整合的，更是难以贯彻执行和取得正面效应的。这是购并整合的一大忌讳、一大失策和一大遗憾。因此，出现了经营管理的许多混乱、事故和危机；出现了从未有过的严重亏损、矛盾冲突和触目惊心的客户流失；发生了令人瞠目结舌的大批高管、中层管理者、一线管理人员、关键和优秀员工过多、过快、过早的流失，以及造成了一次次越来越严重的“人荒”等“瓶颈”问题。

2. **一定要遵循跨国购并的整合之道和被购并企业的实际特点进行经营管理整合。**如果集团高管团队、中层管理者和广大员工，没有起码和足够的整合思维、整合理念、整合通识，整合愿望、整合准备和整合能力，也没有科学专业、切实可行和严格管控的整合实施方案，特别是没有一个胜任而可靠的整合领导人、称职并且尽职尽责的整合项目负责人和积极参与整合与被整合的广大员工，就凭一些信件、演讲、报告、文件、指示、点评、号召和希望，就进行随意性、盲目性和临时性的所谓的经营管理等反面的整合，而且还过早地宣布购并整合已经“大功告成”，“整合取得巨大成果”，等等，这样除了能够起到自吹自擂和往自己脸上贴金的作用之外，不但不会获得所预期的整合目的和效应，而且还会造成巨大的祸患和严重的危害。

3. 一定要在整合被购并企业经营管理之前首先整合好、整合优、整合先进和整合强大自己的经营管理能力。这是必须遵循跨国并购整合的成功之道。实践反复证明，不能领导自己的人也不能领导别人；不能整合自己的人也不能整合别人。同样规律，不能整合自己经营管理的购并主体企业，根本不能成功整合被购并客体企业的经营管理。这是必须精通的购并整合之道中整合与被整合的辩证规律。在天地华宇三位总裁关于经营管理整合的演讲、报告、文件、指令、访谈和署名文章中，文不对题、概念混乱、内含不明、外延不清、逻辑矛盾、内容不真，用来对被购并企业的经营管理进行有效整合的问题或错误很多；过多的大话、空话、外行话、炫耀的话、不着边际的话和难以贯彻执行的话充斥其间；相互矛盾和冲突的问题也是很多；以其昏昏，使人昭昭；有看法没办法，有希望没要求；有精彩演讲，没有执行措施等问题经常出现。例如，集团董事长和总裁提出了“纵观华宇物流的长远发展，改革华宇是迫在眉睫的任务”，那么请问“迫在眉睫的改革华宇”，究竟改什么？为什么要改？怎样改？改成什么样子和什么时候完成这项重大改革？他们谁都没有讲，一直到现在谁也不知道。又如，“员工、服务、增长、利润”，到底是“管理公式”、“管理模式”、“管理策略”、“管理哲学”，还是“基本管理理念”或管理的“美妙循环”？是迈克·德瑞克自己的发明创造？是 TNT 全球通行的“管理模式”？还是沿袭美国联邦快递取送站的“员工—服务—利润(P—S—P)的愿景理念？”再如，徐水波的“人、客户、专业化”到底是一个什么概念、范畴、策略、战略或模式？它与德瑞克的“基本管理理念”、“管理公式”或“管理哲学”的内涵、外延及其作用是否矛盾？如何将二者整合或统一起来贯彻执行？等等。至于庞复兴的一系列“新思维”和诸多

“管理年”，以及更多“管理原则”，等等，其中的矛盾失误和令人啼笑皆非的东西，多得令人汗颜和羞于启齿了！真是让人难以置信，堂堂天地华宇集团首任总裁，其整合经营管理的知识和能力，竟然还处在咿呀学语的阶段。如果不能整合好、整合优、整合出来足够先进和强大的购并整合能力，那么，对被购并企业经营管理的整合必将寸步难行。

4.**一定不要轻信购并者的“管理之吻”能够给被购并公司的赢利创造奇迹。**在购并整合成功率也体现为“20∶80”法则的今天，没等真正开始整合或者刚刚进行购并整合的初期，就急急忙忙地对外宣布我们是那成功的20%内的购并企业。到底是出于什么目的而急于宣告企业购并整合已经大功告成呢？显然，他们也不是不知道这是跨国购并整合的一个大忌，尽管许多时候，由于某种心知肚明的原因，他们总是把整合成绩的“蚊子”说成飞机，把问题的“大象”说成蚂蚁。但是天地华宇购并整合后三年多了，不但没有让人看到企业更多更大赢利的奇迹，反而出现了令人不想和不愿看到的从未有过的严重亏损的“奇迹”！这就不能不让人重新检讨和认真审视，那个“过于沉浸于被施展了魔法的英俊王子，在受到美丽公主的一记香吻后，从癞蛤蟆的形体中解放出来，变成更加美的天鹅的童话故事”。人们已经看到过太多太多的“经营管理亲吻”了，但发生的“奇迹”却太少太少了。很显然，天地华宇的经营管理整合之吻，还远远没有出现天地华宇广大员工所预期的神奇效果。其主要原因是什么呢？显然是对被购并企业经营管理的购并整合出了严重问题和重大错误。可以试想想或试问问：为什么没有购并整合之前，华宇物流是那样的大把大把的赢利赚钱，并且一直是大幅度持续快速增长的赢利？而经过国际物流巨头经营管理购并整合的“三年香吻”后，却令人费解地发生了严重亏损，直到现在仍然严重亏损。那么，为什么不对其进行耗资费力、艰难痛苦和事与愿违的整合呢？有的时候对有的企业不进行整合，往往就是最好的整合。这也是一种魅力无穷的购并整合之道和购并整合之妙！

5. **一定要尊重、珍惜、保存和用好花费巨额资本购并得来的极其宝贵的华宇物流组织资本。**对于花了十几亿的价格、近1亿的交易费用和数千万元人民币的整合成本，好不容易竞购到的最值钱、最有用、最不该被无端否定和随便抛弃的华宇物流组织资本，没有给予足够的重视、必需的保存和很好的使用，无疑是购并企业的最大盲区、最大失误和第一“怪域”。这也是对自己通过购并整合战略实现更大发展扩张和更加美好的共同愿景的否定、背叛、损害和浪费。特别令人费解和遗憾的是，曾经严肃批判过在这个问题上犯严重错误的首任总裁，致使天地华宇在购并整合和经营管理中，走了一个很大的弯路并留下很多祸患，导致之后的第三任总裁又糊里糊涂地犯了同样的错误。由此可见，自我纠正价值观、方法论和形而上学心智模式上的错误是多么艰难和痛苦。然而，对于成功进行购并整合的最大利益来说，又必须尽快和彻底纠正。为此，必须掌握华宇物流特有的发展规律和表现为整体管理能力的组织资本，并且按照购并整合的战略要求、内在规律和客观需要，以兼容并包和中西整合为一的博大胸怀，发扬求实创新，团结拼搏的精神，坚定不移、认真负责和卓有成效地进行关于经营管理等方面的正确整合、深度整合、系列整合、全面整合、再造整合和整体能力提升整合。只有这样，才能创造新的更大的协同效应和更辉煌的未来。为了达到这个目的，必须做好购并整合学习的基本“功课”、“历练”购并整合的上乘武功，整体提升购并整合的强大能力和更高水平，这是成功进行跨国购并整合的唯一正确的大道。

第八章　共同愿景整合

2008年2月1日，集团总裁办发出通知：天地华宇2008年管理年会已于1月22日成功召开。董事长总裁迈克·德瑞克及各位分管领导，在年会上与大家共同回顾了过去一年天地华宇的诸多成就，展望了天地华宇的美好未来。参会人员学习了天地华宇共同愿景与核心价值观，以及2008年工作重点、方针政策和奋斗目标，等等。现将这次重要会议的主要内容加以总结，下发到集团全体员工。希望各级公司、各个管理区域、集团各个职能部门，以本总结文件为标准和依据，认真传达，深入学习，有效贯彻执行。

一、天地华宇重新整合的共同愿景

经过整合，新达成的天地华宇共同愿景是："打造中国最强大、最快捷、最可靠的递送网络，提供优质服务，成为客户高度信赖的合作伙伴"。总共37个字。在发给《天地华宇》内刊发表时的文本中，有这样一个副题："新达成的天地华宇愿景有助于我们保持市场领导地位"。这也就是说，这个共同愿景的意义和作用，仅仅是帮助天地华宇保持业界领导地位。实际上远远不止这一条。

对于这个共同愿景中的“三个最”，文件是这样阐释的：

“最强大”：是指“最广泛的国内网络；任何时刻，任何地区，我们都能提供完善的服务”。

“最快捷”：是指“提供定日达服务的新型陆运公司”。

“最可靠”：是指“恪守承诺，在承诺的时间内，按时完好送达，争取达到零货损和无丢失”。

对于这个极其重要的天地华宇的共同愿景，无论是在管理年会上，还是在年会总结文件下发后，集团上下从管理层到一线员工，更不用说与此相关的外部客户和更多人群，不但没有给予应有的足够重视，甚至都没有予以理会。为此《天地华宇》刊物不得不以问答的方式来宣传和解释关于共同愿景的基本常识，以期引起应有的重视和必需的学习、理解、贯彻、实行和卓有成效地推广。

1.什么是企业的共同愿景？

一般说来，读过美国研究企业愿景著名权威加里·胡佛《愿景——企业成功的真正原因》一书和学习型组织管理模式创立大师彼得·圣吉《第五项修炼》名著的人，都会知道什么是一个企业或团体的共同愿景，以及如何建立一个伟大企业的共同愿景。当然，能够有幸在一个优秀、卓越、伟大、领袖型企业工作几年的人，也能够实际认知与亲身感受到同样是优秀、卓越、伟大、领袖型企业共同愿景的伟大意义和美妙作用。伟大企业为什么能够成功和长久？经过30多年对典型企业案例的研究发现，伟大的企业之所以伟大，是因为他们能够看到别人看不到的东西，并且能够将洞察力和策略结合起来，描绘和适时推出独一无二的伟大企业的共同愿景。虽然缺失对建立和推行共同愿景重要意义和目的阐述，但是，天地华宇推出新整合的共同愿景的出发点和目的恐怕也不会比这更多。

应当知晓，共同愿景概括了一个企业或团体的目标、使命与核心价值观，是企业文化和企业经营哲学中最为核心的内容，也是企业或团体最终实现的图景。它像灯塔一样，始终为企业或团体指明前进的方向，同时也指导着企业的经营战略、产品特色、客户服务、薪酬体系、企业形象、品牌价值和行为习惯等经营管理的一切方面及领域，是企业文化的核心和灵魂。为此，企业领导者必须以独特的创新思维和与众不同的洞察力，建立起一个真正属于自己的共同愿景，并且应用各种有效途径将其灌输、渗透、贯彻到企业经营管理的每个层面、全部过程和每个员工的心中，让它成为所有经营管理活动和全体员工一切工作的行动纲领与价值准则。

应该明确，愿景一词是指人的一种意愿或理想的表达；共同愿景就是一群人、一个组织或一个规模大小不同团体的共同意愿和理想的表达。这种表达需要良好的专业知识和科学程序，并且具有前瞻性、先进性、独特性等要求。一个伟大企业的共同愿景，还必须有识见、有远见、有创见。它可以明确地告诉员工、客户和一切利益相关者，你这个企业或团体生存和发展的使命、目的和理由，告诉你这个企业所服务的社会领域和肩负的天职，告诉你这个企业的市场定位、价值主张和品牌特质等等。

2. 为什么要适时推出共同愿景？

为了全面、深刻、正确的认知、理解和掌握这个重要问题，必须首先运用全新的思维和更高的视野重新定义企业。从本质上说，任何一个成功的企业都是将人们集合在一起，共同为他人为社会服务，从而使这个世界变得更加美好。同样道理，任何一个伟大企业所依靠的都是具有不同文化背景和不同技能的人们的团结协作与共同努力，从而为社会创造价值。以服务为核心的物流企业更是这样。正是因为如此，我们才可以从本质上把企业定义为一群人，为了实现共同的愿景、理想和使命而一起协同工作的组织。

人们要问：是什么使一个企业成功？是什么使一个企业失败？人们是怎样共同合作以完成一项事业的？为什么有些看似强大的企业却很快消失了？而另一些被认为“没有什么机会和前途”的企业，后来却最终发展壮大成为伟大的企业？究其根本原因，都是因为其有没有一个能够发挥“灯塔”、“灵魂”、“行动纲领”、“价值准则”、“发展战略”和“组织使命”作用的伟大愿景。一个没有共同愿景的企业，是一艘没有舵手的航船，是一列失去轨道的火车，是行走在薄冰上的泥人。建立和奉行共同愿景需要回答的根本问题是：我们的团体为什么存在？我们要努力去完成什么？我们企业将来要变成什么样子？如果你的愿景制定的不好，那么你无法吸引更多优秀的员工和庞大的客户群体。因为你的愿景是由你的理想和意愿所定义的，是与你的企业使命和战略目标一致的。一个伟大的愿景可以最广泛、最集中、最深刻地反映出一个企业的核心价值观和所肩负的使命。

总的来说，适时推出天地华宇的共同愿景，大体上有五个方面的需要：

一是成功进行购并企业一系列整合的迫切需要。没有一个清晰、独特、先进、持久和充满服务精神的共同愿景，根本无法和难以进行上至高管团队下到每位员工，以及发展战略、运营模式、品牌价值、客户服务、战略营销、企业形象和攸关成败的企业文化等成功整合。

二是实现创建市场领袖型企业和行业至尊地位宏伟目标的需要。国内外的实践证明，没有一个伟大或领导型的共同愿景，根本不可能办成真正伟大或领袖型的企业。

三是凝聚人心、提振信心、增强决心，实现企业持续增长和快速发展的迫切需要。

四是推展天地华宇新的形象，提升诚信度和美誉度，建立和推广与共同愿景相一致的新的服务品牌的迫切需要。

五是战胜各种挑战、压力和困难，最大限度地减少购并整合中难以避免的冲突、风险和危机的迫切需要。因为，有了一个共同愿景方面的共识和追求，任何问题和困难都好解决。

此外，还有一个最大的和整体性的作用是整合性作用。因为，共同愿景本身就具有整合能力和整合作用：强大的共同愿景，具有强大的整合能力和整合作用；伟大的共同愿景，具有伟大的整合能力和整合作用；一般或平常的共同愿景，只有一般或平常的整合能力和整合作用。当然，很差或很难成其为共同愿景的所谓的共同远景，不但没有什么整合能力和整合作用，反而还会有负面或破坏性作用。

3.天地华宇共同愿景有哪些显著特征？

一个成功的伟大企业的共同愿景具有清晰、持久、独特、前瞻和充满服务精神等显著特征。所谓清晰就是指愿景的定位科学准确，旨义简明扼要，表述准确周延。所谓持久就是它的本质、灵魂、核心价值长久不变，一以贯之，永葆青春和具有强大生命力。所谓独特就是独一无二，与众不同，与其他同类企业相比具有从内容形式到格调和特质等方面的显著不同，是自己企业唯一的共同愿景。所谓前瞻就是高瞻远瞩和面向未来，具有强大的洞察力和领先性。所谓服务精神就是具有真诚、热心、周到、强烈和满意地服务于客户的精神。就像“IBM 就是服务”和海尔“真诚到永远”那样的服务精神。没有这样高度而强烈的服务精神，不论多么动听、诱人和所谓“伟大”的共同愿景，都是无用的空话。

运用这个国际通行的最高标准，来检视、认知和衡量天地华宇的共同愿景，可以说具备上述的一些主要特征。因此，我们可以说这是一个地地道道的业内领导型或伟大企业的共同愿景。这里需要特别指出的是，解析天地华宇这个全新的共同愿景，可以说是由三句话共37个字所组成的：第一句是“打造中国最强大最快捷最可靠的递送网络”，是18个字；第二句是“提供优质服务”，是6个字；第三句13个字是“成为客户信赖的合作伙伴”。把这三句话完美地整合起来，就构成了全新而完整的天地华宇的具有五大特征和五大作用的共同愿景。绝对不能只把这三句话中的一句或两句话，当做天地华宇完整统一的共同愿景。进一步深入解析和阐释，我们就会更加明确：前面的18个字，是天地华宇独有的、无与伦比的、他人难以企及的服务资源、服务实力、服务优势和服务品牌；中间的6个字，是天地华宇的服务使命、服务标准、服务品牌和服务价值；最后的13个字，是天地华宇作为业内领袖型定日快运物流服务企业的定位、理念和终极目标。定位定的是“客户高度信赖”；理念则是与所服务的内外客户“同心同德，服务共赢”。这也是2008年管理年会的主题，更是2008年天地华宇一切工作的主题、核心、灵魂和目标。只有把这三句话有机地整合起来，才是一个系统、完整、统一和能够充分发挥更大作用的伟大的共同愿景。

4.天地华宇共同愿景有哪些重要作用？

简要地说，共有七个方面的作用：

一是凝聚员工作用。就是对内凝聚人心，对外凝聚客户和凝聚一切利益相关者的作用。作为企业最高价值观和最终理想目标的共同愿景，这个凝聚作用、团结作用、号召作用和认同作用的威力及魅力，是无法替代和大而深远的。

二是激励员工作用。就是它可以从精神、理想、信念和目标的最高层次上，激励人心和鼓舞士气。尊重人、激励人、依靠人。充分发挥人的积极性、主动性和创造性是伟大企业的共同愿景的根本性作用。从理想的角度来说，一个员工在投入这个企业之前，就应该相信这个企业的共同愿景了,因为企业和个人的愿景相融相和,所以,才能愿意为这个企业不懈奋斗和贡献才华。可以说,没有什么能够比一个激动人心和令人充满激情的理想愿景能够更好地吸引和留住更多优秀的员工了。

三是引导员工作用这种软性的理想意愿方面的巨大作用,要比刚性的经济利益上的作用大得多,也长远得多。它会像方向舵、指南针和灯塔那样,引领、指导、激励企业的员工们向着正确而美好的共同愿景目标奋勇前进,特别是在逆境、危机、风险和充满不确定性的时期,这个引导作用更加明显和重要。

四是制胜对手作用。这是作为独特的核心竞争力和强大的经营优势的共同愿景所具有的另外一个独特作用。而且它又是一个优秀、卓越和伟大的企业长期制胜于竞争对手的战略武器。因为,并不是每个竞争对手都有一个能够占据制高点的企业愿景,更不用说能够拥有一个清晰、正确、领先、独特、持久、充满激情和服务精神的共同愿景了。

五是塑造员工作用。这是共同愿景最根本、最强大、最长久的作用。长期坚持一个美好的共同愿景,不仅可以成就一个伟大的企业或者领袖型企业,而且能够培育、塑造和提升伟大的企业领袖、卓越的管理团队和更多优秀的员工。所谓领袖型企业,不仅是在企业内部领导一群员工、领导一个企业,而且要在企业之外领导一个行业、一个市场、一个经济和一个社会乃至一个世界和人类的发展方向,以及生活方式。这都是由领袖型企业的共同愿景所决定和领导的结果。用愿景领导就是这个道理和结果。

六是对外影响作用。主要是企业形象、企业品牌、企业价值信念、企业社会责任、企业对改变世界和创造美好生活所作的较大贡献方面的影响作用。TNT 和天地华宇都非常重视企业愿景在这些方面的影响作用。

七是整合资本、整合劳动、整合市场、整合客户、整合一切利益相关者、整合跨国购并和整合各种资源，从而实现全球化更大发展的作用。这是因为，一种最理想和最伟大的共同愿景，具有整合自然领域、人类社会、精神文化各种资源要素的最强大和最伟大的能力，并且能够运用这种最强大最伟大的整合能力，来实现他们的最理想最伟大的共同愿景。这也是为什么跨国购并整合最看重共同愿景这个最强大最伟大的整合作用的根本原因之所在。

5.如何深入学习自觉践行最大限度发挥共同愿景的巨大作用

这是一个至关重要的问题，也是一个极其艰难的课题，对于一个购并整合企业来说更是这样。我们说它至关重要，是指有了一个伟大企业或领袖型企业的共同愿景，如果只是把它“写在纸上，说在嘴上，挂在墙上”；不能够深入学习、全面理解、认真执行，也不会发生什么作用，更不用说最大限度地发挥它的作用了。我们说它极其艰难，是因为让共同愿景能够真正发挥最大限度的作用，确实是一个必须破解许多极为艰难课题的过程。它需要集团首席执行官、各位主管副总裁、集团管委会成员和各个层级的经营管理者，一直到各种职能团队和每一个员工，都要高度重视并且深入学习、全面理解、正确把握和认真贯彻执行。同时，还要通过确实有效的平台、工具、机制、形式、渠道、网络、载体和管理等来保证、促进和提升共同愿景，能够真正发挥其应有的重要作用。这里，主要领导人的榜样作用和带头作用是最为关键和极为重要的。因此，必须努力做好如下五个方面的工作。

一是领导高度重视，率先垂范执行。这是起决定性作用的关键要素。实践证明，真正的企业领袖或者伟大的 CEO，不仅是企业共同愿景的缔造者、执行者和传承者，而且还是自觉奉行共同愿景的旗帜、典范和英雄，他们都是以高尚的理念和伟大的人格，浸润、培育和塑造了一代代坚持奉行企业共同愿景的优秀员工，他们在带头奉行企业共同愿景方面的贡献和故事，得到企业员工和广大客户的尊重、景仰、效仿和传承，成为企业的向心力、凝聚力、形象力、品牌力、竞争力和发展力。因此，必须抓住抓好这个首要因素。

二是坚持三化模式，全员高度认同。所谓“三化模式”，就是必须通过学习、灌输、渗透等有效途径，将共同愿景内化到每个员工的心里，深化到每项工作、流程、经营、管理和事情中去，转化成为业绩、形象、品牌、素质、能力和文化的核心蕴涵。这样，就可以使天地华宇的共同愿景真正内化、深化、转化为全体员工的共同信仰、思维模式、核心素质、行为习惯、综合能力和辉煌成就。当然，要达到这样“三化”的深度、宽度和高度，不是短时间内就能做到的，它需要一个循序渐进和不断提升的过程，需要一个积以时日成效自现和突现的努力工作的过程。

三是坚持人本理念，奉行共同愿景。这是建立和践行企业共同愿景最重要的原则。这和客户至上，竭诚服务，为客户提供优质服务和增值服务，赢得客户的高度信赖，从而成为领袖型企业的战略目标是完全一致的，而且还是实现这一伟大目标的可靠保证。

四是建立保证机制，发挥更大作用。这是从管理体制、机制和制度上，保证共同愿景充分发挥应有作用的根本措施。为此，必须建立健全系统性的奖惩制度；建立健全企业庆典、主题研讨、员工联谊、沟通交流和各种激励约束机制；建立健全思想教育和愿景学习培训制度；建立健全检查、指导、总结和沟通交流制度。这样，就可以将践行共同愿景与员工的各项工作紧密地结合起来，从而可以将贯彻执行共同愿景落实到每个层级、每个岗位、每个员工的每项工作之中。

五是排除各种障碍，确保愿景落实。主要是从根本上排除和解决经常发生和反复出现的“无用论”、“无关论”、“对立论”、“畏难情绪”和“不知道如何贯彻执行”等模糊认识和思想障碍。

二、新整合的天地华宇核心价值观

“尊重、务实、敬业、诚信”。这是新形成的天地华宇核心价值观，它定义了需要每位员工深植于心和落实在行动上的价值主张、价值理念、价值标准和价值追求。

尊重：尊重同事，尊重客户；共同创造公平、关爱、健康、安全的环境。

务实：脚踏实地，一丝不苟，严格遵守工作流程和规章制度，每位员工努力学习，在点滴积累中不断提升自我。

敬业：齐心协力，全力以赴，为公司的成功不懈努力，加强安全意识，对自身和周围人员的安全尽心尽力。

诚信：恪守对客户的承诺，恪守道德标准；不以一己之利而损害公司的利益。

对于上述八个字所组成的天地华宇核心价值观本质含义的另一种权威阐释是：**“尊重”，**在天地华宇意味着团队合作、相互尊重。只有在一个被尊重的环境里，员工才能最好的发挥自身的潜力。**“务实”，**代表有纪律地实践工作上的每一个流程。**“敬业”，**则是一种责任心的表现，对自己，对工作，对同事，对企业。**“诚信”，**所要求的是每天负责任的行为和职业操守，以保护我们企业的收入和声誉。我们每个人做事，都要从公司全体员工的利益出发，唯有如此，才能保证华宇的成功，让每个人从中受益。这是同一个文件的深入诠释或另外一种解释。

一年以后，在 2009 年天地华宇管理年会上，徐水波在总结中说：“我们始终致力于核心价值观的普遍接受，绩效文化的深入人心，员工收入的持续增长！我们提倡的尊重、务实、敬业、诚信的价值观，得到广泛认同”。“在自然灾害频发，经济危机严重的情况下，产值保持了难得的逆势增长，全年各项工作全面推进，可喜可贺，可敬可佩，天地华宇人，我们要为我们自己喝彩，我们完全值得骄傲！”下面是一年多来，在认真学习和践行天地华宇核心价值观活动中，涌现出来的被称为“尊重之星”、“务实之星”、“敬业之星”和“诚信之星”的先进事迹。

1.“成功的管理要从尊重员工开始”

这是天地华宇西部管理区践行核心价值观的“尊重之星”于守信的信念。他说，员工是企业最宝贵的财富，并不是企业的奴隶！如果一个管理者对员工连人格的尊重都做不到的话，还谈什么管理？更不用说人性化管理了，所以企业管理必须从真正尊重员工开始做起。每个员工都有自尊心，都希望得到尊重。作为管理者，只有尊重员工，员工才能尊重你，他才能一心一意跟着你做好服务，完成任务。实践证明，员工们感受到了尊重，得到了重视，他们就会产生或增强一种不负使命的心理，也会生成一种与企业共同愿景深度认同的意识。这样一来，他们的工作热情和服务精神就会被激活而实现快速增长，工作效率和业绩就会随着大大提高，企业的向心力和凝聚力就会增强很多。

于守信总经理的这个认知，是他在尊重员工的实践中总结出来的。在西部管理区的其他几个公司担任总经理时，他在尊重和关爱员工方面做得非常出色。他经常和一线员工联系在一起，密切沟通，经常交流，了解员工的困苦、忧愁和心声。乌鲁木齐公司原仓管员任建强患了股骨头坏死重病，需要手术治疗，他是第一个知道的。于是，他首先带头并组织员工捐款救助，后来他又通过医疗保险的“大病统筹”办法，两期手术治疗费共花了7万多元，他帮助解决了5万多元。任建强大病痊愈后，对于守信、工友和公司千恩万谢，极为感激！在公司里，员工们的吃饭、住宿、洗澡、饮水、改善伙食和生活工作环境的要求与愿望，于守信都会及时知道和很快解决。他说：“和员工们紧密联系在一起，并不降低自己的威信，反而增强了领导者的亲和力和号召力，同时也可以体验到相互尊重的意义和乐趣。”

由于他的领导能力、管理水平和工作业绩突出，去年8月被调到位于西部区域网络中心的西安公司升任总经理，后来又兼任西部区域网络集散中心的总经理。这位性格率真和坦诚可爱的东北汉子，在天地华宇创业就业的家乡人，他没想到的是，一干就是11年，先后当过四个公司的总经理，从车辆调度员起步，到分公司经理，他年富力强，勤奋敬业，精通业务，尊重员工，体贴部下，并且始终如一。他越来越深刻地认识到，只要坚持尊重，排除歧视，把员工看成一切成功的保证，而不是卖苦力的奴隶和赚钱的工具，天地华宇的美好愿景就一定会实现。

2.“尊重员工、关爱员工、依靠员工、实现突破”

这是上海公司总经理聂永才的经验总结，也是他带头践行天地华宇核心价值观的深切体现。他在天地华宇前后五年多，先后担任过南昌公司、扬州公司和东莞公司的总经理，公司越管越大，担子越来越重，面临的挑战也越来越多，需要他突破的关卡也越来越艰难。可是，所有这些艰难困苦都没有阻挡住他实现一个又一个闯关夺隘的重大突破。在接手亏损落的“烂摊子”扬州公司后不到一年，他就带领员工扭亏为赢，并且将公司治理成为先进的公司。2008年9月，他又接受新的挑战和严峻的考验，接手一个历来比较先进和业绩优异的东莞公司，结果又实现了重大突破。不仅在传统零担业务上取得了骄人业绩，而且在新的定日快运服务的试运和推出中站上领先的最高点。2009年4月他接任了天地华宇最大的上海公司，也是天地华宇长三角网络中的龙头老大，这个超过千人的最大团队和存在许多难题的公司，不但没有把他压垮和让他气馁，反而增强了他的动力、激情和拼搏精神。果然不负众望，上任不到三个月，他就带领全体员工创造了定日达和零担产值从未有过的最高纪录。当领导让他介绍经验，记者采访他有什么秘诀时，他还是在扬州公司和东莞公司所说的那些话："尊重员工、关爱员工、依靠员工，与员工们一起同甘共苦和顽强拼搏"。毫无疑问，这就是华宇物流的企业家精神和创业精神，也是徐水波总裁在2008年企业管理年会上强烈呼吁必须回归的成功的企业家创业精神。他说，"没有什么秘诀，就是靠尊重、关爱、依靠和团结员工，就是让全体员工都有激情，有拼劲，有合力，有强大的攻关能力和创造能力。具体来说，我走的是尊重员工路线，天地华宇的员工来自天南地北和五湖四海，脾气秉性各不相同，但大家都很诚实肯干，也很不容易；我首先在人格上多尊重他们，在生活上多关心他们，在工作上多激励他们，他们就会团结一心，努力工作，顽强拼搏，你指到哪里，他们就会打到哪里，并且能胜能赢。"而他自己一直都是坚持低调做人的原则，做到高效做事，廉洁自律，和员工一起同甘共苦。

3.奉行天地华宇核心价值观的敬业之星张琪

天地华宇太原公司总经理张琪，2008年6月16日带领员工实现了太原发上海两个整车赢利6.9万元的突出业绩，首创天地华宇单车赢利之最。中原区营运经理姚青岩特写专题报道总结经验与集团各区域各公司分享，这也是华宇13年来从未有过的最佳成绩。2007年张琪同公司全体员工一起努力拼搏完成年利润96万元，超额完成利润计划的22%，公司荣获集团最佳安全奖。不善言辞、求实务实和勤奋敬业的张琪，常以"君子纳其言而敏其行"的理念和古训，严格要求自己和管理员工队伍。时间长了，他和他所带领的团队都养成了勤奋敬业、求实务实的优良习惯。他一参加工作就在国营佳木斯纺织厂最苦最累的织布车间，先后从事技术员、工段长和车间主任工作，十几年如一日，踏踏实实，勤勤恳恳，兢兢业业，因而多次被评为团员标兵、优秀党员、企业劳模。后来因为企业濒临倒闭到外面另找工作，才加入华宇南京分公司，起薪只有可怜的600元。经过南京和石家庄公司的多个岗位历练之后，五年前就任太原公司总经理职务。他带领员工团结拼搏，顽强奋斗，使太原公司一路高歌猛进，业绩一直很好。现在，他们的物流速度和服务质量以及人均产值利润，都高于区域和集团的平均水平，而货损率、货失率、客户投诉率和安全事故发生率，都大大低于集团所要求的最低标准。他们依靠勤奋敬业创造产值和利润增长的奇迹，用主人翁精神不断提高物流速度和服务质量的经验，不仅传为佳话，而且被很多公司学习借鉴。现在，张琪被调到烟台公司当总经理，有理由相信，素以敬业求实而著称的张琪，一定会带领员工创造更加突出的业绩。

4.勤奋敬业的装卸工宦志明得到不断晋升

他就是武汉公司的宦志明。2002年，由于业绩突出和能力很强，只做了7个月装卸工人的宦志明就被提升为业务员，不久又被晋升为武汉分公司经理。2006年2月，他又被晋升到鄂东人口最多和经济实力最强的中心城市黄石分公司任经理。到任后，经过充分的市场调研，他采取了三条措施，一个月后就实现了扭亏为赢，一举解决了长期亏损落后的难题。当时大家都高兴得欢呼雀跃，手舞足蹈。宦志明说："我们常说要留住老客户，开发新客户，让更多的客户到天地华宇来发货，但是真正做到却很难很难，难在哪里呢？难就难在我们不够勤奋敬业，难在我们的信心和决心不强，难在我们对客户的服务还有很大差距和不大满意。"于是，他就带领员工从解决这四个难题开始，增强员工的信心和决心，提高员工的勤奋敬业程度，加大客户开发和管理的力度。经过一段时间艰苦细致的工作，终于出现了明显效果。湖北恒峰医疗设备公司，由于速度慢、价格高、货损多和服务差，月发货量已经降到3 000多元，有的客户已经不在天地华宇发货了。宦志明和员工一起集中精力重点解决降低货量和赶走客户的"四根大棒"，结果，不仅请回了流失和赶跑的客户，增长了货量，还开发出了许多新客户和较大客户，终于使黄石分公司的月均发货到货合计产值，由他接手时的不到20万元，提高了三倍，达到了60万元，打了一个从来没有的非常漂亮的大翻身仗。他们都高兴地说："有了勤奋敬业的员工，就会有更多的客户来公司发货，就会有产值利润的不断增长"。这是一条规律。后来，宦志明又带领员工在大冶和蕲春各开设一个月发货产值10万元和15万元的新网点。

5.同心同德才能实现服务双赢

这就是近些年来西宁公司一直坚持的最优服务理念。2008年是他们公司跌宕起伏、灾害很多的一年，然而也是他们惊天动地、硕果累累的一年。在这一年里，他们创造了许多第一：3月份发货产值第一次超过历史同期水平，到货产值第一次提前一个月完成了年度计划；11月12月发货到货产值连续两个月创造历史新高；提前13天超额完成了集团下达的全年产值和利润计划，这在集团所有公司中是唯一的和第一位的。在这些第一的背后，是他们的总经理魏成波带领全体员工，在各项工作中坚持践行天地华宇共同愿景与核心价值观的结果。如果在2009年天地华宇管理年会上，设立了践行共同愿景与核心价值观最佳公司大奖的话，那么，肯定是非西宁公司莫属了。但是，令人遗憾的是，什么奖项都设立了，也隆重地颁发了，可就是没有设立这个可以说是最具重大战略意义和迫切需要的天地华宇第一位的大奖。实在令人不解的是，经过整合而新达成的天地华宇共同愿景与核心价值观发布实施的第一年了，却没有设立这个第一位的重大奖项，不能不说在天地华宇重大战略问题和全局性的导向上，出现了很大的"盲区"、"误区"和"失策"。天晓得明年和今后，还会有谁去关心和注重企业共同愿景与核心价值观的事情呢？

6. 敬业成习惯，诚信在心中的集团总部保洁工人李如强

这是《天地华宇》对集团总部保洁工人李如强访谈纪略的题目，它高度概括了这位敬业勤奋和诚信在心的优秀员工的品格。可以说，为天地华宇的美好远景而努力奋斗，在核心价值观指导下而敬业工作的人很多很多，而且就在我们身边。集团上海总部大楼里的保洁员工人李如强，就是其中最好的一位。他，个头不够高大，身材也不魁梧，岗位层级最低，从事许多人都不愿意做的保洁服务工作，整天同又脏又臭、又难闻的垃圾和粪便打交道。可是，他有一个高尚的人格、洁净的心灵、美好的意愿和敬业的习惯。他用洁净、美观、芬芳和美好心灵，赢得了人们的尊敬和佩服。他，十分珍惜这份工作，在他心里时刻想着一定要把它做好，而且还摸索出一套做好保洁工作的方法、窍门和流程。每天早上不到 6 点钟，他就来到总部大楼开始了一天繁重的保洁工作，晚上都是 6 点半以后，进行完最后一次保洁工作才回家。对他来说没有上班时间长短的限制，也没有节假日和双休。不论春夏秋冬，也不管刮风下雨，他总是天天这样，月月如是，年年不变。

他每天对他所承担、管理和负责的保洁楼层、保洁区、保洁室和保洁物，都是扫了又扫，擦了又擦，洗了又洗，净了又净，对所使用的保洁用具和物品都是省了又省。可以说，他是天地华宇最优秀的"首席保洁工人"了，也无愧于"最资深保洁员工"的美誉。在他心里，有一个十分诚信的理念和严格的标准，就是"不用人管，不用人说，自动自觉，做好工作"。他说："公司给了你一份工作和工资，你就应该做好工作，对得起给你的工资。"他曾经在山西做过煤矿工人，做过采金工人，在北京做过建筑工人，在上海公司做过装卸工人和货场保洁工作。不管在哪里和做什么工作，他都把公司当成自己的家，把做好工作放在第一位。例如，他自觉遵守的保洁标准是：用不干不湿干干净净的拖布、毛巾、保洁器具擦过和保

洁过的地板，人走过不会留下脚印，玻璃不会留下水印，镜子不会留下雾印，大门把手和楼梯扶手不会留下手印，墙壁和电梯不会留下脏印；洗手间的空气不会有异味，小便池不会有臊味，大便器不会有臭味，等等。为此，他经常检查和巡视，以重点解决泻肚子和便后不冲洗或冲洗不干净而产生臭味的问题。

李如强是一个很阳光、很乐观、很爱学习和原意助人为乐的人。他做人讲信誉、工作很敬业，内心充满爱。他的勤奋敬业和诚实守信已经成了习惯。他的家乡四川发生强烈地震后，集团总部第一个捐款救助的人是他，按照工资比例衡量，他也是集团公司捐助最多的一个。很多领导和员工都非常感动。但是，令人意外和不可理解的是，宣传这样一位践行天地华宇核心价值观之星感人事迹的文稿，却没有被审批刊发，其原委很可能是天地华宇核心价值观中前两个字的反义词——歧视在发生作用。可是这篇文稿审后却没有被退还给主编，无疑，被那位不可一世的“小佛爷给枪毙了”。

三、天地华宇核心价值观与共同愿景的精深整合

1.判断、选择、阐释和践行核心价值观的深度整合

实践证明，深刻体认、准确判断、正确选择、科学阐释和有效践行共同愿景和核心价值观的整体能力是至关重要的，而这个最具价值也最稀缺的能力，既不是天生的，也不是购并来的，而是在千锤百炼的购并整合中学习、历练、积累、增强和提升起来的。首先看看天地华宇购并整合企业是怎样洞察、体认、判断、选择、阐释和践行它们的核心价值观的。由于“尊重、务实、敬业、诚信”八个字、四个主词所组成的天地华宇核心价

值观的定义、诠释和阐述有两个版本，而且核心内含，主要外延和所赋含义很不相同，很不明确，很不一致，也很不统一，因而难以理解和无法奉行。例如，“尊重”，在第一个版本中诠释为“尊重同事，尊重客户，共同创造公平、关爱、健康、安全的环境”。而在同一个文件中的另一种诠释是“在天地华宇意味着团队合作、相互尊重，只有在一个被尊重的环境里，员工才能发挥自身的潜力”。两相对照、比较和解析后，两个版本对“尊重”的核心含义是不同的。一个是“内外尊重”，一个是“团队合作”。两个版本对“务实”的诠释，也有很多的不同：一个是词语较多，旨义较多，即不统一，又不连贯、比较混乱；一个是内涵清晰、准确和唯一，就是“实践工作上的每一个流程”；但是这并不是“务实”的本质内涵，查查《辞海》或翻翻《汉语大词典》就会清楚。关于“敬业”，两个版本对其核心涵义的诠释都与其本质含义相去甚远，并且都是离题万里。读一读美国员工职业精神培训经典手册《敬业》一书，就会晓得两个诠释都是太不着边际了。《天地华宇》从 2006 年第 3 期到第 5 期，连续发表了三篇关于紧密结合华宇物流实际准确诠释《敬业》的文章，同时又发表了集团高管和刊物主编的学习心得。可以用这样三句话来定义“敬业”：“尊敬和尊崇自己的职业”；“像信仰上帝一样信仰职业”；“像热爱生命一样热爱工作”。第二篇文章的标题是“生命的价值在于职业，职业是人的使命所在”。第三篇文章的题目是“弘扬华宇敬业美德，持续攀登更高台阶”。大多数华宇人都知道“敬业”的准确内涵和明确外延，他们看到新达成的天地华宇核心价值观中对“敬业”的两种诠释和阐述后，让人非常茫然而又不知所措，有的拿出书来和刊物上发表的文章询问、质疑、请教刊物主编，都得不到回应。对于这个歧义多并且混乱难解的核心价值观，让员工们如何去贯彻执行呢？对于“诚信”的诠释，可以说一个在题，一个离题。所有这些十分混乱的严重问题，充分证明目前这个核心价值观的不准确、不成熟、不在行和不可行，必须进行重新审定、重新诠释、重新整合和重新颁布推广执行。

关于天地华宇核心价值观的问题还不只是上述一些问题，更为重要而迫切的问题或课题是，现在贯彻执行这个核心价值观还没有一个有效平台、运行机制和管理模式，也没有一个作为抓手和推手的贯彻执行办法，以保证核心价值观卓有成效的执行和更好的实现。否则，形同虚设，虽有实无。

例如，由“想象、营造、解决、领先”四个主词所组成的世界最著名的伟大企业 GE 的核心价值理念和行动信条，对此，他们首先是将其细化为易懂、易记、易行、易评估和易管理的“八条词组”来保证对这个核心价值观的践行和实效。然后，运用文化的魔力卓有成效地予以实现。这“八条词组”依次是，用“好奇求知，积极热忱”来实现“想象”；用“团结协作，坚守承诺”来实现“营造”；用“善用资源，勇于负责”实现“解决”；用“开放大度，激励奋发”来实现“领先”。通过这样从企业文化高度对核心价值观进行实践和管理，已经不是什么新鲜的事情了，早已成为贯彻执行公司核心价值观的常识和常规了。他们包括总裁、人力资源主管、科学家和普通员工在内的每一个 GE 全球研发中心的人，都说同样的核心价值观标准“语言”，大到公司的战略，小到员工的活动都是如此。

通过学习而得到 GE 有效执行企业核心价值观真经的上海汽车，将它们的核心价值观(SAIC)——“满足用户需求、提高创新能力、集成全球资源、崇尚人本管理”中的每一项，都设计出了相对应的操作平台和执行措施，即通过“用户满意工程”、“全面创新工程”、“全球经营工程”、“人本管理工程”来保证实现上海汽车“SAIC”核心价值观的实现，与此同时，他们还提出并且确定了相互匹配的四个新的实践主题，形成和凝结成为“四个力”，即“成本是第一竞争力”、“技术是第一生产力”、“人才是第一资源力”、“机制是第一原动力”。上述两个最成功的案例，都可以作为天地华宇整合实施核心价值观战略的参照或标杆。一个国内或世界著名的大型企业的核心价值观，特别是一个以成为中国最强大的物流名牌企业和业界领导者为目标的伟大企业，没有这样的思维高度和贯彻执行的强度，没有这样强大的执行能力和践行标准，确实很难说已经“达成”了天地华宇的核心价值观，更是不能说天地华宇的核心价值观的购并整合已经成功了。

2.学习借鉴世界上最伟大公司共同愿景的经典整合

一般来说，特别是对于购并整合企业来说，共同远景的整合分为整合建立与建立整合、整合实施与实施整合、整合显效与显效整合和整合管理与管理整合，共四个主要阶段。而且每个阶段都需要相应的理论、原则、程序、标准和管理等作为工具，来推动共同愿景的有效实施。因此，共同愿景的整合，是一个逐步投入、不断提高和递升显效的实践过程及其整合管理的过程。建立了共同远景之后，最大的问题依次是，“定位不明”、“实现不了”、“没有效果”、“实际失败”。其背后的原因多种多样，有比较普遍的，也有十分特殊的。但是，都必须采取有效措施和有针对性地加以解决；否则，必然导致上述失败的结果。这时，最为关键的问题，就是一定要找到能够将共同愿景变成实际效应的最佳实践模式。现在看来，天地华宇还没有找到实现共同愿景与核心价值观的最佳模式。

“员工、服务、利润”是一个整体，是公司的共同愿景，也是公司价值体系。为了能够更快地找到共同愿景与核心价值观的最佳实现模式，参考一回“联邦快递取送站理想之愿景”是大有裨益的。特此摘录如下：“共同愿景旨在详细描述企业组织为成功而需实现的目标，是各个相关人士在一个成功企业的未来意愿、理想和体验的书面表达；下述愿景描述是 1978 年为联邦快递公司写的，当时，它正处于突飞猛进的发展阶段。公司每年都在翻番，这种发展掩盖了愿景文件中所提到的许多问题，文件中所概述的题目都是针对联邦快递公司的，它同样适用于公司的今天；由于该愿景和与之相伴的目标、相关性和反馈系统的完美匹配，联邦快递美国南部公司在一年之内，从各项反馈指标名列第三四名，一跃成为各项反馈指标名列第一二名。”

“联邦快递取送站是一种理想。今年前半年我们曾两度改变工作重点，首先是基础工作，然后是业务量，现在我们要把它变为成本。为什么持续改变工作重点呢？我们并不希望如此，至少这不是我们的本意。我们的本意是建造一间房屋，基础工作好比房屋的地基，业务工作好比房屋的四壁，成本好比房屋的屋顶。这是一项有意识的计划，旨在将我们的取送站建成令人满意的工作场所；在这里，获胜是我们的第二本性，人们可以自由表述自己的观点；在这里，解决客户问题是因为我们心甘情愿才做的事情；在这里，员工个人、员工组成的公司和我们的客户会因为付出而获得公平的回报。**换言之，员工、服务、利润是一个整体，这是公司的价值体系。”**

但是，所有这些都会令人混淆。首先这项工作优先，之后那项工作优先，结果是质量下降，我们相互抱怨；然后增加人员，成本上升，我们又相互抱怨。理想中的取送站就是要做到尽善尽美，这是不断向理想目标进取意义上的尽善尽美，而不是不犯错误意义上的尽善尽美，是获胜意义上的尽善尽美。接下来，就是分别阐述明确、具体、详细、求实、操作性很强并且确保成功的理想取送站的价值体系。这就是伟大的联邦快递公司是怎样准确诠释价值体系的。

“我们的员工”：十分关注客户，愿意为客户解决问题并告知客户。他们也会犯一些错误，但会纠正错误并且确保不会重蹈覆辙。我们的员工诚实、坦诚、不许下自己无法实现的诺言，但经常超出承诺做更多的工作。理想中的取送站具有一种难以置信的精神。员工不介意相互争执，但一旦做出承诺，就会团结一心，并在团队精神的感召下全力以赴。

“我们的服务”：不论艰难险阻，我们的准时送达率将继续保持95%

以上。如果飞机晚点，我们会弥补时间，如果持续晚点，我们将找到原因予以改变，如果无法改变，我们会重新审视业务运作流程予以解决。我们不关心问题的责任人，因我们的客户不关心，客户只要求获得我们承诺的东西。如果我们遵守承诺，我们会做到、做好和做多客户的业务。如果我们提出各种理由推脱，客户会找到许多像我们一样善于寻找托辞的竞争对手。我们的工作就是解决客户问题。我们按照希望别人对待自己的方式对待每位客户。我们打电话时，希望获得别人的以礼相待，这意味着客户打来电话应由符合以下条件的人及时而礼貌地接听：关心客户、善于聆听、能够迅速解决问题的人；问题不解决，包裹不送达，就不肯善罢甘休的人；接受责任，作出承诺，并且确保每项个人承诺都得以遵守的人；在客户眼里已经成为联邦快递服务化身的人。我不会忘记：有人问客户，你在联邦快递遇到问题时怎么办？客户一定回答说，“我找黛比，她是联邦快递人”。理想中的取送站将每种挑战都作为一项新问题对待，认为这是一种胜利的机会，而不是寻找借口、推卸责任和失败的机会。

“我们的利润”：理想中的取送站不将利润视为目标，而是视为实现目标的手段，一种获得更快发展、更高生活水平和更多就业机会的手段。理想中的取送站认为，利润包括两个不同的来源，即增加收入和降低成本。增加收入来自于持续地提供优质服务并不断进行宣传，缺少其中任何一项都是只说不练或只练不说。理想的取送站认为，取送站员工是销售团队不可分割的组成部分，销售员工同样也是取送站不可分割的组成部分，它们是互不可分的统一整体，只是不同的员工为了相同目标执行不同的工作。利润的第二来源是降低成本。我们的目标是经过精心设计运作，以最低的成本满足员工的需求和解决客户的服务。理想中的取送站时刻管控成本，事事削减消费。它一直探索更好地利用一切资源的更好办法，以更高效地满足“员工—服务—利润”的目标。更为重要的是对于成本做出的确切的承诺，与所有承诺一样，必须遵守，而且不能有损于员工与服务。

“将愿景变成使命宣言，将愿景照进美好现实”。“理想中的取送站不容忍低质的文书、遗失的报告、延时的起飞、不完整的文件、没有通知到的客户、没有找到的包裹、不准时送到的货物等类似的问题出现。它从一开始就决定了这些问题不能发生，并且制订了必要的计划，保证夜以继日地遵守承诺，而且从不失败。”

不论是员工、客户、供应商，还是企业同仁、竞争对手、社会公众，看到这些每天都可以做到、能够实现、体现理想标准和核心价值观念的员工、服务、利润，都会为之惊叹、折服、敬仰。这才是世界上最伟大公司的共同远景。总而言之，理想中的取送站代表了一个团队，从不完美，但一直追求成长；虽然无法实现完美，但每周都在改进，通过以平衡方式攻破所有的阻碍；对使命和命运承担全部责任，并且不断实现改进；可以通过多种方法依据理想标准对每个取送站进行评估，有些是量化的客观指标，有些是质化的主观指标，这些显示经营现状和展示未来景象，都是将美好愿景照进现实，将伟大愿景变成美好成果的最佳模式和有效途径。这正是现在天地华宇核心价值观和共同愿景的深入整合，最为迫切需要学习、借鉴和尽快增益其所不能的最为关键的东西。

3. 天地华宇共同愿景、核心价值观和企业文化的高深整合

除了天地华宇的共同愿景与核心价值观需要深度整合之外，还有一个必须进行的共同愿景、核心价值观和企业文化三者之间的高深整合，或者称为更高级的跨国购并整合。其根本目的在于整合出对有效践行共同愿景、奉行核心价值观、更好实现企业使命和达到企业文化最高管理境界，至关重要的整体能力、有效方法和最佳模式。对于天地华宇来说，这可能是更艰难、更沉重、更痛苦和更高深的购并整合了。因为，从

根本上说，要让新的共同愿景、新的核心价值观和新的企业文化，在新的跨国购并整合企业——天地华宇中整体实施、全面推行和有效执行，必须首先进行思维理念、经营管理文化和最好行为习惯等方面的重大变革的高深整合，必须从集团高管团队、中层管理团队和一线管理团队，到关键、核心和骨干员工都要成为天地华宇变革整合的先锋，只有让这些最高领导人物、经营管理人物和很关键直接服务于客户的一线人物，具备了实现新的共同愿景、践行新的核心价值观、奉行新的企业文化所需要的思维、觉悟、素质、能力和水平，才能够带领全体员工都积极参与到这项应用新的共同愿景、核心价值观和企业文化，来培根铸魂于伟大企业及其伟大文化的整合变革中来，从而实现化共同愿景为企业奋斗目标，化核心价值观为员工行为准则，化企业文化为领袖型企业的辉煌业绩和根本标志的实践中来，只有这样，成为伟大企业和行业至尊地位的战略目标才能真正大有希望。

这里必须明确指出的是，关于天地华宇新的共同愿景、核心价值观和企业文化重大而高深的整合，可以说是跨国购并整合中的一个最大难题，它不仅涉及如何进行中式和西式的跨国购并整合的课题，而且触及怎样将新的共同愿景、核心价值观和企业文化中的各种要素整合好的难题。同时，也必须解决以企业使命、战略目标和核心价值观三大要素为突出特点的西式企业文化购并整合，如何与以核心价值观、企业精神、企业环境、企业英雄和企业形象五大要素为特点的中式企业文化购并整合、相互融合的更大难题。可以实事求是地说，现在天地华宇关于共同愿景、核心价值观和企业文化的购并大整合，陷入了很大的盲区和困境却浑然不觉。

第九章　购并学习整合

三年多的实践证明，企业的共同愿景一旦建立起来，就会孕育无限的创造力，形成强大的驱动力，激发惊人的生产力，产生持久的学习力。用创建学习型组织的管理模式的语言来说就是："共同愿景为企业学习提供了焦点和能量"；"共同愿景作为企业的方向舵，能够使学习过程在遭遇混乱和阻力时，继续遵循正确的路径前进"；"共同愿景是照亮伟大企业前进道路的灯塔，也是学习型企业必须修炼成功的重要阶段"。因此，不能不回顾总结和深入解析天地华宇购并整合中至关重要的全员学习整合。

一、被购并的华宇物流拥有很好的学习文化和很强的学习能力

1. 以创建学习型企业为目标而不断强化学习的华宇集团

当时被誉为华宇物流"黄埔军校"的 MBA 研修班，2005 年 5 月的学习顺利结束了，更为紧张的 6 月份学习很快就开始了，这些来自全国各地的百名年轻华宇精英是华宇物流未来战略发展的首要资本。在职攻读上海交大 CEO 创新研修班的上海公司总经理王大林和南京公司总经

理肖斌等一批高级经理人的进修学习正进行到学成结业的阶段。正在攻读新加坡南洋理工大学 EMBA 硕士学位的总裁王振华和副总裁程林，也到了毕业答辩和取得高级学位的时候。王启新和杜景春等三位创业副总裁，在北京清华和广州中山大学等中国名牌大学的 MBA 班学习，早已学成回来用于实践并取得了显著成绩。至于集团中层基层经理和一线员工的培训学习，就多得无法统计了。这种多层次、多种类、多形式、多渠道、全员参与的在职学习和不断强化与持续提升的适应性学习，使得华宇物流成为一所名副其实的“物流学院”了。从最高层领导到基层员工，人人都变成了持续学习型人员，工作学习化、学习工作化、工作和学习一体化特征十分明显。这就是当时华宇物流实施的“人才兴企战略”及“学习创新战略”的生动体现和美好景象。

华宇物流从老总、高管团队到各级经理和员工的在职强化学习，不惜工本的投资于集团的战略学习、行动学习、创新学习和持续学习，已经成为“一路领先，一路辉煌”的竞争优势和品牌特质，经常被国内业界权威的报刊大力宣传和推广。在企业学习方面，华宇物流的创始人、缔造者、董事长、总裁王振华和高管团队的每个成员，都具有强烈的意愿、切身的感受和永不消减的必须坚持学习的使命感、危机感、紧迫感。他们深知 21 世纪的华宇物流将面临知识化、网络化和学习化的高级竞争，没有快速高效的学习能力，不具备超过竞争对手的学习能力，不仅不能成就大业，而且还会很快衰亡。用他们自己的话来说，不强化刻苦学习，就不能实现一群下岗失业工人的最大愿望和理想，这个最大愿望和理想就是“把华宇建设成为具有高度民主、高度文明、繁荣富强的美好家园”；就是“跨世纪的华宇运业，将以崭新的形象，冲出亚洲，跻身于世界运业之林”；就是“创百强千年大业，塑中国物流名牌”。这就是他们的“使命宣言”和“战略目标”，也是他们纯熟于心的“共同愿景”。正是这个最高形式的使命宣言——共同愿景的凝聚、感召、驱动和鞭策下，不断加速和强化他们快速高效的创业、创新、创造辉煌业绩的全员学习整合。

2.遵照创建学习型企业必须遵循的12条法则进行学习整合

这是2005年5月，刚刚加入华宇物流不到三个月的一位实习经理，在集团总部、上海公司和南京公司实习期间，越来越多地看到华宇集团从上到下的那种极其强烈的学习精神和令人感动的学习氛围，那种人人是学习之人，处处是学习之所，学习和工作紧密融合的美好景象，深爱学习的他也感到自己的差距很大了。于是，他就将其参与著作的由中国经济出版社出版全国发行的《诚信制胜》书中，关于创建学习型企业的12条法则，推荐在《天地华宇》发表，以期与华宇同仁一起分享和共进共勉，结果深受欢迎，效果很好。特此，摘要如下共同分享：

(1)应当学习领会创建学习型企业的真谛。它不是一般意义上的学习，而是当今世界最前沿的管理理论、管理模式和管理创新，也是创造企业无限生命力，延长企业寿命，实现企业永续经营的必然途径。通过企业及个人的学习修炼，实现创造自我，超越自我、再造企业，应对变化，创造未来更加美好的愿景。这是创建学习型企业的真谛和目标。对于购并整合企业更是如此。

(2)必须掌握创建学习型企业的有效流程。这就是“深刻认知学习型企业—科学定义学习型企业—策划设计学习型企业—坚持创建学习型企业—创新管理学习型企业—善于应用学习型企业”。这“六步创建法则”，也可以称为学习型企业的“整合创建模式”。正确的流程、模式和方法是成功整合创建学习型企业的可靠保证。

(3)认真检视和排除个人的企业的团队的学习障碍。这是创建学习型企业的前提和关键。如果学习者的心智模式不对，不排除各种学习障碍，那么，就无法进行企业、团队和个人的真正学习，更不可能成功地创建学习型企业。因此，应该清醒地反观自身，坦诚地面对现实，系统地认知企业，深刻地剖析自己，果敢地排除各种学习障碍。

(4)熟练掌握五项学习修炼的技能及其进阶。参照彼得·圣吉博士被誉为“21世纪管理圣经”的《第五项修炼》书中的“五角三层金字塔”模式及其精神实质，进行系统性、整体性、持续性地和创造性的学习修炼进程，使企业、团队和个人的学习修炼，达到系统思考和统筹运作大整合的最高境界。

(5)运用学习修炼的科学流程实现不断超越。就是“初学的系统思考者—合格的系统思考者—能力不断提高的系统思考者—熟练的系统思考者—专家级的系统思考者”。娴熟掌握、遵循、运用上述五个层级的修炼进阶和基本准则，就可以很快地进入实现系统思考能力持续提升的学习修炼之旅。

(6)科学设计一个最适合自己企业特点的创建模式。没有一个符合企业实际和独特有效的创建模式，不可能真正走上创建学习型企业的正确道路。在创建学习型企业的实践中，可以学习借鉴和模仿创新，但是绝对不能照抄照搬和机械套用。

(7)突出创建、积累、增强和提升企业整体学习能力的终极目标。学习的本质在于不断提升学习能力。学习能力就是学习毅力、学习动力和学习张力的整合力量，也是学习的总量、质量、流量和增量的统合效应。学习能力是企业的万力之本、万力之源、万力之根，它可以变成企业的核心竞争力、强大生命力、可持续发展力、价值创造力、顶尖品牌力、伟大领导力和超额赢利力。

(8)一定要紧紧抓住培养造就学习型员工的根本任务。人人都是善于学习的人，都是不断创新的人，都是超越自己和追求卓越的人，这是企业长久兴盛和成为伟大企业的根本保证，也是企业最为强大持久的核心竞争力。要想成功创造领导型企业和伟大企业，没有不断超越的学习型领导人和员工是根本不行的。

(9)必须注重抓好“行动学习”、“团队学习”、“快速学习”、“适应性学习”、“创新性学习”和“战略性学习”等有效形式。所有这些都是让企业和个人的学习修炼、更好工作、制胜竞争、实施战略、提升能力、解决问题和实现更大发展一体化的最好模式与有效办法。

(10)坚持学习和创新、变革、再造、整合等紧密结合。这是学习型企业的本质特征，也是创建学习型企业的灵魂和强大动力。在权力等级制企业组织中不能建成学习型企业，只有网络式结构、开放式关系、扁平化组织中，才能建立起互动共享的学习系统。所以，网络化的华宇物流最适合于并且能够较快地创建学习型企业。

(11)更好确立和奉行“领导即学习”的崭新理念。领导首先是领导学习，领导在学习型企业中的全新的角色，是学习的设计者、推动者、先行者、管理者，是学习的带头人、教练和仆人，这是创建学习型企业的第一关键要素，也是华宇物流的核心优势和领先业界的奥秘之所在。

(12)高度重视学习型文化的培育和建设。这是最高层次的学习型企业和经营管理的文化根基，也是最高境界的文化管理和文化基因。企业文化是解决企业核心价值观、共同愿景、企业使命、群体行为准则和软性管理等重大问题的战略体系，这是比那些必须立刻服从的硬性管理更高级、更管用、更有效和更持久的经营管理模式。没有学习型文化的底蕴、根基、哺育、支持和建立，不仅不能创建学习型企业这一当今最前沿的管理模式，而且其他任何形式的管理都不可能做好。

3.坚持标杆学习、目标管理和解决难题能力的整合提升

这是2006年第7期《天地华宇》卷首语的题目，文中说了三句极为重要的话：“该说到的一定要说到，说到的一定要做到，做到的一定要看到”；“发现问题靠智慧，解决问题靠能力，证实问题靠数字”；“最大的问题是不能真正发现问题，第二大问题是不能快速有效地解决问题，第三

大问题是不能用数据证明解决问题的效果”。无须阐释和论述，这是任何一个称职的领导人和管理者都要具备的通识、素养、能力和水平，也是华宇物流总裁王振华对中高级管理人员的一贯要求。他再次强调是为了配合和指导贯彻执行一次极为重要的月份经营效益分析和目标管理会议精神。当时，企业必须同时完成快速发展和持续增长、购并整合和改制提升这两个任务。相比之下，集团中高层管理者的领导能力、管理能力、削减成本和提高利润的能力、应对变化和解决问题的能力都明显不够。怎么办？只有快速学习和高效学习，没有其他办法。因为这些能力是借不到也买不来的。这也是华宇物流创立十多年来，解决一切发展难题和突破任何障碍的唯一管用的老办法。这次会议，正是在他率领三位集团高管刚刚从荷兰 TNT 集团学习参观和访问考察回来之后召开的，有许多需要学习、引进和应用的项目。因此，更加逼迫华宇物流的领导人和管理者，必须具备很强的快速学习能力、引进吸收能力和高效整合能力。

在这之前，为了推动深入贯彻执行“开启新征程，再攀新高峰”为主题的 2006 年集团工作安排，做到购并改制整合与经营管理目标两手抓、两不误、两完成，这就必须强化目标管理和抓好标杆学习的措施。其目的是，“让所有员工的心中都有奋进的灯塔，让每个员工的身边都有学习的标杆”。只有这样才能把目标管理和标杆学习很好地结合起来，切实收到更为显著的效果。这个时候正是一年中集中学习、宣传、推广集团新产生和新涌现的“双先”、“标兵”、“劳模”等公司和个人“标杆”的季节。因此，抓好“标杆学习”，对于完成全年的产值利润计划目标极为重要。对于一个网络覆盖全国、拥有大大小小 1 500 多个公司的大型物流集团企业而言，如果没有更强的目标管理和更好的标杆学习能力以及有效的整合功夫，肯定是难以完成管理目标和实现企业使命的。

4.被购并的华宇物流推出购并学习整合的有效模式

在国内外的购并史上，由被购并的企业首先主动提出一个水平很高又切实可行的购并整合方略是极其罕见的。这很可能又是华宇物流的一个领先或首创。在2007年3月14日举行TNT成功收购华宇物流集团庆典仪式，正式接手经营管理华宇物流集团之前的两个半月，正是新年期间，这时的华宇物流集团已经安排好了2007年度的工作。这个全年工作计划总的指导思路是：围绕企业购并重组，突出抓好文化整合、服务产品提升、资源整合三大中心工作；全面推行和大力实施“整合、提升、发展”的企业战略，着重在人才、技术、装备和管理上实现大增强、大提升、大改善、加快企业的大发展和快发展，为购并后的新公司开好局、起好步和成功经营管理奠定坚实的基础。简要地说，就是紧紧围绕集团2007年的总目标和各自的计划任务，找准发展的“瓶颈”、增长的关键、提升的突破口和重点抓好的工作，以整合提升为动力、为保证，用改革创新实现新的突破，从而推动各项工作登上新台阶，全面完成2007年的各项任务和预算目标。

在诸多的整合与提升中，没有比学习整合对全面整合提升和持续发展更为重要和迫切的了。2007年从元旦开始，集团上下就兴起了全面深入学习TNT的大型学习整合活动，具有强大的冲击力、震撼力、号召力、凝聚力、亲和力和整合力的标题是，“走进TNT，学习TNT，融入TNT，奉献TNT：荷皇天地集团TNT文化知识系列学习”。这个包括TNT的品牌特质、TNT的理念体系、TNT的发展战略、TNT的全球快递、TNT的网络优势、TNT的市场营销、TNT的客户服务、TNT的社会责任、TNT的快乐员工和TNT的企业文化，总共10个部分、66个问题、4万多字。令人惊奇和感动的是，这个权威、系统、简练、最新的TNT的“文化读本”，不是由TNT总部和TNT大中国区“当局”提供的，而是由华宇物流集团市场营销部的一位普通职员徐昭，用了近一年的时间搜集、汇编、概括、提炼和总结出来的。在《天地华宇》2007年第一期、第二期上发表后，令购并双方惊奇、震撼、感动和热烈欢迎，立即掀起了“学习TNT”的购并学习整合热潮。为了指导和推动学习整合卓有成效地开展，配发了“学习整合与全面提升”的卷首语，推出了“企业学习整合的有效模式”。简要摘录如下：

“学习整合是购并整合的基本功夫，也是搞好其他一切整合的核心能力。不会、不能、无力进行有效的学习整合，就不能成功地进行其他各种资源和要素的有效整合，也不能实现购并整合扩张的战略目标和获得2＋2＞5的购并整合系统效应”。企业的学习整合与整合学习的内容很多，既很复杂又很艰难，可以说是博大精深、引人入胜、效果惊人。它包括“整合学习理念、整合学习战略、整合学习目标、整合学习方法、整合学习内容、整合学习模式、整合学习团队、整合学习能力和整合学习效果”。“只有熟练地掌握了整合学习与学习整合的规律、特点和方法，才能获得学习整合的成功、购并整合的显著提升和更大发展的协同效应”。

为了及时满足2007年天地华宇“整合、提升、发展”的整合战略和工作理念的迫切需要，必须在各种整合提升与整合发展中，首先进行和始终贯彻学习整合活动。一般来说，有效地学习整合共有六大要素、六大环节或六大步骤，可以称其为学习整合的“六步模式”或“六步流程”。

(1)进行学习环境的整合。目的是让企业或个人能够认清和掌握外在的购并整合学习大环境和内在的不尽相同的学习小环境，能够积极主动地适应内外学习环境和发展需要，从而找到各自的购并学习目标、激发学习的动力、选好学习的内容、解决学习的障碍和增大学习的效果。

(2)进行学习理念的整合。不同时期、不同企业、不同特点的企业购并学习有不同的学习理念。有创建学习型企业的学习理念，也有购并整合企业的学习理念。有适应性学习和创新性学习的学习理念，也有战略性学习和行动性学习的学习理念。这个学习理念就是指导学习的共同愿景和价值观念,必须通过整合来确定或建立一个先进的学习理念。

(3)进行学习目标的整合。主要解决向谁学习和达到什么标准,即通过学习要解决什么问题。购并整合的学习目标显然是购并企业双方,当然购并企业向被购并企业的学习也是非常必要和十分重要的。此外,还包括购并企业双方向更具购并整合经验的第三方等经典企业的学习。如果没有一个至关重要的很高水平和效果的学习整合,那么,接管企业后就会出现"盲人骑瞎马,夜半临深池"的可怕现象和严重危机。

(4)进行学习内容的整合。有了明确的学习目标,也就有了明确的学习内容。《天地华宇》刊物发表的"走进 TNT,学习 TNT,融入 TNT,奉献 TNT:荷皇天地集团 TNT 文化系列知识",就是购并整合学习的第一批重要内容,同时它也是购并学习整合的理论武器和精神力量,以后还会有第二批、第三批和更多更重要的学习内容,需要及时、快速、高效地学习好掌握好。毋庸讳言,被购并整合企业的学习整合任务会是很繁重的,内容会很多,要求也会很高。从新的企业共同愿景、核心价值观、企业文化、发展战略和管理原则,到核心业务、运营模式、客户服务、品牌特质和领导风格,乃至三大流程、业务模式和专业技能,等等,都需要通过整合学习来掌握、应用和不断提升。

(5)进行学习方法的整合。对于购并整合的天地华宇来说,就要按照购并、整合、提升、增长、赢利、发展和强大等迫切需要,整合出一套新的科学有效的学习方法和形式,进行卓有成效的整合学习。"方法是至高无上的"。只有学会学习,掌握了更好的学习方法,然后坚持不懈和不断创新,才能达到购并学习整合的目的和取得更大的购并学习整合效果。

(6)进行学习效果的整合。显然,整合购并学习是以取得应有的或更大的购并协同效应为目标、为导向的新式学习,也是难度很大的创新整合学习和再造整合学习，它并不是那种消耗资源、浪费时间精力、毫无正面效应的形式主义的所谓学习，而是以终为始的学习，是讲究投入产出的学习，更是以购并整合成果、绩效、产出、利润、创造更大价值、更好服务客户、推动实现共同愿景、真正成为领导型企业和伟大公司的全新整合学习。

只有坚持和有效运用上述整合学习的成功模式，才能收到超过预期的最大化的购并整合学习效果和不断提升更高更快更强大的学习能力。实际上，学习效果的最大化和学习能力的最强化也是整合出来的，而不是自然产生的。

十多年来，一路领先、一路辉煌的华宇物流集团，这个堪称中国民营物流第一名牌和经典案例的集团网络型企业，如果把它的成功经验归结到一点的话，那就是它拥有比竞争对手更快更强更大的学习整合能力或称整合学习能力，而且已经积淀和凝结成华宇企业文化的核心内容。这为 TNT 的购并整合特别是一切整合都离不开的学习整合和整合学习能力的显著提升以及不断增强，提供了极为难得的先天优势、契机和成功的基础。

二、只有购并双方相互学习才能让公司变得更加强大

1. 天地华宇购并庆典诸多文献精华的学习整合

2007 年 3 月 14 日是值得 TNT 和华宇永远纪念的具有重大历史意义的日子。这一天 TNT 和华宇在上海虹桥万豪大酒店隆重举行了盛大的 TNT 成功收购华宇庆典仪式。收购整合是公司快速发展扩张的重要方式，也是企业产权变动的基本形式。这种购并代表着一种新型的

产业力量，这种力量将使进行这项活动的国家和企业的创造力与生产力迈向新的高度。因此，这个轰动国内业界和令国际同行瞩目的成功购并庆典大会格外引人关注。在庆典仪式和庆祝酒会上，TNT 集团全球 CEO 彼得·巴克做了重要报告，华宇物流董事长总裁王振华作了重要讲话，TNT 大中国区董事总经理迈克·德瑞克也发表了重要讲话，地方政府官员致贺词。众多媒体记者采访报道了大会盛况和主要精神。与会各方一致认为这是一个具有里程碑意义的重大事件。

一般来说，成功地购并分为战略选择、购并实施和购并整合三个阶段。在这三个阶段中，购并交易成功后的整合是更为艰难和关键的阶段。购并成败在于整合，整合成败在于学习，而且是购并双方的相互学习，单方面的学习是不能成功的。迈克·德瑞克先生的讲话说出了这个道理："TNT 对华宇公司收购的完成只是万里长征走完了第一步"；"双方相互学习才能让公司变得更加强大，从而共同打造中国最强大的递送网络"。为了配合、引导和推动庆典大会及其直接相关的重要文件的学习整合取得更大成效，《TNT 天地华宇》第一期，以卷首语的形式，发表了应该树立和奉行"整合、融合、心合、力合"的学习理念和学习目标。这是因为"万里长征"的第二步和第三步，以及今后更艰巨更长期的整合改善、整合提升、整合发展、整合管理、整合再造和整合文化等每一步中的学习整合，都必须有这样一个"四合"理念作为指导方向、目标和准则。

实践证明，只有整合才能相互融合，只有融合才能心合力合，只有人合心合力合才能届时完成整合阶段的重大任务和使命。而实现人合、心合、力合、事合的第一要务，就是相互虚心学习和互动双赢学习的整合。在成功购并整合的七大策略中，学习整合与密切沟通处于极其重要的地位，因为它是购并双方沟通、交流、认可、定位和期望背后的真正力量，可以说所有购并整合目标的实现，都首先依赖于有效的相互学习和亲密沟通。现在，全方位、大流量、高速度进行购并整合的学习沟通，已经自上而下的展开了。现在看来，由于首任总裁知识、经验、能力和心智模式等局限，这个极为重要和时限性很强的沟通学习整合的“第一战役”，不但远远没有达到预期的目标，反而留下了过多的危害和遗患。

2.公司高管奔赴全国各地与员工面对面沟通的学习整合

一部极其权威的购并整合名著中说：“在购并整合中，一个企业发生的最严重的错误是没有使员工认识到购并整合的目标和目的，因此沟通是至关重要的。”天地华宇的董事长迈克·德瑞克和总裁庞复兴很快就觉察到了这样的错误。因为在一些集团管理部门和管理区域，尤其是在许多一级公司和更多的二级公司里，这个关于购并成功庆典的一系列重要文献的学习沟通，还只是停留在少数主要领导者和比较肤浅的层面上，而且看不到有什么效果，许多应该知道和掌握的重大信息和文件精神却都全然不知不晓。虽然刊物上发表了，平台上也下文了，但绝大多数员工都看不到，更不用说学习、贯彻和执行了。因此，不得不重新明确购并整合沟通学习的目标，采取有效的沟通学习方式，完成学习沟通的重要任务。

这个由集团董事长、总裁和健康安全总监所组成的高管团队，一起到北京、上海、广州、青岛等各个管理区域同分公司经理面对面地进行直接沟通学习，以问答的形式进行深度沟通交流。这是集团上下广大员工期待很久的大事，是学习整合与思想整合的一大成果，也是天地华宇新董事长和总裁在众多一二级公司总经理面前的首次亮相。这次亲切的见面会、重要的主题演讲、面对面的坦诚问答和深入的相互交流学习，大大拉近了 TNT 与华宇的距离，消除了很多猜测和模糊认识，稳定了管理人员和广大员工们的思想情绪，取得了很大的成功。因此，《天地华宇》的卷首语以“见面、对话、沟通、倾听、认同、整合、相融”为题，评价这些面对面沟通式的学习整合所取得的显著成果。亲临会场跟进报道这些沟通学习整合的内刊主编描述说:“这是面对面的问答,心与心的沟通,事业与事业的对接,优势加优势的协同,文化跟文化的整合。”沟通学习会的现场,情景非常感人,令人振奋,让参与者终生难忘。那在演讲报告中众多经理们聚精会神倾听的可爱样子,那争先恐后率直提问和亲切道来的满意回答,那一再延长时间而免了茶歇也忘了吃饭的不了之情,那会后的紧紧握手和激情的拥抱,那众多经理手捧赠书恭请董事长签字的情景,大家与领导一起用相机留下那永恒的激动场面,包括参与者会后向员工们兴高采烈地传达和讲述,等等,都是沟通学习大获成功的真实写照。

“学习、学习、再学习;沟通、沟通、再沟通”。这是天地华宇进行成功购并整合所遵循的一条规律。为了将这次学习沟通整合成果更有成效地推进到遍布全国各地的更加广大的员工层面,集团以总裁的名义下发文件,要求全体员工认真学习和贯彻执行领导见面沟通会议的精神。核心文件是迈克·德瑞克的演讲总结。他说,“最近我高兴地在各地的直面交流中,见到了很多华宇管理人员。在这里,我再陈述一下这次沟通交流的主要精神,作为与广大员工共同深入学习交流的重点:天地华宇拥有振奋人心的美好未来;我们拥有强大的竞争优势;各级经理都要出去寻找新客户;提升我们的客户服务质量;今天的投资是为了明天的辉煌;在一起我们可以成就更大的事业。”

3.新任高管深入一线公司通过调研考察进行学习整合

如果说在这之前所进行的不是华宇积极主动进行的自我学习整合,就是购并主体TNT对被购并客体企业所要求和必须实行的学习整合。那么,这个题目下的购并学习整合,却是购并主体企业放下架子向被购并客体企业的虚心学习整合。实践证明,这个向被购并客体企业认真有效的学习整合,不仅十分重要,而且极为必要。经多见广又很有胸怀,特别忠实于购并方战略利益和愿景目标的行家迈克·德瑞克，从他们接管购并企业的那一天起就明确主张，只有双方相互学习才能够成就大业。而那些本来就不是内行，又不懂得购并整合的规律和策略，却俨然以资深高级专家出现的“老大”或所谓的高管，根本放不下架子向一个“这也不行，那也不是”、“很糟很烂”的民营企业学习。然而，让他们万万没有想到的是，就是这个不能向被购并企业积极主动虚心学习的“心智模式”和思维障碍，使得他们低劣糟糕的经营管理乱象丛生、危机四伏、冲突不断、人心失落，致使企业严重亏损，最后祸害了企业，也毁掉了自己。在学习整合与整合学习上，迈克·德瑞克表现出了聪明睿智和求真务实的精神，具有较深的洞察力和较高的识见力。这就是充满对立、冲突和危机的征服式购并整合同相互尊重、相互虚心学习和心悦诚服的学习型购并整合的最大区别。

正是虚心、诚恳、深入向华宇企业、管理者和员工们认真学习的迈克·德瑞克挽救了购并整合的天地华宇。他在再次重组了企业高官团队之后，就带领新提升的各位副总裁，通过调查研究的方法，深入到26个不同类型的一级公司，推进面对面地进行学习整合与整合学习，使他及高管团队对华宇物流有了一个更为全面、深入、真实的了解和掌握。为他之后的各项正确决策提供了可靠的基础。这样，就使天地华宇突破了一个巨大而无形的致命性的障碍，走上了比较正确的学习化整合道路。不仅如此，他在管理层和员工中的亲和度、权威性和信任指数也显著提升。对于这个巨大的收获和重要的转变，让他将2007年称为TNT的“学习之年”，是“学到了很多东西的一年，也是战胜了各种经营危机和整合挑战的一年”。因此，天地华宇高管团队的整合学习能力也有了显著的增强。实践证明，跨国购并的学习整合之道，是任何购并企业成功整合的唯一光明大道。

4.“一个增长、三个专注和六个一定”管理体系的学习整合

这是迈克·德瑞克关于天地华宇一系列经营管理内容购并整合学习的纲领和要点，也是《天地华宇》主编对迈克·德瑞克采访经营管理体系整合学习的核心。这个采访提纲提到：迈克先生，最近十个多月以来，你在一些重要文件、报告和讲话中说，“作为 TNT 大中国区的掌门人，我的经营管理理念是非常务实的，当然想着我们光明的未来是非常兴奋的，但是我想要获得成功，必须要靠管理团队和所有员工的一起努力”。为此，你明确地提出，“我们的目标是实现可赢利的收入增长，我们必须集中全力实现这样的增长”；“为了完成计划任务和实现战略目标，必须努力专注于三个方面的工作——无论我们从事任何工作都要保持高度的专业精神，我们要为客户提供持续稳定、高质量的服务，我们要坚持严格成本控制”；“大家一定要努力工作，一定要有团队精神，即 TNT 和华宇员工之间要有密切的团队精神合作，一定要以客户为中心和时刻关注我们的客户，一定要有一种良好的工作态度，一定要有打造中国最强大递送网络的雄心壮志，双方一定要相互学习，取长补短，优势互补，这是我们在中国市场取得业界领导地位的秘诀”。此外，您还一再强调说，“沟通在任何一项事业中都至关重要”。天地华宇的购并整合和经营管理要想取得成功，同样必须进行及时高效的密切沟通。

这位曾经获得国务院优秀专家特殊津贴和兼任中国管理科学研究院学术委员会特邀研究员，以及企业文化促进会资深专家委员等高级职务的经济学教授层级的内刊主编，在采访提纲中对迈克·德瑞克说：“我们认真而系统地研究过您的这些非常务实有效的经营管理理念，以及极其重要而又十分权威的‘一个增长’、‘三个专注’和‘六个一定’管理体系，认为这是为天地华宇经营管理体系的购并整合立根基、建架构、成体系和铸造经营管理文化的理论武器，这些很务实、很深刻、很准确、很全

面、很专业、很实用、很系统,也很到位,广大华宇员工肯定会拥护和乐意执行,并且执行下去也肯定会有显著效果的经营管理体系。但令人遗憾的是,真正知道您的这些经营管理理论体系主要内容,而且能够系统学习、深刻领会和贯彻执行的人却很少很少。这是我们最近采访调研集团最大的上海公司总部和12个分公司经理,以及许多员工时所听到和看到的真实情况,集团总部各个职能管理部门的学习贯彻情况也是如此。我们也深深感到这是一个十分严重的问题,非常有必要重新进行系统和认真的学习整合与整合学习,并且应用到经营管理的整合实践中去,否则难以完成平稳过渡、整合提升和实现有赢利收入增长的重大任务,更无法实现天地华宇跨国购并整合的使命、愿景和战略目标,您看是不是这样呢?”

同样令人遗憾和费解的是,在2007年6月26日,他们将这个十分重要的采访TNT大中国区董事总经理兼天地华宇董事长迈克·德瑞克的提纲,进入请示审批的程序后,就一直没有下文了。

5.利用管理年会进行最为关键的管理层的学习整合

2008年天地华宇管理年会,就是一个效果最好、层次最高的集团经营管理层集中进行学习整合的样板。一是它有“同心同德,服务双赢”的学习整合理念;二是它有“打造中国最强大、最快捷、最可靠的递送网络”的主题报告作为整合学习的核心内容;三是它有“万众一心,团结奋斗,全力提升服务质量,实现企业和客户双赢”的整合学习目标;四是它有整合学习的良好环境和较为正确的整合方法;五是它有面对面的组织领导和比较完善的整合计划实施方案。六是整合完成之后,它还有整合成果的总结评估、精心部署贯彻执行和整合实际效果届时反馈报告。显然,这是有方案、有领导、有组织、有管理、有步骤、有时限、有总结的要素俱全和到位实施的最好的学习整合。唯一不够理想的问题和差距,就是学习效果的转化和落实的整合不够，主要原因是他们事先没有将这个年会作为天地华宇的一次重大、高级、深度、有效和极为难得的经营管理的学习整合活动，同时，也是因为他们完全没有整合学习的思维、通识、经验、理念、知识和能力。同样，也是由于这个缘故，年会后向广大经理和员工们的传达、贯彻和执行，就更没有按照整合学习的管理模式和有效方法，在全体员工中进行一次全面深入、更大规模、更有成效而又深受欢迎和令人振奋的整合学习的转化与落实。结果确实令人惋惜和极为遗憾：当集团中枢主管部门将年会文件堆砌在一起发到办公平台上时，就无人管，也无人问了，如此重要的事情就这样“完事大吉”了，致使本来可以达到60%到80%的年会最好效果，却连10%到20%也没有产生和发挥出来。

出人意料的是，TNT大中国区人力资源总监兼天地华宇人力资源高级副总裁徐水波先生，在这个首次管理年会上做了一个“呼唤华宇创业精神的回归，携手共创新华宇更大辉煌”的长篇演讲。这个让听者感到明显僭越的重要报告，其演说的核心内容是他跟迈克·德瑞克先生一起深入学习华宇的心得体会。这个政治性很强的演讲报告的核心内容和目的十分鲜明，就是要召回华宇十多年来赖以成功的企业家创业精神，这也是华宇物流优秀企业文化的核心内容。同样，令他自己也没有或无法想到的是，这个长篇演讲起到了很大的学习整合作用和很好的效果，不仅使华宇的高级、中层管理者和员工们感到了尊重，舒缓和削减了对立情绪，增强了对TNT的信心，看到了未来的希望，更为重要的是，终于让这位第二任天地华宇的老大，以及高管团队开始觉悟和悔改，想找回“同洗澡水一起泼掉的孩子”——好不容易竞购到的将来让TNT成为中国公路运输领导者和伟大企业，即华宇物流的民营龙头企业的组织资本。

而2009年以“敢拼敢赢”为主题、主基调、主旋律或企业精神的管理年会，却让许多与会者和更多的企业员工摸不着头脑，不得要领，甚至疑惑不解。全球经济危机时期，不注重修炼核心竞争能力，不专注客户服务质量的提升，而是像塞万提斯笔下的唐吉诃德那样，出去“拼抢”、“拼争”、“拼搏”和以最大勇气莫名其妙地去“大战风车”，总是让人觉得有点“跑调”、“离谱儿”和“走偏”。这样的管理年会自然不可能发挥学习整合和整合学习的正面作用。也许初衷很好，但效果并都不好。这大概就是知识、经验、智慧、心智模式和领导能力的局限吧。

2010 年管理年会聚焦和整合的主题，是在去年“敢拼敢赢”的后面，又加上了“品质智胜”四个字。虽然，由这八个字所组成的年度战略主题，在语言形式上对上了“敢拼敢赢”、“品质”和“智”都是手段内容的逻辑，即用“勇”的手段、“品”的手段、“质”的手段和“智”的手段，都是为了实现“胜”的目的。但是，在内容上却出现了逻辑混乱和不够真实的错误：一是“品质智胜”的形式和内容不通、不对；二是只靠“勇”和“智”再加上“品”和“质”就能制胜，是个“或然判断”，而不是一个“必然判断”，意思是有可能制胜，也有可能不能制胜，或者可能失败。因为必要条件缺失过多，或者说充足理由和必要条件严重不够。在中国传统文化中，一个人、一项事业、一个企业和一个国家，只有具备了仁、义、礼、智、信、勇和天时、地利、人和、领导能力等，至少 10 个方面以上的必要条件和充足理由，也就是说必须具有足够多、足够强大、足够聪明睿智的内外资源要素和很高领导能力等，才很有可能制胜，谁也不敢说有 100％制胜的妙算，因为导致不能制胜或偶然失败的不确定性太多了。这样的年会主题定位或命题，实在不敢让 15 000 多名员工恭维、拥护、信奉和执行！2010 年天地华宇的整合，除了时髦而炫耀、标新又立异、误导和错乱之外，既不能起到 2009 年经营管理总结提升的作用，也不能发挥 2010 年经营管理的整合增强和正确指导的正面效用。

三、共创天地华宇新未来发展战略的学习整合

1.唯一持久的竞争优势是比对手更快更强的学习整合能力

2008年7月30日，遵照新总裁徐水波的重要指示，集团总裁办和宣传部联合下发了关于学习的通知。这个天地华宇集团第一个学习通知的内容分为三个部分。第一，目的意义是“为了加强天地华宇员工，尤其是各级经理对公司发展战略、方针政策和运营管理流程的正确理解和贯彻执行”。第二，基本要求是及时组织传达学习和认真贯彻执行下发的各种文件精神，集团指定专人负责检查指导学习工作，并且将学习效果作为经理业务素质和执行能力考核的内容，以及职位升降的重要依据。第三，本次学习内容是五个：关于徐水波总裁的人事任命；徐水波致广大华宇人的信；关于成立定日达事业部和任命其总经理的通知；关于进一步强调禁止危险品运输的规定；新的企业运营管理职责架构图。这就是第三任总裁徐水波决策实施的、共创天地华宇新未来的、战略性和战术性相结合的学习整合与整合学习重大行动。

由于这个重要学习通知既笼统又很不专业，结果让基层经理难以执行和无法遵循，因而出现了许多咨询、请示和质问的事情。为此，《天地华宇》特别开辟“学习论坛”，予以权威性和比较准确的统一回答。这个购并整合学习的总理念是，“购并学习整合是战略转变的根本性措施，是造就天地华宇学习型人才与成就伟大企业的战略途径。学习力可以转化成为企业的领导力、执行力、赢利力、竞争力、创造力、发展力、品牌力、生命力和整合力等。我们可以在学习中提高物流速度、服务质量和经济效益；在学习中创造名牌、创造价值和创造利润。实践证明，学习型企业

创造的利润高出权力等级型企业 35 到 39 倍；在学习中打造中国最强大最快捷最可靠的递送网络，从而成为业界至尊的领袖企业”。这篇权威性很高的学习论坛的首篇文章，从五个方面阐明了建立这种全新的学习管理制度的必要性、重要性和迫切性；阐明了学习中应当遵照执行的“应学必学、急用先学、学以致用，务求实效”的方针和原则；阐明了保证学习能够深入下去和不断提升效果、能力和水平的领导体制、管理制度及其运行机制。

常规型和制度性的全员整合学习开展了一个月之后，从他们对集团六个管理区域 200 多个二级公司的经理和员工学习情况的随机抽样调查结果统计数据来看，虽然执行效果并不理想、问题较多和进展很不平衡，但是仍然显示出具有战略性意义的学习整合有了一个良好的开端。企业购并整合学习和创建学习型企业学习的经验一再证明，学习型组织及其互动共享的学习系统是企业应对变化、战胜对手和创造美好未来的唯一持久的竞争优势。具有伟大美好共同愿景的天地华宇，不论遭遇什么样的艰难险阻，都要百折不回和深入持久地坚持这样的战略学习整合、创新学习整合和行动学习整合等，这是通向未来伟大企业共同愿景的唯一成功之路。

2. 按照重要专题和系统内容进行效果更好的学习整合

现在，天地华宇的学习整合已经从每月或两个月安排一次学习内容和提出相应要求的初始阶段，进入到了针对和适应企业经营管理迫切需要的改进、提升、发展和变革的问题、难题或课题，进行学习整合的新阶段就是区分为重要专题或归纳成系统主题，进行解决重大课题的深度学习整合的较高阶段。改变了过去那种学习内容杂乱无章、没有主题、时断时续、不成系统、随意性很大、不符合学习规律、效果不好、学习兴趣涣散和挫伤学习积极性的低级粗放式的落后学习方式。从 2008 年 10 月起，已经进行了“改进网络运营”、“提升客户服务质量”、“天地华宇坚决不要带血的利润”和“天地华宇下步发展必须处理好八大关系”等专题的系统性整合学习，每个专题或主题系统，都有10个或更多的文件。经过学习的整合和整合式学习，都能够不同程度上解决一个方面或者一个领域里阻碍企业成长、发展和赢利的关键问题和“瓶颈”制约，因而收到了比较显著的效果。

例如，针对近几年来在安全生产中人身伤亡事故多得惊人，安全管理失职、失察、失责和失误过多，几年来持续快速上升势头一直遏制不住的严重危机，致使第三任总裁徐水波在国外开会期间，在接到了严重死亡事故的报告后，极为震惊和痛心疾首。2007年这样的死亡事故已经夺去了8名员工的生命，2008年已有10位员工兄弟葬身于比去年更多的恶性交通事故当中，没过多久又发生了一起惊人的死亡事故。如果继续这样下去，他的总裁就别想当了。于是，他痛定思痛之后向天地华宇员工写了一封“员工生命高于一切，天地华宇坚决不要带血的利润！”的致歉信。集团总裁办就以这些安全生产和管理严重失职的重大疏忽为主题，系统地整合学习了关于加强安全事故管理方面的十几个重要文件，并配以30多个必须研讨和尽快解决的重要问题：小疏忽造成大伤亡一直解决不了的主要原因何在？为什么两年来交通死亡事故一直迅猛上升的势头得不到遏制和扭转？采取什么样标本兼治的措施才能制止死亡惨剧的再次发生？要求每个员工和管理人员都要围绕“十问”进行深刻地审查和纠正：1)你的安全意识是否牢固？2)你的安全责任是否明确？3)你的安全流程是否有效？4)你的安全制度是否执行？5)你的安全管理是否到位？6)你的安全责任是否追究？7)你的安全奖惩是否严明？8)企业的安全文化氛围是否形成？9)企业的安全生产和管理还有那些缺失、漏洞和隐患？10)你和企业应该采取哪些有效措施从根本上解决安全事故的重大危机？对这些细节、流程、管理和机制问题的整合学习,从根本上扭转了安全伤亡事故一直上升的势头,开创了安全生产和管理的新局面,2009 年的伤亡事故大大减少,全年只有 6 人死亡,2010 年一季度死亡 2 人。至此,不到三年共有 27 名员工死于恶性交通运输和装卸作业事故,由此造成重伤致残和轻伤受损的员工人数更是多得令人吃惊。尽管如此,经过整合学习和主动防范,对天地华宇建立安全管理价值观念、企业文化和管理制度还是起到了很大的建设性和促进作用。谁也没有想到是,外国"资本巨头"对中国民营"龙头物流"企业的购并整合,让多得拒绝接受的朴实可爱的华宇员工,付出了宝贵的生命和血淋淋的代价。

3.集团西部区率先提出打造优质高效的学习型管理团队

这是近几年来一直走在学习前列的西部区域天地华宇人的共同愿景。回顾总结过去的学习整合经验,他们深得整合学习的要领和效应。他们在天地华宇购并整合的一切学习整合中,都是一马当先,冲在前头,并且大受其益。他们已经进入按照学习型企业的管理模式进行整合式的学习修炼的高级阶段了。他们在建立共同愿景、改善心智模式、团队学习、自我超越和系统思考五个方面都有所突破,很有心得,有所成果。例如,他们区域的乌鲁木齐公司在改善心智模式、创新市场营销、运用"竞合思维"正确地对待竞争对手等方面都有新的突破。他们说:"造就一个优秀企业,并不是打败所有的对手,而是形成自身独特的核心竞争力优势,建立自己的高效团队、先进机制和优质文化",而不是"鱼死网破,两败俱伤"的一味打拼和抢夺。他们以"神秘客户"身份,真切了解竞争对手的优势和劣势,向竞争对手学习优长,增强和提升自己的竞争优势,真是令人敬佩和振奋。又如,两次发表的获奖作品:刘恩思写的——"西部华宇人常犯的 11 种错误",更是典型的集团仅见的通过检视和改善心智模式,从而能够进入改进和创新型的学习整合"众妙之门"的唯一佳作。实际上，西部区域的总经理李智岩本身就是一个学习型的人，他所带领的那七位一级公司总经理，也都是勤奋好学追求卓越和自我超越的职业经理人。他们都善于把学习作为“抓手”、“推手”、“帮手”和“魔手”来凝聚人心和化为制胜素质、建好团队、提升能力和完成增长目标的创新学习过程。这是他们敢于和更善于打造一支优秀高效的学习型团队的根本要素和重要能力。

4.破除学习障碍和改善心智模式中获得更快更强的学习能力

2009年7月末，共创企业新未来的战略学习整合一年之后，他们在回顾和总结购并整合学习中，发现了一个重大问题，就是出现了意想不到的巨大反弹现象，致使集团制度化的学习整合又回到了之前基本上不学习的状态。这个为了实现购并发展扩张战略的极其重要的整合学习，很可能就这样失败、夭折或不了了之，这是一个非常严重的问题。分析研究查找出来的主要原因有三个：一是各个层级的领导人和管理者把自己置于这个学习整合之外；二是整合学习中的严重障碍和不良心智模式的限制，致使这个学习整合进行不下去了；三是尚不具备组织、领导、推动和管理企业整合学习的知识、经验和能力，使得这个学习整合与整合学习陷入不推不动、推推动动和推也不动了的怪圈。

这就是在购并企业学习整合和创建学习型企业的学习进程中都会遇到的一个致命性的问题。为什么在许多团队中，每个成员的智商都在120以上，而整体智商却只有62？为什么显赫的世界500强企业，没过多长时间就被排除在外或销声匿迹了？这都是因为企业的智障妨碍了企业的学习和成长，使企业被一种看不见的巨大力量所侵蚀，甚至吞没了。所谓企业的学习智障，是指障碍企业学习能力提高和增强的一些因素。包括企业的设计和管理方式，人们定义工作的方式，员工培训与互动方式，特别是思维方式和传统观念等，这些都是最基本的学习智障。

“学习智障对于孩童来说是个悲剧，对于企业组织来说是致命的”。这也是大型企业迅速衰老的原因。治疗和破除这些学习智障的第一步是必须体检和善于辨认企业存在的学习智障。诸如，局限思考、归罪于外、缺乏整体思考的主动积极、专注于个别事件、熟而不察缓缓而来的致命威胁，从经验中学习的错觉，管理团队的迷思或“熟练的无能”，等等，都是目前天地华宇普遍存在，甚至是严重存在但却浑然不知不觉不察的学习障碍和有害心智模式，因此，必须尽快体验、深刻认知、突破盲区、改善心智模式和自我限制，切实有效地予以破除。只有这样，才能开始真正的购并整合学习和创建领导型企业的战略学习整合。

此外，改善心智模式也是天地华宇购并整合学习与常规性整合学习的首要前提。所谓心智模式是指根深蒂固存在于心中，影响我们怎样看待和如何了解这个世界，怎样了解掌握企业特性，以及如何采取行动的许多假设、成见、印象和图像等。例如，主观性很强的或用先验论的思维去看待和处理被购并企业存在的问题；用非此即彼、肯定一切和否定一切的形而上学观念去解决系统性、整体性、动态很强的大型物流集团的市场营销、网络营运、人力资源流程等整体性和复杂程度很高的问题，必然会出现能力、知识、经验、智慧和水平等方面落后和错误的心智模式障碍。第一家发现心智模式对于企业学习及其经营绩效，有巨大潜力和重大作用的是英荷壳牌石油公司。他们创造了检视、改善、修炼和管理心智模式的许多有效方法，很值得天地华宇管理层，特别是董事长和首席执行官们认真学习和历练提升。否则难以完成购并整合目标，很难实现企业经营管理目标，更难以实现中国公路快运领导者的愿景目标。过去传统企业的权威信条是管理、组织与控制，现在学习型企业的管理信条是共同愿景、价值理念、管理心智模式、不断提升和尽快增强整合能力。所有这些都是当今不确定性越来越多的世界最前沿、最高级和最为稀缺的领导能力。

第十章　企业文化整合

概而言之,购并成败在于整合,整合成败在于文化。企业文化的整合、磨合、融合是最重要、最艰难、最关键的,也是矛盾、冲突、挑战、风险最多的整合。然而,在天地华宇的文化整合中,却“举重若轻”、“风平浪静”、“很快成功”和“令人称奇”。总结这个近乎“平淡无奇”便“大告成功”的企业文化整合“经验”,可以用三句话来表述:评估华宇物流的企业文化;认知 TNT 集团的企业文化;确立天地华宇想要的企业文化。也可以称它为“三步走”或“三段式”的天地华宇企业文化整合模式。剩下的就是天地华宇企业文化的沟通、演讲和对外宣传了,也可以称为企业文化沟通、企业文化宣传、企业文化演讲的“三步走”或“三段式”的模式。

一、全面认知和正确评估华宇物流企业文化的本质特征

实践证明,品牌先发制人,文化后发制胜,品牌和文化完美结合,一定能够将企业快速做强做大而使其生命长久。这就是华宇物流企业文化和品牌文化所追求的价值、目的和境界。企业不仅是一个由资金、技术、组织机构和人员组成的经济体系,也是一个由共同愿景、核心价值、

使命、信念和企业哲学、企业理念、企业精神、英雄人物、品牌形象、文化环境和文化网络等要素所组成的企业文化系统。12 年的华宇物流在被 TNT 集团收购之前，已经具有了两个系统高度统一、十分完善和比较优秀的企业文化系统了。全面认知、深入理解、正确评估和继承光大，是天地华宇并购之后进行有效地文化整合必须做好的功课。否则，就会把这个最具价值和最为重要的被购并企业的组织资本和文化财富整合掉或无端否定。

1. 华宇先进文化创立、创新、成熟、完善和提升的艰难历程

可以说，前五年是华宇物流企业文化创立、创新和基本形成的时期，后七年是快速完善、成熟和显著提升的时期。2001 年《广州华宇》创刊号记载了这个里程碑性的华宇物流企业文化建立的起始过程。在这个彩色油印创刊号的封面上，华宇货运公司宝石蓝色的天地之间的上端，是鲜红的“团结、拼搏、求是、创新”八个长方大字，中间是叱咤风云奔驰在路上宛若长龙的华宇货运车辆，下面是王振华亲笔签名的华宇物流企业文化理念：“如果说华宇是粒种子，那么华宇三千多名员工就是大地母亲；如果说华宇是棵参天大树，那么社会各界朋友就是阳光雨露”。这就是华宇物流创立以来，王振华一直使用的打造优秀、强大、常青的华宇物流企业文化的核心语言。当时的三千名华宇员工和后来的一万两千多名华宇人，都是将这个灵魂性和理念性的核心语言，印刻在头脑里和溶化进血液中，并且落实在行动、业绩和发展上。这就是华宇物流著名的“大树文化”和快速崛起的“企业哲学”。

这一创刊号的全部栏目：“见证华宇”、“华山论剑”、“上帝之言”、“前沿阵地”、“员工之家”和“似海情深”，等等，都具有浓烈而又温馨的文化色彩。在“见证华宇”的专栏文章中，讲述了广州华宇公司的员工、客户和经理一拍即合地“找到了企业文化这个概念，以其核心内含和博大精深为内容，办起了《广州华宇》这个企业文化刊物”；“它以发展企业文化，弘扬企业精神为宗旨，努力探索企业管理有效途径，见证企业发展路程，为大家架起文化沟通的心桥”；“刊物虽只有几页，但却是公司发展的一件大事，是我们企业文化建设的一个里程碑，它必将对华宇的快速发展和更大发展产生重要而深远的作用”。

“华山论剑”栏目的文章题目是，“精诚团结，协同作战”，副标题是“浅谈协同运作的关系”。其实，这是一篇深谈华宇物流整体协同运作文化建设经验的文章。文中提出必须遵循“人人为我，我为人人”的团队合作和整体协同服务客户的先进经营理念。并以货物运输流程中的收货、装车、运输、卸车、提送五个环节为例，说明“如果大家不能协同作业和紧密连接，每个环节都耽误两个小时的话，那么加起来整体上就会晚到10个小时，还谈什么提高物流速度呢？而吸引更多客户来华宇发货也成了一句空话！”

“上帝之言”栏目中发表的是大力支持创办《广州华宇》的一位如同家人的客户伙伴蒲葵先生的文章，题目是：华宇公司的服务理念、经营宗旨和企业使命——“奉献社会，服务大众”。他说：“华宇公司创立五年多来，在创造了3亿多元物质财富和精神文化的同时，企业文化也得到了长足的发展，视员工为沃土，视广大客户和社会朋友为阳光雨露的‘大树哲学’，视服务为企业生命的经营理念，以及奉献社会，服务大众的企业使命和价值观，见证了独领风骚的华宇企业文化。”他进一步说：“企业文化是一种渗透到企业一切活动中的精神力量，是企业不朽灵魂之所在，你们创办一个与我们沟通和传播华宇企业文化的刊物，并且还让我们客户在上面发表文章，提出意见、建议和反馈，也是你们有胸怀、有气度、有自信的突出表现。”

“前沿阵地”栏目中发表的是，“身先士卒，爱岗敬业，认真负责，一丝不苟，华宇到货服务的一面旗帜”，在2000年公司大发展和大跨越中，做出突出贡献的模范标兵黄佳强的感人事迹。在“似海深情”栏目里，报道的是一位企业客户代表邓彩娟，赞扬华宇专属服务人员苏上星先生同客户精诚合作、满意服务的事迹。她说：“承蒙与贵公司的深入合作，为我们公司业务的快速拓展铺下了金光大道，你们的优质服务，有口皆碑，在新的一年开始的时候，我代表江裕公司由衷地说一声，谢谢华宇，谢谢为我们公司发展做出突出贡献的黑仔——他们对黑红脸庞的苏上星的亲切称呼。”

在2002年第一期《华宇天地》的卷首语中，第一次总结了华宇物流企业文化从创立到成熟的历程：“华宇公司成立6年多来，企业文化从无到有，从弱到强，吸收一切先进文化为营养和经验，结合自己公司的实际特点和发展需要，注重培育和不断完善华宇的企业文化，现在已经形成了以团队协作为核心，以客户服务为生命，以员工为主体资源，以奉献社会，服务大众为使命和理念，以学习创新和激励员工为动力源泉的企业文化架构，全体员工发扬团结、拼搏、求是、创新的企业精神，坚持一切为客户着想，服务让客户满意的标准，将勤奋敬业和高度负责的员工作为企业的宝贵财富和第一重要资本。”他们所说的借鉴和吸收一切先进企业文化为营养及经验，主要是指美国的UPS、FedEx和中国的海尔等世界驰名企业。

2.如何正确认知和客观评价华宇物流企业文化的本质特征

在华宇企业文化不断完善、成熟和显著提升时期，2006年6月26日达到了最高境界，其中一个里程碑性的标志就是企业文献性书籍《华宇经典》的出版和内部发行。这部由40多万字、100多张珍贵照片、100多个典型案例和100篇学术研究文章所构成的全景式的纪实图书，凝结、承载、诠释、体现和见证了10年金色华宇物流经典的精神、文化、理念、精髓和成功的奥秘、发展的模式、品牌的价值和企业的哲学。完全可以说，这是中国华宇物流十载辉煌所铸成的华宇文化经典，这在中国物流业界也是绝无仅有的企业文化奇葩，令中国管理科学研究院和中国企业文化促进会的一些知名专家，大为惊奇和高度评价。中国物流与采购联合会会长陆江、上海物流研究会会长李厚圭和有关领导视察访问华宇物流总部时，都高度赞扬华宇物流优秀而强大的企业文化。之后不久看到这部文图并茂俱佳的《华宇经典》大书，又受到很大的震撼。他们谁都没有想到，这个中国首批5A级中唯一的大型运输物流集团企业，在创造中国公路运输第一大网络和龙头企业的过程中，不仅为下岗失业人员创造了数以万计的就业岗位，创造了数十亿的物质财富，而且经过艰苦卓绝的创业奋斗和痛苦成长的实践探索，以及总结提炼的理论研究，找到了现代物流的网络运营之道、经营管理之道、客户服务之道、物流文化之道和快速强大之道，不愧为中国物流企业文化的经典之作。荷兰TNT集团收到了这样一个中国物流名牌经典企业，可以说是极大的荣幸，因为他们因此获得了意想不到的巨大而长远的组织资本、文化财富和无形资产。当然，也不能不说，这同时也给他们的购并整合特别是企业文化的购并整合，带来了巨大的挑战和严峻的考验。因为优秀、卓越、先进和强大的企业文化会使购并整合更容易、更顺利、更成功地进行和很快完成；反之，就会充满变数和不确定性，就会出现弱势整合强势、落后整合先进、劣势整合优势和稚嫩整合成熟等悖论和难题。其结果既可能极为轻松，想象不到的容易，甚至不整合即可成功；也可能极为艰难，不仅整合不了和整合不好，而且还会弄得一团糟，甚至怎样整合都是失败的结局。关键就看他们的企业文化本身和购并主体的企业文化整合智慧和能力了！这也是天地华宇所独有的最具魅力的企业文化购并整合的魔方。

作为企业精神、文化和价值理念系统的华宇物流企业文化，同样表现为企业的使命、愿景、价值追求、行为准则、道德规范、群体习惯、品牌特质和员工素养等。同样，这个系统、完整和成熟的企业文化可以分为六个层面：表层的是以物质形态表现出来的企业物质文化；浅层的是以人的行为形态表现出来的企业行为文化；中层的是以制度形态表现出来的企业制度文化；深层或称底层的是以价值理念和经营哲学形态表现出来的企业精神文化；环层的是以环境和氛围形态表现出来的企业环境文化；而能够集中、全面、深刻反映和体现上述五个层面企业文化特征的是企业品牌文化。企业文化的六个层面是有机结合、融为一体和协同发挥作用的。在构成和体现企业文化的诸多要素中，共同信奉的企业核心价值观是企业文化中不变的核心和不朽的灵魂。虽然企业文化的功能作用很多，但是，用华宇人现在所认知、体悟、理解、领会、精通的深度、宽度和高度来说，只有两个方面四个字："内化、外化"的价值、作用和意义。所谓内化，就是"化人"、"化企"和"化魂"；所谓外化，就是"化为品牌"、"化为企业形象"和"化为独特价值创造"。有形的产品、无形的服务和有形无形容为一体的企业等等，都是内化、外化和内外整合融化为一的成功体现。至于化为核心竞争能力，化为最高境界的管理能力，化为强大可持续的赢利能力和巨大财富盈余的具体数字，则是亚层次的内化和外化整合转化和结果。

归纳起来，华宇物流企业文化的独特优势和本质特征是，强烈的艰苦创业文化、不懈的学习创新文化、刚健的团结拼搏文化、独特的资源整合文化、突出的网络运营文化、优质的服务品牌文化、强大的创造第一文化、核心的以人为本文化和鲜明的企业为家文化，共九大要点。

3.最难认同和更难取舍的天地华宇企业文化整合

现在看来，天地集团和华宇物流在购并谈判期间，就涉及了两个企业购并后的文化整合问题。虽然目前还不知道是否有过承诺或陈述写进了收购要约的法律文本之中。但是，从记者对王振华的访谈文章里和他给华宇员工的沟通信中，可以看到双方较难认同和达成共识的迹象。在回答为什么选择TNT来购并华宇的记者提问时，王振华说："TNT是一家很注重人文理念、尊重本土企业和文化的公司。如果不和TNT购并合作，华宇同样能活得很好。但和TNT在一起，华宇将获得更加辉煌的明天。"在《中国物流与采购》2006年第17期发表的"王振华：过渡期的守望者"访谈中，他明确指出："TNT在中国发展的目标与华宇很接近，而且TNT更尊重本土文化，理念更好，这是我们所看重的"。在中国物流市场对外国资本开放的前夕，"华宇庞大的网络和近20万庞大客户群体，自然成为外资企业争相吞噬的丰盛晚餐，其中TNT和UPS纷纷向华宇投来求爱的目光。在比较了TNT和UPS在中国的发展目标和企业文化之后，王振华最终将丘比特之箭射向了TNT。"

这桩美好的"买卖婚姻"终成正果之后，"华宇的白马王子"会怎样对待和出手整合他的这位"爱妻"呢？这实在是不好猜想和难以预测的事情。你还别说，真有一位名为共和快捷供应链管理公司的CEO，在中国《现代物流报》组织的"华宇卖身老外是对是错"的大讨论中，发表文章预测其文化整合可能出现的"情景"：

"理念和技术相通，关键要素不同，就注定了TNT对华宇并购后的整合是个巨大的困难。最容易想象，也是最可能出现的场景是，TNT这一边来自中国台湾、中国香港、新加坡、上海的白领同胞们，整天抱怨华宇现有员工及管理层不会英语，观念落后，能力和水平不够；华宇这边的老员工们整天抱怨TNT的人不懂国情，看不起华宇，贬低华宇员工，根本不会管理华宇，只会玩公司政治；这边骂着'假洋鬼子'，那边骂着'东北土包子'。最终使磨合成为摩擦，逐步又上升为对立和冲突；过了一年再看，华宇或叫TNT中国华宇，不仅还是那么土气，还是那么丑陋和无所作为，反而增加了一些妄自尊大、瞧不起人和不切实际的新毛病。"

当然，也可能有一个与此相反的情景出现在世人面前，"假洋鬼子"

潜心向“东北土包子”学习中国运输的国情，学习华宇有效有用的东西，而“东北土包子”们也如饥似渴地以先进的运输理念、经营管理和物流技术武装自己，磨合成为和谐相处和团结共事。经过两年，华宇变得像原来一样务实和高效，同时完成了向现代运输先进管理模式的转变，真正成为中国现代物流运输企业的典范。文化磨合的过程是和谐还是摩擦，是对立或冲突，是“离婚”或“散伙”，还是相融或统一，不取决于 TNT 的老板或者王振华的一相情愿，而是取决于领导、主持和参与磨合的人们有一个什么水平的整合智慧、胆识和能力。“不过，无论是和谐还是摩擦，是融合还是冲突，无论我们将看到的是一个现代而务实的新华宇，还是看到一个混乱又不切实际、亏损而又官僚习气十足的新华宇，这场磨合与整合，对于中国运输业的发展来说，都是很有价值和借鉴作用”。

现在，这种基于企业文化的 TNT 与华宇员工和管理层之间的相互磨合与整合已经三年多了，出现的实际情景和真实局面是怎样的呢？可以用两句话来概括：坏的情况比预测的更坏，好的局面还没有真正显现。

二、怎样通过深入学习整合全面融入 TNT 的企业文化

1. TNT 全球大文化和 TNT 大中国区公司企业文化的价值体系

这个题目的含义是，TNT 全球集团公司、TNT 大中国区公司和 TNT 所购并的天地华宇新公司，在企业文化的规模层次方面、重点内容方面、表现形式方面和风格特征等方面，都有很大的不同和差异。TNT 企业文化的理念体系是先进的、独特的、清晰和明确的，也是员工们乐于奉行的。它由“管理哲学”、“投资于人”、“成为第一”、“两大主题”、“三为宗旨”、“七大准则”和“客户为重”等价值观念和服务精神等要素所组

成的。

TNT 大中国区董事总经理迈克·德瑞克将“投资于人”的核心理念作为企业经营管理的根本模式、哲学理念和美妙循环，来沟通、传播、推广和推行。这就是“员工—服务—增长—利润”。

TNT 的“成为第一”，就是指在 TNT 的发展战略、共同愿景、核心价值、精神文化和经营管理行为的原则中，有一个起主宰作用、引领作用、凝聚作用、目标作用、准则作用和灵魂作用的价值追求，这就是争取第一，为了第一和成为第一。具体来说，就是行业至尊、世界领先和成为领袖型企业，也就是他们的 TNT 的欧洲第一、亚洲第一、中国第一、全球第一、世界四大新兴市场第一、特殊服务第一、网络运营第一和客户服务体验，等等。

TNT 的“两大主题”，一是增长，二是责任。发展扩张、快速增长，做到第一；承担社会责任，成为优秀企业公民，热衷慈善事业和赈灾救助活动，这既是 TNT 全球首席执行官彼得·巴克这个最大发烧友的追求，也是 TNT 集团一切活动的两大主题。他们完全相信，一个业务专注而明确的发展战略，一定会推动 TNT 的快速增长和更大发展，从而更好地实现对员工、对客户、对社会应当肩负的责任。

TNT 的“三为宗旨”，首先是指在为客户进行全球货件的运输和递送时，提供超过他们所期望的服务；第二是指致力于通过提供最可靠、最高效、最快捷的配送服务和供应链管理解决方案，为客户创造价值；第三是通过培养员工的自豪感、为股东创造财富和为世界分担责任等方法，领先于同行业和成为领袖型企业。这个“三为宗旨”就是 TNT 的使命。

TNT 的“七大准则”是，“随时满足客户需求；挑战自我和完善自我；关爱员工；诚信常在；团队协作；以长远受益衡量成功；服务全球”。

2. TNT 企业文化中的品牌文化

TNT 的品牌文化是 TNT 企业文化中极其重要的组成部分,但两者又并不完全相同。这是因为在 TNT 的品牌文化中,凝结和蕴含了 TNT 企业文化中的核心理念、价值追求、服务标准、行为规范和企业精神等内容,它既是企业文化全部内容的最大容器,又是战略竞争和制胜的强大武器。这就是企业品牌文化的底蕴和内含,是企业文化核心价值追求的道理所在。

何谓 TNT 品牌? TNT 品牌的特质是什么? 它的最高文化旨意是什么? TNT 集团全球首席执行官彼得·巴克回答了这个重大而深刻的问题。他说:“TNT 到底是怎样一个品牌? 换句话说,TNT 的员工到底具有怎样的特质? 因为整个公司的品牌形象总是和公司的三大主营业务联系在一起的,而这三大业务又各有各的特点。同时,在业务之间、部门之间、地区和国家之间也存在很大的差异,所以全球统一的 TNT 品牌的核心含义和特质必须清晰、明确、简练”;“最近,我得出了这样一个结论,即我们大家怀着一颗同样的心——事实上这是公司的灵魂。我们都是普通人,是通过共同的努力取得了今天的成就”;或者说“普通人依靠集体的力量成就大事”;“卷起袖子,埋头苦干,依靠团队,成就大事,做到第一,这就是 TNT 的精神所在”。这就是“TNT 之心”、“TNT 之本”、“TNT 之人”、“TNT 之形”、“TNT 之牌”、“TNT 之魂”和“TNT 之超过预期的客户服务美好体验”。

TNT 全球统一品牌的来历及其演化,也充分反映出了 TNT 鲜明的企业购并文化色彩。TNT 的快递业务开始于 1946 年澳大利亚的一个货运公司,经过半个世纪的快速发展而成为世界著名的以货物快运起家的跨国公司。1996 年 TNT 集团公司被发展扩张的荷兰 KPG 购并,KPG 购并了 TNT 之后,将其皇家 PTT 邮政与原 TNT 合并,组建了

TPG公司(TNT Post Group)。这个公司使用“皇家PTT”和“TNT快运”两个品牌。2005年1月4日,TPG宣布集团将从2006年起以TNT作为其全球一切业务的统一品牌。他们知道,TNT以一个全球统一的品牌开展业务有利于扩大集团在世界上的知名度,不仅能使不同业务间的沟通更为有效,而且还会使TNT集团品牌效应最大化,特别是使TNT集团进一步加快国际化和全球化的进程。也正是为了这个目的,荷皇TPG邮政集团不惜放弃自己原来的PTT品牌和TPG名称,而宁愿使用比自己更好的能够获得的更大效应的购并来的TNT品牌。这个极为罕见的“TNT品牌现象”引起了有关专家的高度思考:TNT集团公司被购并整合后这个公司就不复存在了,但是,为什么TNT著名品牌的风采和效应仍然不减当年,最后又整合掉了购并主体公司的品牌,其内在的深层原因是什么,很值得我们思考、研究和借鉴。这里的品牌购并整合之道是,真正起主宰和决定性作用的是品牌价值、品牌发展前途和品牌整合能力的大小强弱。无论是购并的品牌还是被购并的品牌,都是如此。如果违反了这个品牌购并整合规律,那么,必然是损毁自己。

3. TNT先进和强势企业文化的基本特征

TNT的企业文化是TNT所属国家荷兰民族文化的一种特殊表现形式。自由开放和争取强大是荷兰民族文化的一贯宗旨。国土面积只有4.15万平方公里,人口仅有1 600万人的荷兰,却有世界第一大港鹿特丹,是世界最先崛起的11个强大的资本主义国家之一,在整个17世纪就成为世界上最强大的海上霸主之一,号称垄断世界贸易的“海上马车夫”。与其说它是风车之国、郁金香之国、航运之国和贸易之国,不如说自由、开放、宽容是荷兰文化的独特魅力和魂魄。可以说,“荷兰的自由开放是惊世骇俗的”;“荷兰的弘大包容性是令人吃惊的”;“荷兰价值观的多样性是异彩纷呈的”;“荷兰文化(特别是绘画艺术)是世界一流的”;“特别是作为物流大国之一的物流文化也是很先进的”。这些都是荷兰 TNT 集团企业文化的底蕴、根基、特色和主要元素。他们自称是欧洲的中国。

他们不仅把物流作为产业和企业来做,而且把物流当做文化和艺术来做。用物流促进国民经济发展,用物流提升国家品牌和综合实力,用物流增强荷兰经济在全球化中的领先地位。正是这些荷兰国家的经济、政治和文化背景,造就了国家及其企业的物流物质文化和精神文化,包括物流经营文化、管理文化、技术文化、网络文化和服务文化,等等。在 TNT 集团对外宣传、沟通、推广的标语口号中,有这样一句非常重要的内容:“TNT 独有的网络运营能力”;“不可比拟的网络运营专长”;“专注于网络的发展战略”。

4. TNT 企业文化中的优质客户服务文化

可以说,客户服务文化是 TNT 企业文化中极为重要的核心内容之一。TNT 的客户服务理念、价值主张、发展战略、服务流程、质量标准和管理体系等,之所以那么健全、完善、高效和先进,都是因为有一个强大、深厚、优质的物流服务文化作为底蕴和根基。这是任何一个年轻企业所不能成就和无法企及的。如果不是从这个高度去认知、理解、学习和掌握 TNT 先进、优质、强势的客户服务文化,那么,就根本找不到购并整合学习的方向、内容和目标。当然也学习不到 TNT 企业文化,特别是服务文化的精髓、真谛和要领。虽然,现在还没有找到,更没有看到 TNT 集团企业文化读本或推行手册。但是,在他们的宣传资料、运营手册、流程标准和管理制度等企业文献中,你能够强烈地感觉到、触摸到、领会到和体悟到 TNT 的客户服务精神、服务文化特征和服务品牌文化的气息和本质。

5. TNT 企业文化中的“全球大家庭”文化氛围

在 TNT 集团的企业文化体系中，沟通文化、包容文化、尊重多样性文化、倡导灵活性文化、学习创新文化、团队协同和密切合作文化，以及尊重本土企业文化等特色都比较突出。此外，TNT 集团企业文化中的另一个突出内容，就是“TNT 大家庭”文化，当然，它包括“TNT 全球大家庭文化”、“TNT 洲域大家庭文化”和“TNT 国家大家庭文化”以及其下属的“TNT 公司大家庭文化”。他们的思维理念和习惯是把各个城市、国家、地区、大洲与全球集团、战略发展部门、公司和分公司以及各地总部与管理部门等，都看做或当做一个具有各种规模、从事各种业务、乃至全球统一的“TNT 大家庭”，每个员工都是这个“TNT 大家庭”中的一个成员。无论是 TNT 全球 CEO 彼得·巴克先生，还是大中国区 CEO 迈克·德瑞克先生，不管他高兴不高兴，第一次面对新成员的第一句话都是：“欢迎您加入 TNT 大家庭！”受到尊重和欢迎的你、我、他（她），都会由衷地产生一种自豪感、归属感、使命感，以及愿为 TNT 奉献才华的冲动和激情。这种“TNT 大家庭”的文化，很有亲和力、凝聚力、愿景力、整合力和激励力等重要作用，这也契合中国传统文化和华宇文化中的“家文化”的价值追求。

6. 全面准确理解和掌握 TNT 文化本质特征是为了购并整合

只有认真学习和掌握 TNT 企业文化，才能知道怎样更好地融入 TNT 的企业文化。当然，这个学习整合并不是单方面的，也不仅仅是购并主体企业和客体企业两个方面的，而且还要包括购并成功后新加入和还在加入天地华宇的新员工、新管理者特别是高层管理者在内的三个方面人群的企业文化的深度整合。这第三个方面人员对原来华宇物流的、TNT 全球集团的、TNT 大中国区的和正在整合之中的天地华宇的企业文化，可以说都是空白的，因而他们的学习和被融合的任务更为重要、更为迫切和更为艰难。所以，对这一部分天地华宇新人的企业文化的学习与整合是万万不可忽视的。因为已经有过了包括总裁在内的首届集团新任的空降高管团队，没有经过对购并双方企业文化的学习整合而遭到失败的沉痛教训，所以绝对不能重蹈覆辙和再上演悲剧了。

正如对华宇物流企业文化进行正确的评估，也是为了整合和确定出来在购并后的天地华宇企业文化中，究竟哪些是有用的？有益的？需要保留的？必须强化的？哪些是无用的？无益而有害的？必须整掉和排除的，需要弱化和淡化的一样，也必须整合和确定出 TNT 集团的企业文化中，哪些是需要输入到天地华宇新文化中的？哪些是不需要输入的？哪些是需要新建立的？哪些是需要融入到必须保留的天地华宇企业文化中的内容或要素？哪些是不但需要尽快输入，而且要继续快速凸现和发挥它的效应？这些正确的选择和决定，不仅需要拥有文化整合和决策的专业技能和过硬的整合工夫，而且还需要博大的胸怀和坚持公司利益第一的职业道德操守。

三、天地华宇企业文化的整合了犹未了

1. 共同愿景、核心价值和企业精神的文化整合似乎已经完成

天地华宇企业文化购并整合中的共同愿景、核心价值理念和企业精神三个最重要的核心内容整合，现在看来似乎已经大功告成了，最重要的标志和体现是，在 2008 年和 2009 年天地华宇管理年会上，推出并号召全体员工践行的企业愿景、核心价值观和“敢拼敢赢”精神。关于共同愿景与核心价值观的整合已经在第八章说过了。而天地华宇的企业精神整合，是第三任首席执行官徐水波在 2009 管理年会上提出和推行的，

尽管他用的是“主题”、“主基调”和“主旋律”，为“敢拼敢赢”定性和定义其核心含义。最终，还是用“企业精神”这个概念或范畴来定义，比较贴切、准确和科学。同时，也能更加适应和满足这位新任首席执行官，在新的一年里全面实施定日快运新的产品或业务发展战略的迫切需要。他深切地感到，在这么大的集团企业里怎么能没有一个提振精神、凝聚人心和鼓舞士气的精神口号呢？这也是天地华宇企业文化中一个极其重要但却缺失的核心要素之一，在中国的企业文化中是万万不可缺失企业精神的。于是，在2008年管理年会上，他所作的“呼唤华宇企业家创业精神的回归，携手共创新华宇更大辉煌”的长篇演讲中，就明确指出了不能否定和抛弃华宇原来的企业家创业精神。他忧心忡忡并且大声疾呼，“我最害怕的，也是最危险的，就是你们丧失了老华宇赖以成功的企业家精神和艰苦创业精神。包括我们这些从TNT过来的人在内，如果没有足够的企业家精神，没有强烈的艰苦创业精神，如果真的没有这些强大的企业精神，那我们的企业就很难做好，非常难以做好。对于今天的这个局面和内外环境来说，根本就是做不好的”。“现在，我们可以随时见到没有企业家创业精神的事例，所以，我在这里提出一个号召，就是我希望和能够呼唤我们华宇创业精神和企业家精神的回归”。然而曾经创造过华宇10年辉煌奇迹，又为中国民营物流第一名牌集团企业立下了汗马功劳的“团结拼搏，求是创新”的华宇企业精神，又被弃之不用，最后只能是退而求其次，自己创造个不着边际的“敢拼敢赢”。实践效果怎样呢？这种赖以获得巨大成功的华宇企业家创业精神，并没有被徐水波呼唤回归，原因也很简单，就是以他为首的由所谓的职业经理人构成的高管团队，从来就没有他所说的这种企业家的创业精神，你还指望这种企业精神往哪里回归呢？于是，在2010年的管理年会上，他又提起此事说：“一个优秀的企业关键的是要有精神，要进一步推进天地华宇精神的回归，以公司为家的精神、创业的精神任何时候都不能放弃，我们要培植符合天地华宇特定发展阶段和发展战略的文化”,“品质智胜,说到做到”,就是根据我们业务策略制定的文化。实在让人费解的是,变换了许多标新立异和时髦的标语口号,大声疾呼了三年却一直不归的华宇精神,为什么不试试恢复华宇精神的核心理念“团结拼搏,求是创新”,看看效果怎么样呢?!

2009年9月5日,在第三届中国苏州国际物流与供应链的发展峰会上,天地华宇荣获“中国最具竞争力的物流企业”称号。这条获奖新闻着重指出,“在200多家参评企业中,天地华宇独领风骚,凭借最具竞争力的快运服务网络,先进成熟的企业文化和管理体制,以尊重、务实、敬业、诚信为核心的企业价值观,标志性的定日达快运服务产品,对信息系统、人员培训等软件方面的投入,以及积极拓展的大客户营销模式,获得了高度肯定”。虽然,这段新闻报道内容比较冗杂,用词也比较混乱,但是,天地华宇的企业文化与核心价值观,无疑是获此殊荣的最重要理由。此外,这条简短新闻的另一个极为重要的作用是,对包括企业文化整合在内的天地华宇的全面工作高度评价和“高度肯定”。很多人读了这些新闻要点之后都觉得,这很像是自己写好了内容之后,到这个“峰会上”盖了一个戳儿似的,当然,是必须付费的。

另外,在某期刊的一篇题为“成功过渡,稳步迈进”的对天地华宇CEO徐水波的访谈中称:“自2007年9月开始在天地华宇的整合中扮演主要角色和率领整合中的出色表现,被TNT总部任命为天地华宇CEO的徐水波向记者说,这次兼并使TNT赋予了天地华宇全新的生命力,我坚信天地华宇能够取得成功。”他进一步介绍说:“在完成兼并后近两年的时间里,成功地度过了文化整合的困难期,并成功稳定了公司管理层及员工团队,在全体员工中贯彻了天地华宇公司的核心价值观;同时,在各个方面的管理整合上都取得了积极的进展,实现了业务稳中有升,并且达到了历史最好水平。现在我可以很自豪地说,TNT对华宇的兼并过渡是成功的。"徐水波最后又解释说,"要整合拥有 14 000 名员工的天地华宇是极其充满挑战的,但在我负责整个整合过程的一年多时间里,我时刻都能感受到员工们对天地华宇公司深切的爱和对美好未来的展望,TNT 管理层对并购整合的耐心和对战略的坚定,以及我们公司管理团队的协同合作,这是实现整合成功的关键"。对于上述新闻的真假虚实暂且不说,也无从核查和难以考证。但是,他们对于购并之后天地华宇的企业文化整合,遇到了最大的冲突、挑战、考验和困难确是真实的。

2.2008 年要建立以绩效文化为核心的五种工作文化

徐水波在总结 2007 年人力资源工作三大进展和最重要的三件大事时说:"对于华宇来讲,我认为一个革命性的变化,或者叫革命性的变革,就是我们开始营造一种激励绩效的奖励文化,就是以奖励为主的文化"。徐水波进一步表白说,"我们一度想只奖不罚,但是华宇的管理层告诫我们说,还是要保留一些必要的惩罚措施,光有激励而没有约束,不能构成和发挥真正有效的封闭管理效应。奖惩严明是任何企业都必须实行的成功法度,不能因为过去严厉失度而废弃不用"。他们非常尊重华宇高管层的这些建议。但是,他们还是定了一个基调,就是以激励为主,奖励多,惩罚少。为此,他们即将研究、制定和推出三个层次的激励政策。对此,徐水波明确地指出:"实施这些政策的目的只有一个,就是我们要营造一种新的奖励文化,我们要形成一种以激励为基础与核心的优秀企业文化,这是我们从 2007 年 9 月开始着手抓的一个重要工作。"

在同管理年会的与会者交流和分享天地华宇 2008 年人力资源工作的目标及原则时,徐水波郑重宣布:"第一,在全公司,我们要营造一种没有恩怨,只有奖惩的绩效文化。第二,在利益分配上,我们要营造一种把利益放在桌子上面谈,杜绝桌子底下交易的阳光利益文化。第三,在日常管理上，我们要营造一种既注重结果，又注重过程，科学管理的细节文化。第四，在人才选拔上，我们要营造一种公平、开放、向上的创新文化。第五，在薪酬管理上，我们强调一种绩效导向的激励文化，不鼓励大锅饭的福利文化。”

他接着说：“现在的天地华宇绝对不能走平均主义和全民福利的老路。公司的钱不是可以随便发下去或者是说给谁就给谁的，我们不希望把员工当做猴子。钱是拿来奖励的，只要你做得好，我就敢于奖励，一直奖到你不敢想为止。我是敢于大胆奖励的，我也是一直这么做的。实际上，绩效文化就是奖励文化，这个绩效奖励文化，可以奖励出来惊人的、领先的、最高的绩效成就。这就是我的人力资源绩效分配的一个核心理念。”他还严肃认真地说，“去年上半年，我们一不小心，就涌进来了一千多人，坐在办公室里面，也不晓得他做了些什么，他们一年白拿多少钱？如果在王老板的年代，这些人根本就进不来，去年企业利润亏损了多少钱？三千多万元！这里面的无效薪酬成本是多少？今年我们要把这些人一个一个地请出去！”

在2009年一位记者对CEO徐水波的访谈报道中，有一个题目是“跨文化整合：以尊重为基础，以绩效文化为核心”，这是一篇介绍天地华宇成功进行文化整合经验的文章。徐水波说：“在购并失败的关键因素中，文化差异和冲突居于首位。人是一个企业的根本，在我负责过的购并案例中，最困难的部分莫过于文化和人员的整合。购并整合华宇并不意味着生搬硬套TNT的做事方式。华宇能够成为中国公路运输的龙头老大，必有许多过人之处，我们必须学习借鉴。尊重华宇原有的文化，尊重他们的价值，尊重他们的成功之处，这是两家企业实现文化融合的第一步。在华宇加入TNT之后，我们把相当大的工作重心放在文化融合，放在人力资源制度的建立和完善上面。本着认知和发扬天地华宇核心价值这一出发点和目的，我们让华宇‘以企业为家’的企业文化，在购并后的天地华宇继续发扬光大。同时，逐步引进和输入'投资于人'、'客户为重'和'优质服务'等 TNT 的优秀文化。与此同时，徐水波也意识到，能够让典型的欧洲物流快递企业与中国民营企业在价值观上融合，绩效文化是一个很好的切入点。因为绩效是最公正、最透明、最关系每个员工的切身利益，同时也是与企业赢亏关系最大和最重要的核心考察指标。在集团管理层的努力下，天地华宇集团上下很快就认同和接受了新的绩效文化，也开始认同我所提出的致力于塑造'人、客户、专业化'三位一体的管理文化，成功地找到了天地华宇经营管理的平衡点。"最后，徐水波总结说："对于我们购并整合企业来说，只有用一个以尊重为基础，以绩效文化为核心的企业价值观来凝聚员工，才能实现企业文化和员工的融合，才能使我们的员工接受整合带来的新变化，认同公司的发展大计，并且为之努力奋斗。"

3. 天地华宇较为成功的企业形象和环境文化的初步整合

这是 TNT 接管华宇之后，首先进行并且取得显著成绩的企业环境文化与企业基本形象的整合。这个整合是从解决企业工作现场和生活环境脏、乱、差、破、旧、臭等问题开始的。为此，庞复兴总裁授意集团总裁办的一位工作人员写了一篇向上述落后、恶劣的形象和习惯开战的檄文在刊物上发表，由此启动一场根本扭转落后形象和不良习惯的大型活动。文章写好了，送给他审阅后，他感到笔锋犀利、实事过于严重、观点比较尖锐、开列的具体措施清单不够详细和否定了自己原来提出的"开战"字眼，谦逊地说："由我来写吧。"后来，他索性将他原来的"开战"调子降了八度，写了一个"关于保持环境整洁的几点意见"的署名文章发在刊物上。结果，没有人予以理会。原来定义的问题是"两慢一高"、"脏乱差伤"、"目前严重影响企业快速成长，更好发展、服务客户、严重危害安全健康的企业形象和文化环境的重大问题"，而不是后来说的只是保持环境整洁的一些轻描淡写的小事情。所谓“两慢一高”,主要是指发货到货服务慢,运输中转、提送货物速度慢;货物差错、损毁、丢失和赔付比率太高。而“脏乱差伤”则是员工们的生活和工作场所的环境很脏、很乱、很旧、很破、很臭、很差,无论是食堂、伙房、宿舍、办公室、仓库、搬场、庭院、门前,还是车辆停泊、货场面貌、货物摆放、搬运设备、现场秩序、运作流程、员工仪表、工作服饰和经营管理等,都是脏乱、破乱、混乱,表现为完好率、工作状态、作业秩序、服务质量、作业效率、精神面貌和整体形象等,都是较差或很差;不卫生、不整洁、不规范、不文明、不快捷和不安全的现象、问题、事故也较多或过多。那个“伤”字,是指交通和作业伤亡事故太多,给员工和企业财产造成的危害和损失太大。“上述种种严重问题、不良表现和巨大危害,都是我们这次向它开战的焦点和对象,都是我们必须同心协力战而胜之,整而改之,提而升之的主攻方向和迫切任务”。说句实在话,即是非常重要,也是极为迫切的,新来的 TNT 人和原来的华宇人,都普遍认为:“这真不是人待的地方!”

因此,改变和破除这些恶劣环境、落后形象和不良习惯,不仅是广大员工的共同意愿和强烈要求,也是华宇原来董事长总裁王振华一直着力解决的一大问题。远的不说,就说进入新世纪的 2001 年在集团工作安排中,他就明确提出“在提高全员素质和企业形象上,集中力量抓突破”。他们明确指出,“2001 年全员素质提升不到位,企业形象提升不到位是企业最大的危机,也是制约企业快速发展的最大障碍。要解决这两大障碍问题,一要加强经理队伍建设和全面培训,二要从治理脏、乱、差、破、旧等落后形象入手,狠抓企业形象和文化环境的提升。”本来这是一个很得人心和大有号召力的企业文化环境及其整体形象的整合治理工程,但是由于领导者胆识、气魄、经验和能力的局限,结果变成了一个无关大局的保持环境整洁的小事。然而,值得庆幸的是,这个“小大由之”的事情,被当时赋闲的一位原华宇副总裁演变成为“6S”现场管理活动,后来经过德瑞克和徐水波的高度重视，以及从人力、物力、财力的大力支持和帮助下，变成了集团上下全面推行的效果很好的"6S"管理运动。

在2007年底10/11期《天地华宇》上，发表了这位副总裁写的"推行6S加强现场管理是提升天地华宇整体形象和全员素质的有效手段"的文章。2008年第3期《天地华宇》刊登了参加过集团6S督导师培训班后，回到中原区贯彻执行的区域行政经理姚青岩的一篇重要心得文章："打造中国最强大最快捷最可靠的递送网络应当从落实6S管理开始"。这篇文章从他接受培训的第一个问题开始，谈他的心得和所取得的较大实际效应：企业存在的主要问题是什么？从实说来：一是装卸工流失特别严重，企业留不住人；二是员工素质差，工作效益低；三是收货价格低，物流速度慢，服务质量差，货损比率高，客户流失多，等等。他们带着这样许多许多问题，学习6S管理和分析研究企业存在问题的主要原因，最后得出结论：这些问题都可以通过推行6S管理得到根本解决。于是，他们掌握了提升人的素养，形成追求卓越和实现精益服务的企业文化，提升企业品牌形象的6S管理的核心、本质、灵魂和要领，6S本身就是先进的企业管理文化。2008年7月19日至21日，集团在首批试点企业之一的深圳公司，举行了为期3天的6S管理现场观摩培训会议。这是一次提高和增强6S管理能力水平，快速、稳健、高效、进一步推进6S管理在集团所有管理区域和公司实施的极其重要的会议。目前，上海、广州、东莞、中山、武汉、成都、深圳、北京、青岛和郑州等第一批公司的6S管理实施工作已经结束。在即将完成第二批公司的试行之后，就可以在集团所有公司全面实行6S管理了。这是天地华宇购并之后唯一的有组织、有计划、有领导、有步骤、有时限、有标准、有措施、有项目负责人、有上下协同行动、有显著成效的大规模的企业形象整合项目。

四、跨国购并中国民营企业的文化整合极其艰难

1.不能小看中国本土化公司与全球化企业在文化上的冲突

一般来说，企业文化的整合是跨国购并中的关键、难点和“冲突多发”的项目，也是导致许多购并整合失败的主要原因。在这些购并整合过程中的企业文化冲突，有时会带来非常严重的接手后经营管理等方面的危机，致使较多的高层管理人员、中层管理者和核心员工，以及客户资源的大量流失，结果是人心涣散、情绪低落、操作失误、事故多发、生产率严重下降、经营效益下滑和企业连年亏损，致使购并前所预期的本应带来市场优势、行业地位、规模经济、成本节省和协同效应等都化为泡影，从而导致购并整合走向失败。这种由于文化冲突导致的失败，不只是整合方法的失败，不仅是没有正确的整合战略和稳妥有效的整合程序导致的失败，而且是企业文化整合的思维观念和实际能力的失败，更是那些妄自尊大、自以为是和很不了解被购并企业文化特性及其管理风格所造成的失败。有一篇新闻报道说，收购后的 TNT 急于规范华宇的操作，对于素质能力水平不是很高的华宇员工和管理人员形成了很大的威胁，结果是很快出现了很多高级经理、大量管理人员和骨干员工的严重流失及换血。显然，TNT 还是小看了他们和本土化公司，在企业文化和管理方面的冲突。这篇新闻最后评论说，“国外企业兼并国内企业，最大的矛盾和冲突，在华宇和佳宇的购并整合上面体现得淋漓尽致”。

2.跨国购并企业文化整合不应只是单向融入式的简单整合

前不久，《运输经理世界》有一篇对话美国耶路物流亚洲董事总经理

范能达先生的访谈录。他向媒体介绍了他们购并佳宇物流文化整合的经验和心得，题目是“尊重文化相互融入”，而不能只是单向融入，这不失为解决跨国购并文化冲突的有效路径。实践证明，只是甜言蜜语、口惠而实不至和抽象地说说多么尊重被购并公司的文化，而实际做的却都是恰恰与此相反，不仅不会整合、不能化解、不利于融合国际化企业和本土化企业的文化冲突，反而会激化这种冲突，造成管理危机和财务灾难。当记者问：“中国本土的企业往往有自己的一套与西方价值观相差很远的文化，在你们与佳宇的合作中，如何处理文化上的差异？”他的回答是：“一定要理解、尊重佳宇自己的企业文化，他们公司这么多年成长起来，规模越来越大，肯定有很多非常好的东西。我们在购买之初就完全明白，将它买来并不是为了改变佳宇，比如说优良的 IT 系统，坚忍不拔的创业精神，都非常值得我们去保留和更好使用”；“有些外国公司买下中国企业之后，比较倾向把自己的管理层放进去，换掉原来的人，结果管理层全部都是他们自己的人，不信任本土的管理层和员工。这样的做法在很多时候是行不通的，因为破坏了原有的优秀企业结构和发展能力”。“我们十分尊重国内公司的文化，当然，我们毕竟还是一家美国公司，像管理方法、汇报流程和命令链条等都需要进行改进，其中很重要的一点就是，我们从美国安排过来一位副总经理，他有 25 年的经营管理经验，非常了解运输业务，也有很好的个人魅力”；总经理和其他几位副总经理都是原来佳宇的；“他来之后，佳宇的员工都非常尊重他，他们之间的沟通和交流都非常好。他会告诉下面哪些事情需要做好，哪些还不成熟，怎样更好地管理运输线路等，而没有让他们觉得我们就是比他们好，比他们有经验，而是大家相互学习、沟通和分享一些最好的实践”；“我们非常注意跟佳宇的员工去学习、去沟通，让他们明白现在的佳宇已经不仅仅是一家本土公司了，而是一家更大的国际公司。同时也向他们介绍和推行我们的价值观，带进一些他们之前所没有的管理经验，比如说绩效管理等”。

3.购并文化整合的成败得失取决于整合思维理念和能力水平

实践证明，如何解决文化整合中的差异、矛盾、对立、冲突和危机？一个购并企业的文化整合是优质的还是劣质的？是成功的还是失败的？完全取决于购并主体企业的整合素养、整合能力和整合水平，特别是总裁或首席执行官的整合思维、整合理念、整合素养、实战经验和功力水平。而整合的实际情况往往是，一些不具有这些素养、能力和水准的领导人与管理者，滥竽充数、仓促上阵和即兴发挥，甚至是刚愎自用和胆大妄为，结果是将很多并不是很难的企业文化整合，搞得对立和冲突很多，造成贻害无穷、危机四伏和不可收拾的场面。因此，虚心学习和认真借鉴跨国公司购并整合的经验教训是十分必要的。因为我们可以从中学到购并文化整合的规律和真谛。曾被称为大整合者的惠普，大手笔整合康柏的“世纪购并整合”，在世界经济低迷、恐怖袭击和战争阴云笼罩的形势下，不仅提前一年完成了艰巨复杂的整合计划，而且拿出了非常漂亮的财务成绩单。在跨国购并整合中，最令人头痛和最为艰难的文化整合、知识整合和人员整合，却被他们整合得波澜不惊、监督到位和管控得非常好，取得了令人佩服的巨大成功。其中一个最根本的原因是，他们放弃了“强势文化吞并所谓弱势文化、购并企业征服被购并企业文化”等不当模式，而实行了相互尊重、相互融合、整合改造和再造全新惠普康柏文化的新思维、新理念和新方法。将康柏文化中强调速度、重视客户和灵活性等要素，都吸收到了购并整合后的惠普康柏文化中来，把原来惠普文化中重视员工利益、一团和气和更人性化的管理、被戏称为“资本主义社会里的最社会主义企业”文化，整合再造成为更符合全球化发展时代要求的全新文化。最后，整合出融合了许多康柏文化要素的更新的惠普之道，并且印行了《新惠普员工手册》。他们自己总结说，这次惠普整合的最大收获和成功经验，就是他们的文化相互融合思维和全程到位监控整合的成功宝典，即创设了一个全程监控和到位实施的“并购整合办公室”。

海尔集团在走向世界实施跨国购并整合中，在解决不同国家的文化冲突和挑战中，总结出的跨文化融合的三大法宝，也很有学习借鉴意义。就是以员工的文化融合为核心的产品的文化融合和品牌的文化融合。他们自己也说，海尔跨国购并整合的成功，首先是核心理念、思维方式和企业文化的成功。如果没有先进、优秀、卓越和强大的企业文化支撑，任何行业先锋或领导地位都没有根基和底蕴。“海尔的海外扩张发展，主要是一种先进强势文化的扩张：收购一个企业，派出一个总经理，一个会计师，一套海尔文化”，就可以完全搞定和做好跨国购并的一切整合。

中国联想集团跨国购并的企业文化整合，也为后来者提供了很有价值的借鉴。他们原来的企业文化整合思维和程序路径是淡化被购并企业的文化，强化自己购并企业的文化，然后整合出一种新型的购并企业文化，这种转强为弱，让弱变强，然后用所谓的强势文化去整合所谓的弱势文化的模式并不成功，而且在许多时候和地方，既行不通和又没有成效，并且还会带来很多负面效应。后来他们放弃了征服性整合，采取了学习型整合，甚至是妥协性的整合，这才使得他们的跨国购并文化整合走上了成功的道路。这是一个经典的以柔克刚和以弱胜强的跨国购并整合的成功案例。

4.编著《天地华宇典章》文化制胜战略项目的重大整合

包括购并企业文化整合在内的一切整合，都要具备“为什么要整合？整合什么？怎样进行整合？用什么理念、武器或工具去整合？达到什么样的整合标准？何时完成整合？由谁来主持、监控、评价、验收和管理整合？”七大必需要素。否则，任何整合都无法进行，更不用说获得成功了。

在天地华宇的购并整合中，大都是必须要素或充足条件严重缺失的整合，基本上都是没有整合战略、策略、标准、时效、实施和管控行动计划方案的整合，这在跨国购并整合的案例中是极为罕见的。尤其是“为什么？用什么？靠什么？怎么样去整合？”等等，空位、缺失、茫然无措、即兴表演和没有准备。为了解决这个迫切而重要的问题和填补购并整合的空白，天地华宇总裁办的一位工作人员，利用了两年多的业余时间，收集、精选和编辑出了一部可以称其为“天地华宇整合宝典”的文献性书籍《天地华宇典章》。全书共分前言、后记和中间的12篇，共269章。主要内容是：第一篇荷兰TNT集团全球CEO彼得·巴克论述TNT并购整合华宇；第二篇TNT快递集团董事总经理玛丽·卡莉斯汀·兰芭关于TNT和天地华宇发展战略及运营计划等方面的言论；第三篇TNT大中国区董事总经理兼天地华宇集团董事长和总裁迈克·德瑞克关于购并整合、发展战略、营运计划、经营哲学、管理模式、经营策略、企业文化、方针政策和社会责任等重要文献、演讲提纲、沟通讲话、访谈文章和重要指令，等等，这是《天地华宇典章》最为核心、最为重要和最为丰富多彩的部分；第四篇以及之后的各篇是集团首席执行官言论精选和市场营销、网络运营、人力资源、客户服务、定日快运、安全与健康、宣传和沟通、审计督察和综合协调等部分。所有这些内容都是从2007年3月天地华宇购并成功后到2010年3月底集团下发的6 000多份重要文件中，分门别类精心选择出来的。所有篇章都具有较强的理论性、实践性、权威性、文献性、经典性和典章性特点。这也是《天地华宇典章》的编撰理念、原则和标准。所谓典章性，是指它会像“天地华宇大典”或“企业百科全书”一样，可以从中找到系统性、权威性和文献性的经营管理理论、企业文化典籍、企业各种战略、方针政策文本和一切规章制度，等等。在精选和编撰过程中，始终运用天地华宇企业文化的理念、思维和原则来指导，因而具有浓厚的文化底蕴、色彩和格调，完全可以把它看做是天地华宇企业文化大书，现在起码可以把它作为积累、构建、完善、整合和提升天地华宇经营管理文化的重要步骤，来做好这项具有重大现实作用和历史意义的天地华宇企业文化的宏大整合系统工程。

关于编撰《天地华宇典章》的重大目的、意义和作用，也肯定是天地华宇全体员工统一理念、统一政令、统一行动和统一进行经营管理活动的迫切需要；是建立快速学习文化、高效工作文化、满意服务文化、优质运营文化、强大执行文化、第一品牌文化和卓越制度文化的迫切需要；也是深入进行购并整合、今后进行更为深度和高级的创新整合、天地华宇的再造整合、成为业界领导者和登上至尊地位所必须进行的持续整合的迫切需要。更是一部倾注了天地华宇广大员工的心血、美好愿景、更多期待和今后长期传承应用等不可或缺的“天地华宇整合大典”。

第十一章　人力资源整合

天地华宇购并之后的人力资源整合，已经三年多时间了，如果从签订购并意向协议就开始关于人事购并合作算起，到 2010 年 3 月底，就是超过四年的光景了。他们是从哪里着手开始人力资源整合的？在什么问题或难题上实现突破的？是一个什么样的人力资源的购并整合？四年多的人力资源整合之旅都经历了哪些重要阶段？解决了哪些重大问题？取得了哪些成功和遭到了哪些失败？有哪些成功经验和失败教训？到现在这个购并整合是大功告成、硕果累累和走上坦途？还是进退维谷、拼搏苦战和仍在路上？认真总结这个曾经轰动中国物流界和令国内外关注的购并整合案例的经验教训，无论对天地华宇集团和中国物流产业的发展，还是对跨国购并整合和中国本土化购并整合，都是大有益处的。

一、2007 年人力资源整合最大的收获和进展

徐水波在 2008 年天地华宇管理年会上的报告中说："我们人力资源的总经理张霞云，给我准备了很多关于 2007 年所做的事情和 2008 年要完成的任务。而我最想讲的是 2007 年我们人力资源部最大的收获，或

者说最大的进展，其实就是三件事情，一是我们搭建了华宇跟 TNT 管理层之间的沟通桥梁；二是我们开始营造一种尊重人的文化氛围；三是我们开始推行一种激励绩效的奖励文化。”

1. 没有大规模文化冲突的较为容易的人力资源购并整合

这是天地华宇人力资源购并整合的一个突出特点和极为重要的成果。它不是那种企业文化差异、对立和冲突很大，为了消灭竞争对手的、两个不同国家的、和陌生企业员工合并在一起的、难度极大而完成时限又很严格的、大规模的人力资源整合、磨合和融合。而是由一个不到 10 人的高管团队和不到 20 人的项目整合人员，进入被购并集团企业华宇物流接管后的人力资源购并整合。它是一个没有大规模的裁减员工，并且完全依靠华宇原来员工继续保持一直以来的持续、快速、稳健、可赢利的更大发展的人力资源整合，而且又是一个对于 TNT 购并整合充满信心和美好预期的人力资源整合。不仅没有大规模的员工和管理人员被裁减，而且小规模的辞退员工也没有。为了保证这样的人力资源整合，在 TNT 全资收购华宇股权的法律文件中有两项重要规定：一是“管理者留任”条款，二是“绩效目标奖励”要约，并且以巨额押金的措施来予以保证。在这个管理者留任条款中的人员名单中，既包括王振华和高管核心领导人物，也包括管理区域、一级公司、二级公司以及集团管理部门的关键经理及核心人物。对于这个极其重要的 160 至 180 人的留任管理者，TNT 购并整合项目人力资源组，对他们中的每一个人都进行了全面的定量与定性的核查和评估。只有他们在规定的两年留任时间内好好工作而不离职，王振华董事长才能得到那笔巨额奖励押金。这个“管理者留任”条款，也是购并整合期间企业必须保持每年增长目标的“绩效考核”奖励，如果企业达不到持续增长的产值和利润目标，那么，王振华同样也得不到那笔巨额的奖励押金。

这样的购并整合约束条件和可赢利的持续增长目标，非常明确和至关重要的第一要务，就是一切整合活动和管理决策都必须首先满足购并后的企业上下一心，团结一致，通力合作，从而保证平稳过渡、稳健经营、稳妥管理和实现稳步增长目标。没有这样“稳”字当头的战略和策略，没有这样“稳”字当头的周密计划、实际步骤和能力水平，必然是远离成功而走向失败。因为，自从华宇物流创立以来，一直都是以高速成长、快速发展、迅速崛起、一路领先、一路辉煌、巨额赢利而著称于世的企业和吸引众多外资巨头购并的名牌。如果在被收购的当年就把它搞乱套了，溃不成军了，出现严重亏损了，那么，无论怎样会说都不能说是一个成功的跨国购并整合。可是，令人意料不到的是，在不到半年的时间，企业就创“奇迹”地出现了比较严重的亏损。这对于从来没有亏损过，更没尝到亏损滋味的12 000多名华宇员工和管理者们来说，都是无法接受和难以理解的。由此而产生的信心丧失，美好预期破灭，对企业前途和命运忧虑，对自己工作担心，以及是否和怎样逃离这个亏损企业等极度不安、消极观望、情绪不稳的阴霾和迷雾，快速弥漫和挥之不去。至于那些思想散漫、士气低落、生产率下降、安全事故和投诉增多、管理混乱、无人负责、企业失控和众多无事可做又无人管理的员工、管理人员、一级公司经理、部门主管和管理区的总经理们，或者自己，或者聚在一起，在工作时间看电影、听音乐、买基金、炒股票、喝酒、打牌、闲聊、赌博、传播各种小道消息等事情就更多了。集团下发文件也制止不住。对于这些严重问题，王振华也大失所望，他对身边的人说，如果这样涣散下去、亏损下去和衰落下去，我就太对不起和我一起创业求生的广大华宇员工了，我们是不是准备好钱，再把我们的华宇买回来?！对此，就连当时还是兼职天地华宇人力资源高级副总裁的徐水波，在年会的长篇演讲中，也不经意地说出了“我们不会再考虑把华宇卖掉了”这令人心里大为吃惊的话。

正是因为没有认识到，还没有把握住天地华宇这种跨国购并整合的规律与特点，并且小视了对人力资源整合能力和水平的要求，轻视了处于弱势地位的被整合的华宇员工的巨大主人翁力量，使得本来没有很大差异、矛盾和冲突的以员工为主要对象的人力资源整合，却矛盾丛生、对立加剧、冲突不断、危机连连，最后发生了购并与被购并两个企业高管之间不可调和的拼杀与剿灭局面。“TNT 华宇万名员工劾庞、驱庞、倒庞的呼声”，就是一个恶果。一般来说，包括员工和管理层在内的对立与冲突都是文化冲突和利益冲突的双重原因和双重结果。所以，人力资源的购并整合，往往决定购并企业的成败。当然，拥有风险管理和应急对策的人力资源整合，就会及时化解和利用危机来解决人力资源整合中的重大问题，使坏事转化为好事。当然，这不是一般的整合能力和胆识所能做到的事情。

2. 坚持以尊重人为主的企业文化是人力资源整合的根本策略

徐水波在总结前段人力资源整合的经验教训时说，TNT 作为购并方和被购并方华宇员工一起找到了有效方式进行主动沟通后，才比较真实地了解了华宇过去为什么会那么成功，也更加真实地了解了华宇企业文化的主要特征，从而掌握了两个企业文化的异同和相通之处。这样，就为两个企业文化的整合、磨合并且融合奠定了基础，架起了桥梁，铺平了道路。有了可靠的基础、有效的路径、沟通的渴望、尊重的关系和美好的目标，就可以日益密切和越来越好地进行沟通、交流、融通和聚合了。徐水波说，“通过面对面的对话，心对心的交流，事与事的融合，TNT 的高管比较深入全面地了解了华宇物流的过去和现在，了解了华宇员工和管理人员的做事习惯和管理风格。同样，华宇的管理者和员工们也更多地了解了 TNT 的经营理念、管理方式、做事风格和文化特点，而我个人对 TNT 和华宇也都有了更深入、更真实、更正确的了解。所以，德瑞克和我都深深感到购并整合的第一年是相互学习的一年，也是共同成长的一年。在这一年里我们学到了许多原来不懂、误读、不知道的知识、能力和经验，而且我们越来越深刻地认识到，没有这样的今后还必须加强的真心实意的向华宇员工的学习，根本不可能领导好、管理好天地华宇的二次创业和实现共创美好未来的愿景。这就是学习型的人力资源整合的魅力。”

我们为什么会加盟TNT？TNT为什么会被道琼斯评为全球最可持续发展的上市公司？去年我们TNT为什么会拿到国际上最著名的“投资于人”的认证？其原因和秘诀都是一个字，那就是人。在TNT所有的管理流程中，人是第一位的，首先考虑到的都是人。我们所有管理的出发点都是人，管理的目的都是为了人，一切服务、增长、利润和发展都是依靠人。你可以看到我们的人，我们的员工，我们的服务，我们的业务模式，我们品牌的核心含义等，都是从人开始的。我们TNT全球核心价值观的第一句话，就是激发和激励员工在TNT工作的自豪感。徐水波说，他去年11月份到TNT全球总部阿姆斯特丹参加人力资源会议，两天的会议只研究一个问题，就是如何尊重人和激发员工的自豪感。这个TNT的自豪感其实就是在行业内和行业外，在广大客户和社会公众心中深受尊重的崇高地位。只有最受尊重的员工和最受尊重的企业，才能成为行业至尊的领袖企业和伟大企业。如果两天的会议把这个企业内外的尊重问题研究通了，研究透了，有办法有能力做好了，那么其他一切问题和事情，就都好办了，都好解决了。这个尊重人的首要问题，在TNT大中国区和天地华宇企业内部也不例外，它包括对装卸工人、操作工人、辅助工人、保洁工人、临时工人、司机、业务员、管理者和领导人等等各个层次的人的尊重，相互之间都要尊重和必须尊重与被尊重，任何人也不能更不准许歧视、侮辱、愚弄、戏耍和欺负员工。这是一个必须严格遵守的行为准则和价值观念。

正如徐水波所明确指出的那样，在天地华宇特意提出和一再强调以

“尊重”为首的核心价值观，是有其强烈、明确和迫切的针对性和需求的。在购并后，天地华宇集团内部的相互关系的碰撞中，确实存在着比较严重的购并者、被购并者和后来者互不尊重，相互歧视，随意愚弄、侮辱、欺负、排斥、打压、边缘化等不良行为和恶劣现象，甚至形成了“必须尊重高傲的一等、优越重用的二等、屈辱劣势边缘化的三等高管、管理者和员工的思维定势”。这是十分可怕的和遗患无穷的，虽然它只是非主流文化和潜意识文化，但却是足以致命的要害问题。庞复兴总裁之所以在接手管理华宇不到三个月，就遭到了万名华宇员工愤怒驱逐、弹劾、推倒的呼声，其主要原因是他积累了太多的对原华宇总裁、副总裁、高管、打过交道的管理者和最底层员工的极不尊重，以及更无法接受和难以忍受的歧视、侮辱、嘲讽和欺负。在四个方面共 11 条强烈要求必须立即撤掉庞复兴总裁职务的理由中，除了说他没有一个正确、清晰、有效的经营管理战略、购并整合实施方案和正确方针政策；奢侈之风盛行，损失浪费很大，不会经营管理，是个不称职的总裁之外，其他两个方面的错误和问题，都是排斥、歧视、封杀、无端整肃和随便撤换原来华宇高管等用人方面的错误，以及他生性多疑、心胸狭窄、刚愎自用、嘴上说是尊重华宇，实际则完全相反和一概否定华宇，等等。虽然，庞复兴已被撤掉了，但是，他的沉痛教训并没有被继任者们所吸取，不尊重人和严重歧视原华宇人的问题与错误，仍然不同程度地存在和危害着天地华宇的发展。

3. 着手建造一个按人品按能力按绩效的选人用人文化

集团董事长迈克·德瑞克明确指出，除了在全公司塑造一种“没有恩怨、只有奖惩”，强调绩效增长和提升的激励文化，改革和完善企业激励和约束机制外，还将建立一个更加完善的人力资源组织架构和管理体系，以提高人力资源信息的完整性、准确性、专业性和高效性。同时，紧密配合新劳动法的贯彻实施，尽快完成天地华宇新员工手册的编印发行，加快制定人力资源配套整合和管理规程，建立内部管理制度和集团统一的工作岗位与职责描述等基础性的整合工作。

经过反复研究和上下征求意见，于2007年底整合出了既有TNT人力资源基本要求，又有华宇特点的天地华宇全体员工的基本标准。这就是："尊重人，领导力，业务拓展能力，人品好，操守好，团队合作精神，有责任心，沟通能力，处事公正，人员管理和人际协调技能"共九条。其中有些是侧重于员工基本能力标准的要求，而有些是侧重各级管理人员的标准要求。通过对这些用人标准的整合作用，在人才的选拔和使用上，人力资源部着力塑造一个公平、公开、公正、内外开放、积极向上的工作环境和崭新局面。

员工的职业操守也是天地华宇人力资源整合的一个重要内容。在2008年天地华宇管理年会上，TNT大中国区财务总监托尼·韦伯女士做了一个极为重要的"职业操守在天地华宇"的整合报告。她开门见山地说："我们每天都面临决策，选择我们开展业务的方式。每个决策都关系到我们公司的品牌声誉及利润增长。而这一切都取决于我们各位经理和员工负责任的行为及其职业操守的好坏。这要求我们必须坚持公开、诚实与合法的原则"。

这位总监女士强调，"实践证明，职业操守并非'可有可无'，'可以执行也可以不执行'，它可以保护我们的利润，帮助我们提升品牌声誉，增强相互之间的信任，使企业的经营活动和商业行为都合规、合法、合理，它的重要性表现在许多方面。而坚持职业操守和充分发挥职业操守的重要作用，并不是很容易的事情。但是，有意无意破坏和违反职业操守，造成巨大危害却很简单很容易。为此，就必须努力学习、掌握和执行天地华宇的一系列业务准则：(1)遵守法律及公司规章；(2)必须保留准确的记录和账目；(3)必须为员工提供安全健康的工作环境；(4)必须公平对待每一个人；(5)必须避免利益冲突；(6)绝对不能用公司财产谋取个人利益；(7)绝对不能营私舞弊；(8)绝对不能收受贿赂；(9)必须保护公司的财产及商业信息。”

这些业务准则和与此相连的个人行为准则，指明了我们个人及公司认为是正确的立场和准则，指导我们怎样对待员工、客户、供应商及自己，而且有责任确保企业、员工和自己的行为符合这些准则。严格遵守法律和这些准则攸关我们的兴衰成败。托尼·韦伯总监特别强调管理层的严格自律、带头执行、监督检查和全力支持，都是认真贯彻和有效执行的重点，及时查处和解决违反职业操守的问题，从而不断提高职业操守的能力水平和综合效应，所有这些都是至关重要的，必须认真有效执行。两年多的实践充分证明了职业操守整合的重要作用。

二、按照“三位一体”模式进行人力资源的有效整合

1.解决天地华宇第一老大难问题装卸工短缺的艰难整合

2007 年 9 月 3 日，重新整合后的天地华宇管理委员会的第一次会议，在上海总部三楼会议室召开。会上，迈克·德瑞克首先宣布自己兼任新一届集团总裁，提升了那两位明里暗里联手协动驱逐和排挤走庞复兴的副总裁，一个为“常务资深副总裁”，另一个为“资深营运副总裁”。同时，又提升了一位加入 TNT 大中国区任人力资源总监不到三个月的徐水波先生，兼任天地华宇“人力资源高级副总裁”。然后，会议进入研究企业严重亏损原因的主题。那位“资深常务副总裁”立即拿出已经准备好了的问卷发给大家，要求当面回答并且进行调查统计，在宣布调查结果时他报告说，大家对造成企业严重亏损的第一原因或主要原因的认定完全一致和高度统一，都是“装卸工问题”。其实，也有另外的一种回

答却没被统计和当场报告:“领导层管理低效;文化冲突带来很大的负面效应;由于歧视、排斥、否定和不信任华宇人而造成人心涣散和情绪低落”。可是,令人不解的是,这个真知灼见却被封杀了。于是,不通中文的新任兼职总裁拍板做出了第一个重要决策,就是解决“装卸工问题”,以此来实现或恢复像购并之前华宇那样持续大幅度赢利性增长。会后,在总裁和各位副总裁一起到一些公司调研时,大家多数颇有悟性的总经理,都很赞同这个“装卸工问题”是造成亏损的主要原因,他们懂得这是掩盖和隐藏自己管理无能、无效、无奈的最妙口实,对每一位经理都没啥坏处。

从此,这位 TNT 大中国区董事总经理又兼任天地华宇董事长和总裁的迈克·德瑞克,带领新一届集团高管下去全力抓“装卸工问题”的解决。在不到一年的时间里,他亲自签发和要求下属必须遵照执行的文件就有十几个,诸如“关于加强装卸工人队伍管理的通知”、“关于加强华宇集团人事工作规范性的重要通知”、“关于集团人力资源部设立工人管理和服务中心的决定”、“关于调整装卸工人工资试点的通知”、“关于加强工资管理和准时足额发放的重要通知”、“集团总裁迈克·德瑞克关于解决员工方面若干问题的致信”、“关于加强人员管理的补充通知”、“关于规范驾驶员招聘的通知”和“集团关于督促务必根本解决操作工短缺的重要通知”,等等。

2007 年 11 月 21 日,迈克·德瑞克在致天地华宇员工的重要信件中说:“各位员工,我们公司的主要工作就是为客户提供尽可能好的服务,这对繁荣昌盛的天地华宇未来至关重要,但从目前的实际情况看,速度慢,服务差,货损货失急剧增加,客户投诉也呈现快速增加趋势,形势严峻,不容乐观。为此,我们必须尽快解决一些急迫而重要的问题”。例如,生活条件差、饮食质量低、分摊损失扣罚过多、工资奖金分配不合理,工资不能及时足额发放,拖欠问题严重,被人欺负无处投诉和没人给予解决，等等。为此，“我们正在采取有力措施调整装卸工人的工资，使其进行适当的提高。新的工资将包括基本工资、奖励工资和工龄工资三个部分。在第一批试点开始后，我们将从速度、货损率、差错率、单车毛利率和员工流失率五个方面对实施效果进行评估，一旦取得实质性的提高，我们将分批向其他公司推广”。结果是许多公司试行后，装卸工人的实得工资和奖金总额不但没有增长，发而减少了很多。迈克·德瑞克在这篇对员工的重要致信的最后再次强调说：“包括区域总经理在内的所有管理人员，都认为装卸工问题是阻碍天地华宇发展和赢利的第一大问题，这也是为什么我们要首先解决这个问题的根本原因。因此，我希望每个员工都将这些措施看做积极的消息，不管它当前对你有什么样的影响。”

天地华宇的事情也很奇怪，就在装卸工人极为短缺的时候，“一不小心”就涌进来一千多人，坐在办公室里用电脑炒股票、买基金、看电影、听音乐、学英语、打牌、聊天、赌博，等等，搞得网络严重拥堵，资源私用，无法工作。多进来的那一千多人，不但没有被“请”出去，“轰”出去，反而越来越多，原来空着的办公室都坐满了，原来的仓库都变成了人员拥挤的办公室，也坐不下越来越多的人。与此形成鲜明对比的是，装卸工人、司机和业务人员短缺的“人荒”，闹得一年比一年厉害，一年比一年亏损多。集团上下许多人担心、忧虑和害怕，企业会让这个急剧膨胀的“人患”和极为短缺的“人荒”给荒废了。以至于令总裁在新年伊始就提前下发文件，警示和督促各区域、各公司、人力资源和网络运营部门，务必从根本上解决操作工短缺的严重问题。徐总裁在文件中强调指出：“操作工短缺是长期以来困扰天地华宇的老大难问题，也成为各个公司服务不好，受到批评时最为广泛利用的主要理由和借口，我们无法容忍和接受现在还是利用这样的借口，因为它更加严重影响着集团业务的发展。为此，集团特意发文警告各级相关领导，尽早地重视这个问题，找到造成装卸工人短缺问题的真正根源，尽早实实在在地予以有效解决。”他再次强调，2009年是集团实行新的发展战略最为关键的一年，必须确保人力资源特别是一线操作工人的供应和输送，特别是重点城市和定日达线路，更是必须满编和稳定，绝对不能出现再闹操作工短缺的“人荒”乱象，尽快营造操作工人愿意来、来得了、做得好、留得住、发展快的良好文化氛围和工作生活环境。集团决定进一步增强、加大管理和激励力度，将操作工人的满编和稳定作为公司总经理及仓储经理奖金考核的重要项目。只有这样才能使我们的全国快运服务不断改善和稳步提高。

2. 围绕“投资于人、专注客服、重专业化”模式进行深度整合

2008年5月8日至10日，天地华宇2008年人力资源管理年会在上海总部成功举行。迈克·德瑞克先生、徐水波先生、集团人力资源部总经理和各管理区、各公司的全体人事管理人员都参加了大会。这是华宇加入TNT大家庭一年多来第一次规模空前的人力资源年会，也是效果最好的人力资源整合大会。迈克·德瑞克的重要讲话分为三个部分：

一是他明确指出，“购并整合的第一年是最困难和充满挑战的时期。购并双方从相互的不了解和文化的不同，到慢慢的了解和逐步的习惯，这个过程就和结婚一样，要去慢慢的理解和逐步的接受。我们相互之间都学习到了很多东西，也学会了去做不同的事情。即使这样，我们也取得了一定的成就。2007年TNT向天地华宇投资7 500万元人民币，2008年可能投资更多，除了用于新车辆的采购、信息系统的改善升级和仓储硬件设备的购置外，还在人力资源成本和提高员工薪资水平上作了一些投资。在未来的投资中，我们还会继续注重员工薪资和培训提升上投资，因为这两个方面都对我们的客户服务质量提升有着重要的作用。对我们来讲，客户服务永远是第一位的，投资于员工就是投资于客户服务。所以在未来的三到五年中，我们的投资重点就在这里”。

二是“我在工作实践中总结出来的‘人员、服务、增长、利润’管理理念非常重要，对我们的人力资源整合也是这样”。目前我们面临的最大挑战就是服务，服务里的主要部分是我们的营运工作，如果营运服务好了，其他一切服务工作就有了一个良好的基础，所以我们的第一关注点一直都集中在营运工作上，这是我们实现增长和赢利的根本。另一个极为重要的关注点是广大员工的价值观念。如果员工们对公司的价值理念和共同愿景有信心，每个员工对公司的未来满怀信心和美好希望，就会敬业工作和努力奉献。

三是坚信我们的美好未来并且共同为之努力奋斗。我对华宇非常有信心，因为它的未来一定是最美好的。我这么肯定是有充足道理和根据的。除了我们拥有中国最强大的运营网络外，我们还有最好的员工、最好的战略和最有实力的投资。希望我们的人事和行政人员，都必须有高度的诚信，一定要支持和帮助公司取得更好的发展，共同实现公司的远大目标。

迈克·德瑞克最后十分殷切地说：“我们的努力目标是，让天地华宇成为一家员工乐于为之服务，客户乐于与之合作的伟大公司，最终的愿景目标是打造中国最强大、最快捷、最可靠的递送网络！”

徐水波在会上的讲话，可以被看做是一年多来公司购并整合的一个总结，今后一段时间深度整合的方向。他告诉与会人员，围绕当前的经营管理和今后的发展战略要求，他说进行了许多方面的购并整合工作。例如，财务部的整合已经基本完成，信息部的整合取得了重要成果，接下来就是要完成整合人力资源部的任务。

2006 年 6 月张霞云总经理就同购并整合项目组提前进入了华宇集团，她不仅带领人力资源团队出色地完成了购并华宇项目人力资源的尽职调查工作，以及人事合规性操作等重大项目，而且和大家一起为打造适合华宇未来发展的人力资源管理体系做出了重要贡献。任何购并企业都会给接管后的人力资源整合工作带来较大困难和严酷的挑战，购并人员的整合、文化整合中的冲突问题和其他一系列整合问题都会凸显出来。只有不失时机地有效解决，才能保证购并整合的成功。

2007 年，作为一家外资跨国购并企业，TNT 通过认真学习和虚心请教，才开始了解华宇和懂得华宇。虽然走了一个较大的弯路，改正了许多重大的错误之处，度过了艰难险阻的适应期，也解决了不少棘手的难题和麻烦。为此，"我们给 2007 年定义为学习和成长的一年，在这一年里，我们学会了许多原来不懂和不会的东西"。

徐水波明确指出，人力资源部有两个"三位一体"的模式。一个是 TNT 带给华宇的"投资于人"、"专注服务"和"重视专业化"，这三个概念构成的模式会在今后公司的发展中占据首要地位，这也是人力资源工作的重中之重。另外一个就是在人力资源的整合工作中，"重视内部客户关系"、"重视统一政策和流程"、"重视人力资源组织体系结构"。他说："华宇的人力资源队伍是一支非常好、非常热情、非常敬业的队伍。但是专业度和系统性还不够高，可以说仍然比较滞后，应当尽快解决。从本质上说，这两个'三位一体'模式，无疑是我们人力资源工作的价值取向、指导原则和操作规程"。

3.凝聚增强和提升企业高管团队整体智能的高级整合

为了实现集团新的发展战略，共创天地华宇的美好未来，天地华宇于 2008 年 8 月 20 日下发文件，在遍布全国 1 800 多处有华宇人工作和生活的地方广泛张贴宣传海报，开始了大张旗鼓地征集和全员积极参与的主题为"如果我是天地华宇总裁、如果我是中原区总经理"的领导人才征文选拔竞赛活动。这项主旨鲜明、规模空前的"共创新未来，策论选人才"活动，是徐水波总裁履新后就开始实施的"一人两车"三大战役中最重要的第一个，其重大目的是集思广益、选拔人才、广泛纳谏和接受献策、整合高管人才资源、提升企业管理智能、解决重大疑难问题、深入推行新共同愿景与核心价值观的实施。按照大赛的程序和规则，经过三个月的创作和近两个月的逐级评选，从申报上来的751篇策论文章中，经权威专家审查符合8条标准规定，有资格进入评选流程的只有317篇，最后评定出28篇分别获得一二三等奖。在公布征文竞赛评选结果的通报文件中，出了一个违犯严禁一人申报多篇的严格规定，一人得了两项奖励。此事引起了很大的不满，造成了极坏的影响，加上评选过程中的自坏规矩、暗箱操作、谋私现象和不践行承诺等不公正的问题，使这次征文选拔人才活动的意义和作用不仅大打折扣，而且危害和不良影响很大。许多得奖的和没得奖的参与者，参加评选和没参加评选的人员，都十分气愤和失望地说："哪里都有腐败啊！"尽管如此，仍然有一些极具指导价值和整合作用的高水平的策论、谏言和良计涌现出来。

获奖策论之一："如果我是中原区总经理——一定让它在一年半时间内扭亏为盈"。文章的副标题是"企业自己不消灭亏损，市场就要消灭亏损企业"。这篇策论的三大部分内容是：极为重要的参赛理由和同样必要的策论假设；一定能够实现的扭亏为盈目标；必须到位执行和有效实施的七大对策。这篇策论说，由于没有真实可信的数据，不能空论，所以用了"情景企划"的方法做了如下七条假设：

(1)该区域在连续两年亏损300万元和600万元的基础上，今年又亏损了900多万元；(2)在区域所辖的10个一级公司中，有5个较大型的严重亏损，有3个小型的盈亏不定，有2个中型的一直赢利；(3)对扭亏为盈抱无所谓的态度，而且认为亏损是有理由的；(4)对于总经理必须紧紧抓在手上的战略流程、运营流程和人员流程统一执行的要求不懂、不会和不能；(5)连续换了三位总经理后，不但没有扭转亏损，反而亏损越来越多了；(6)上级并没有下达必须限期扭亏为盈的重要指令；(7)似乎存在一种购并整合企业允许较长时间亏损的思维模式和错误论调(以上假设如有雷同，纯属偶然)。

第二部分由于某些原因从略。第三部分的"七大对策"摘要如下：(1)凝聚人心、提振信心、下定扭亏为盈的决心；(2)领导管理，管理领导，进行整合式的领导和管理；(3)带头执行，执行到位，带头到位执行；(4)三大流程，整合抓好，注重统合综效；(5)标杆学习，目标管理，典范引领提升；(6)统揽全局，重点突出，人人肩负扭亏目标；(7)超越自我，服务部下，团队合作制胜。

这是一篇从区域实际出发，整合运用 TNT 的先进理念和华宇的管理精华，抓住企业主要矛盾和遵循内在发展规律，真正把企业扭亏为盈看做是企业生死成败的第一大事，完全可以相信，坚持按照上述科学有效的七大对策去实施，一定会届时实现扭亏为盈的目标。

获奖策论之二：如果我是天地华宇总裁——首先实施"打造中国最强大最快捷最可靠递送网络"和"成为中国公路运输领导者"所必需的"天地华宇人才制胜战略"。这篇重要策论指出，一定要融中西企业文化为一体，最大限度地把它灌输到每位员工的心里，坚持"投资于人"的理念，运用全新而先进的天地华宇优秀文化，哺育、激励和引领企业各种各样的人才快速而又茁壮地成长起来，使他们为企业创造最大的利润。策论还引用伟大领袖毛泽东主席著名而经典的语录："正确的政治路线确定之后，干部就是决定性的因素"。企业也是这样，正确的发展战略确定了之后，企业家类型的人才就是决定企业成功的关键因素。只要是解决了 12 000 名华宇人的整合凝聚问题，任何困难都能够克服，任何奇迹和辉煌都可以创造出来。为此，这篇策论提出"五大对策"："要用好现有的人；要留住优秀的人；要引进更多的人；要激励所有的人；要造就未来的人"。对于总裁来说，首要而重大的战略性任务，就是用好上述"五大策略"，通过"投资于人"的战略和经营管理哲学的美妙循环，解决天地华宇的一切重大问题。实践一再证明，企业的兴衰成败，最后都系于和决定于有一个什么样的领导人物，因此，再加上一个最为关键的“要做个真正胜任的领导人”，就变成了“六大策略”。评审专家研读之后评价说，这篇朴实无华的策论，深刻而又准确地阐明了一个集团企业的总裁要获得成功，必须首先实施创造性地整合运用上述“六大策略”，从总裁自己开始，增强和提升整合东西方文化的人才制胜战略能力，切实解决真正以人为本的问题，“六大策略”，环环相扣，由低到高，由他人到自己，步步深入，层层递升，构成了企业人才战略的“六大支柱”和保证人才供给流程的“六大源泉”，不愧为是一篇有独到见地、创新措施和重大实践价值的上乘策论。

获奖策论之三：“如果我是天地华宇总裁——必须首先正确认知、充分肯定、更好发扬光大华宇 12 年来创造辉煌的成功要素和有效经验”。只有这样才能掌握中国公路物流的内在发展规律和成功之道，从而帮助我们全面把握购并整合企业今后共同创造美好未来，必须解决的主要矛盾和发展瓶颈，及时解决能力短缺和实际差距过大的问题，从而更快地整合出来和到位实施正确的发展战略和方针政策。策论中所提出的增强和提升企业家胆识、创业精神和人格魅力，重视人才发展空间，打造核心竞争能力，稳定员工队伍和尽量减少非正常的流失，等等，都有很大的参考价值和警示意义。他所指出的目前仍然存在的部门之间的阻隔太多、难以协同、员工严重流失和由此带来的客户流失过多、有规章制度不遵守、有方针政策不执行、不良的奖罚习惯还没有改变、官僚主义作风比较严重和企业文化宣传不到位等问题，都很坦诚，也较真实，这也是一篇难得的好策论。

此外，还有许多真知灼见、警策之言、创新思维、闪光创意和极具价值的策略，在一些策论中熠熠生辉，启人心智和令人受益。诸如，“营销营运协同，确保利润增长”；“用人才、客户、专业化三个关键词，研究消除特权、强化五个意识、实现四个到位管理”；“建立三级学习制度，实现上下步调一致”;“消除铺张浪费,增收节支赢利”;“修好人品,做好总裁”;“建立集团智囊机构,增强整合管理能力”;“不能让核心价值观成为装饰和摆设”,等等。如果像原来竞赛执行方案所承诺的那样把获奖策论和优秀文章,通过编修结集出版内部发行。那么,集团上下全员参与的大规模的以集团高管领导力的凝聚、增强和提升为目的智力大整合的意义、作用和效果肯定会更大了。

三、战略流程、运营流程和人员流程统一执行的宽度整合

为了适应战略转型的迫切需要,做好战略、营运和人员三大流程统一的整合工作,集团主要领导在2008年人力资源管理年会上提出了八大工作重点:

一是整合再造新的人力资源管理组织架构,将人力资源、综合行政和安全健康职能融合在一起。这样一来,遍布全国各地的天地华宇人力资源部门,就有了人力资源保障、行政服务、安全与健康管理三项重要职能。

二是强化全体员工对购并整合文化的认同及相互融合,坚定天地华宇全体员工对新企业原景与核心价值观的信奉与执行。

三是更加自觉和有效地支持购并后的优化整合、战略整合以及业务发展等方面的深入整合。

四是坚持立足于华宇,广招人才及后备,建立起内部培养选拔和及时输送各个层级优秀人才的强大人力资源管理体系。

五是尽快地建立和完善全国华宇统一的人力资源管理流程,确保人力资源的合规性、合法性、合理性和高效能,不断提高人力资源管理的专

业化水平。

六是通过密切沟通与真诚合作，做好政府关系、社会责任和公益慈善工作，发扬光大 TNT 企业公民的优良传统。

七是尽量采取本地化的员工招聘策略，使企业和员工双方受益。

八是在员工的薪酬和福利待遇上做到与企业营业收入增长和利润增长同步提高。

回顾总结三年多的实践经验和显著成效，目前这个整合内容、方向和工作重点，确实收到了令集团上下都较满意的效果。

1. 挑战和风险最多的发展战略变革的艰难整合

实践证明，这个天地华宇员工一直期待、中国业界也极为关注的企业发展战略变革和转型的整合，确实是挑战和风险最多的重大整合项目。同时也是至关重要和决定其他各项整合成败的最为关键的整合。自成功收购以来，在 TNT 全球和大中国区的直接领导下，在世界著名咨询公司科尔尼的大力帮助下，经过一年多的反复论证和更长时间的前期准备，终于在 2008 年 8 月正式启动了天地华宇"立足于并且继续发展传统零担业务，全面推进定日快运服务"的最新发展战略，以期成功实现打造中国最强大、最快捷、最可靠的递送网络的美好愿景，最终实现 TNT 全球总部制定的"中国第一"的宏伟战略目标。这既是一个庞大、复杂和艰难的改善原有零担业务、提升服务品质、扩大市场份额、确保行业至尊地位的系统整合工程，又是必须以求是创新和团结拼搏的精神，推出比较快速准时的高端服务产品，开拓出定日送达准时快运市场，创造新的客户群体，实现能够持续赢利的商业运行，推动中国物流产业提升，成为未来的领袖型企业的宏大战略整合工程。显然，没有强大的整合创新能力是根本不行的。

经过三年多对传统零担服务模式进行改造和提升的系统整合，所取得的较大进展，在这里就不用详细述说了。据他们自己说的填补国内市场空白的全国性的定日快运服务，在 2009 年也实现了良好开局和“巨大成功”，2010 年将以更大的规模和更广阔的覆盖开始走向全国。这不仅是一个领先企业的转型升级，也是对中国物流行业市场细分发展创新提升的引导和推动。它不仅是天地华宇服务产品的创新升级，更是天地华宇著名品牌优势整合后的全面升级。正如集团总裁徐水波所说的那样：“定日快运对我们来说不光是一个推出新产品的概念，它更是一个促成天地华宇通过购并整合来实现企业转型提升的极好契机。它显著提升了整个天地华宇客户服务水平和品牌的含金量，同时也给华宇广大员工提供了个人职业更大发展的上升空间，而且对于巩固和提升天地华宇在中国市场上的领导地位和长远战略，无疑具有更为重要和长远的意义。”

2. 难度和风险最大的公司和管理部门总经理的任用整合

在天地华宇的购并整合中，企业关键人物的任用整合及其后备人才资源的整合，也是一项难度和风险很大的整合。早在购并交易的过程中，TNT 和华宇通过共同合作，已经整合出了一个由 160 多位关键人物所组成的用要约条款保证留用的名单。其实，包括关键员工、二级公司经理、一级公司总经理、管理区域总经理、集团职能管理部门总经理或项目经理、集团副总裁和总裁董事长在内的关键人物，应该有 1 500 多名，这是 TNT 购并得来的、最具组织资本价值和作用的，最有战略发展意义和使用价值效能的第一资本，能不能整合好、任用好、发挥好它们极其重要而巨大的作用，不仅决定购并整合的成败得失，而且关系天地华宇的兴盛和衰亡。揭示和解析其对于这项重大整合的成败得失，具有很大的借鉴和参考价值。

简而言之，他们三年多来的整合进展、状况和特点可以这样表述：对于 56 个一级公司总经理、14 名集团管理部门和管理区域总经理、7 名副总裁和总裁，总共77名华宇最关键、最核心、最高层的领导或高管人物，到现在是“自己走掉了一批，被撤职了一批，留住了一批，轮换了一批，提拔了一批，重用了一批”。这里所谓的“一批”，有的是“全部”，有的只是1人，例如，“留住”、“提拔”和“重用”的一批中，只有一个人，而且是同一个人。截止2010年3月14日，TNT成功收购华宇三周年的庆典纪念日，结果是没有等到留用期满，7名华宇副总裁和总裁全部没有了；8名集团职能管理部门总经理不是被撤掉了，就是自己辞职了；6名原管理区域总经理只剩下2人；56名一级公司总经理没有被撤换的只剩了1个人。这56名一级公司总经理任免、撤换的规模之大和频率之快前所未有。例如，2008年12月31日一天，就有20多个总经理被任免；再如，在2009年9月一个月内，又被任免或撤换了近20名一级公司总经理；又如，在2008年10月的半个多月之内，就发生了由一名资深常务运营副总裁带头、一名管理大区总经理和上海、广州、北京、天津、武汉、济南等龙头或巨头公司近10名总经理跟随，又带着十几名重要而关键的二级公司经理纷纷离职，成批地投向美国耶路刚刚收购的佳宇物流公司，引起了两个企业高管的巨大震撼和轰动。三年之内，在56个一级公司中，有3个公司先后经历过5名总经理的任免；有10个公司经历过4名总经理任免；有28个公司经历过3名总经理的撤换。原来的56名一级公司总经理被多次撤换后，现在还当总经理的人数早已不到15%了，还在原来公司当总经理的只剩了1个人。

任免、整肃和整合这些关键人物的原因、原则和标准，通常都是依据任职期间的综合表现、绩效目标、工作态度、管理能力、作风建设和发展需要。对于经过内部竞聘而上岗的总经理，又增加了面试和测评两个流程。例如，在对提升到更大公司任总经理的贾强的任命书中说：“集团自2008年下半年以来，先后举行了两次内部竞聘，通过外聘专家和集团高管的面试以及世界知名工具的测试，已经有多位竞聘的优胜者担任了管理区域或一级公司的总经理，并且在这些岗位上发挥了重要的作用。在2009年的内部竞聘中，贾强和崔强经过多轮面试表现突出，经过集团和各相关区域的研究，根据公司发展的需要，决定现在升任。”在2008年竞聘中原区总经理的时候，最终被聘任的并不是综合考评的第一名，而是退而求其次，任命了差距很大的四名竞聘者中的第二名。对于这个具有明显内部交易色彩的任命结果，让当时许多高层人士和知情者为之愕然、愤怒和鸣不平。在2009年任命华南区新的总经理时解释了这个问题，证实了中原区总经理竞聘后任命的确实不是竞聘综合考评的第一名；他们说主要原因是想让这位原来综合评分的第一名，等待天地华宇更大管理区域总经理职位的空缺。

对于曾经引起天地华宇大震荡和最坏影响的最大一次成批的高级核心人物的集体辞职，也可以用大度、自信和坦诚的沟通整合方式，使它的破坏作用和负面作用降到最低。所采用的策略就是让这位辞职副总裁发一封“致全体同事的信”；然后，集团总裁自己再发一个“关于这位副总裁辞职的通报”。辞职副总裁说：“徐总裁先生尊重了本人一再坚持到另一家更具挑战性的公司去工作的选择，借此对于徐总的真诚挽留深表感谢，坚信在您的领导下，在打造中国最强大最快捷最可靠的递送网络的发展道路上取得成功。”同意辞职“放飞”高就的总裁说：“我非常遗憾地宣布高级副总裁已经决定辞职离开天地华宇。对于任何为天地华宇做出积极贡献的人，合作是同事，分开是朋友，天地华宇将永远惦记。”这种“情真意切”，相互尊重，巧妙睿智，好合好散的迟到而又被动的沟通，可能也会整合出各自所需要的“双赢效应”。

3.统领经营管理能力更强的三大流程统一执行的高端整合

天地华宇作为遍布全国的大型外资购并整合性集团企业，通过对人力资源的规划与战略管理的不断整合，使得当前特需、短期急需、长期必需的关键人才、核心人才和各个层级的业务人才得到满足，是极为迫切和至关重要的事情。否则，就会把具有全面性、战略性、流程性的人力资源系统管理及其整合任用降低为单纯的人事安排和薪酬管理了。更为重要的是，通过人力资源战略规划和人力资源战略管理的高级整合，把人力资源战略及其流程纳入到企业的整体发展战略和运营战略统一的流程中去，从而形成企业发展战略、营运战略和人力资源战略的高度统一、协同运作和全面提升。目前，天地华宇的人力资源整合还远远没有达到这个高度，也没步入这个比较常规的大道。仍然处在被动应急补充、临时匆忙找人、良莠难分草率任用、缺乏人力资源储备和人力资源输送链条断裂的较差状态，致使集团首席执行官、人力资源总监和各个层级的经理们，一直被这个老大难问题所困扰和伤害，这已经成为天地华宇当前和今后发展的最大瓶颈。

企业人力资源经理出身，又当过 TNT 大中国区人力资源总监和兼任天地华宇人力资源高级副总裁的徐水波，当上集团首席执行官之后，很快就发现了这个战略性的人力资源工作跟不上和不符合企业各种发展需要的严重问题。为此，他果断地撤换了天地华宇人力资源部总经理，调整了人力资源内部的功能结构，多次增添和加强急需的管理职能，强调尽快提高人力资源干部的专业化素质、能力和水准，并且采取内部整合的方式，从战略的高度使集团的人力资源转型提升，这是一个具有鲜明的转型整合、提升整合和再造整合特征的人力资源战略变革的重大整合。当然，目前仅仅是走上了正确的道路，因为有些根本性的重大瓶颈问题还没有得到真正有效的解决。这也是徐水波总裁上任一年多来，一再强调的仍然被陷在这个最大瓶颈里而不能自拔的主要原因。据同仁说，在天地华宇 2010 年的管理年会上，他们找到了破解企业人力资源最大瓶颈的方向，这就是限制和阻碍天地华宇各项业务改进提升、经营管理能力不断增强、企业一切增长和发展、实现可赢利收入增长和尽快扭亏为盈的最大瓶颈，统统都是“人才严重匮乏”和“人员很不胜任”，即从上到下，特别是高管团队、经理团队、作业团队、员工团队和许多关键、重要以及核心岗位，都明显不能胜任的问题。这可能是2010管理年会最大的认知突破和最有希望的成果。

徐水波在2009年第9期《天地华宇》内刊上发表重要署名文章，阐述如何“继续坚定不移地把定日达战略推向前进”，结果又被困扰在这个人才短缺和不能胜任的瓶颈障碍面前了。因此，他又一次明确地指出：“人才瓶颈是集团最大的瓶颈，要坚决地不遗余力地加快人才队伍建设，支持业务的全面、快速、高标准的发展。”他进一步阐述说：“目前天地华宇战略转型期间面临的最大压力和困难都是前所未有的，特别是我们的战略发展速度很快，运营和操作要求很高，使得我们目前的人才瓶颈制约越来越严重和紧迫。人才短缺是我们天地华宇遇到的最大挑战和严峻考验。我们迫切需要大规模的补充各个方面的人才来支持我们的快速发展，来提升我们方方面面的工作能力和水平。我们计划在接下来的几年里，每年持续招聘500名以上的大中专毕业生，并且开始派遣更多的员工到国外考察学习运营、销售、IT等各方面的工作，做好人才的储备和及时的输送。”尽管在他上任不到两年的时间里，“人才瓶颈”、“人才短缺”、“人员饥荒”和“人不胜任”等词语频繁出现，但是仍然没有明显效果。他不得不再一次在内部刊物上发表专题文章：“打好人才战役，必须解决五个认识问题”。这也是集团从2009年7月开始进行的一系列企业文化反思和检视企业发展严重障碍问题，必须首先解决的第一重大问题。他明确指出：“集团高管团队一致认为，如果天地华宇接下来会失败，最危险的问题就是人才，而且远远高于第二位的运营。”徐水波总结说，“我很高兴集团高层有统一的共识。去年正式就任集团CEO后，我就发动了‘三大战役’，排在第一位的就是‘人才战役’。今年我们在‘长途车成本管理和自备车高效运营两大战役’上都取得了阶段性的胜利。

但是，唯独在人才战役上，进展、态势和成果都是很不尽如人意，让我极为焦虑。”徐水波曾经多次重申和强调说：“目前在天地华宇，人才已经成为困扰和障碍企业发展的最大瓶颈，人才战役打不成功，天地华宇不会成功！”而现在这个所谓的“人才战役”及其打法，可以说是盲区、问题和失误很多，其根本原因主要是领导、组织、指挥、参战和管理的人员，在素质、能力、水平和整合功夫上，普遍存在着很不胜任或大都不能胜任的严重问题。

令人不解和更为遗憾的是，天地华宇在2009年第三季度，又一次闹起更为严重的“劳工饥荒”，企业内部到处都在喊叫：“缺人！要人！”徐水波坦诚地说：“从高到低，我们各个层级都面临人才的极度短缺。我们迫切需要大量的各个层级的人才，特别是缺少变革时期所需要的有思想、敢担当、勇气足、行动迅速、坦诚交流的职业经理人才。”然而，很多经理人却都以业务忙和水平低为理由，没能很好地帮助集团去年引进的600余名大学生，没有让他们在文化上、业务上、学习上、理念上和生活上等方面，更好地融入这个原先是大学生的荒芜之地的企业，甚至还有很大的排斥情绪，这是更令人焦虑不安的。为此，徐水波从价值观念、思想认识、企业文化、用人体制和工作方式等方面，剖析、批判和破除在打胜“人才战役”方面的许多错误观念和糊涂认识。徐水波最后强调说：“我们不能始终把人才战役作为一个‘运动’来推进，而是应该实实在在地建立有效的机制来保障我们的人才发展战略的实施。”目前，集团上下许多经理和员工反映，现在真是说的越来越多了，做的越来越少了，效果越来越差了，让人越来越没有信心和难以忍受了。

尽管如此，2010年管理年会上的正确认知和重要转变，却让人为之一振。因为他们终于可以冲破长期以来压在企业高管头上的惯性思维和战略缺失的天花板了。终于能够从人才战略和创新思维应有的高度来真正解决人才瓶颈问题了。但是仍然让人不敢确定的是，目前他们是否具有足够的整合智慧、整合能力和整合水平，从天地华宇最高管理层开始，真正解决战略流程、运营流程和人员流程及其高度统一、协同、高效运作的课题、问题和难题。因为这需要更高级、更强大、更协同的购并整合思维、整合智慧、整合工夫、整合能力和整合水平。

第十二章　高管团队整合

本书最后一章重点阐释或解析天地购并华宇的最高管理团队整合的成败得失。这是决定能否实现购并战略目标，能否获得应有的协同效应，能否届时完成艰巨复杂的整合任务和实现可持续赢利发展的第一关键问题。

要想深入解析天地华宇最高管理团队整合的得失成败，就不能不涉及包括集团各个职能管理部门和六大管理区域在内的中间层管理团队的整合问题，也不能不涉及这个中间管理层之下的组成集团企业的极其重要的56个一级公司业务团队的整合问题。同样，也不能不涉及这56个一级公司所管辖的1 500多个分公司，这些最基层的业务团队的整合问题，及其每天直接服务于客户而创造利润的近15 000名员工团队的整合问题。这四个层级的企业团队整合由于整合者、被整合者、整合武器、整合内容、整合目标、整合方法、整合标准、整合时限、整合重点、整合管控和整合特点等不同，会呈现出丰富多彩、博大精深、冲突挑战考验殊多、成败得失充满不确定性、魅力和魔力变换无穷的纷繁复杂的情景。

一、成功的跨国购并整合始于最高管理团队

购并之后的整合工作，一直被公认为是购并企业最高管理层所必须面对和解决的最重要的挑战与考验。这个整合内容包括：任命合格合适并且胜任的最高管理团队，组成功能搭配齐全高效的团队组织结构，找到能够被认同和乐于接受的领导风格和管理方式，制定议事程序、沟通平台、命令链条、汇报流程和职责范围，并且培养和建立团队合作所需要的尊重、宽容、诚信精神文化和管理体制。如果最高管理团队，特别是董事长、总裁或者首席执行官不能克服和战胜这些重大挑战与严酷考验，那么，就会造成主体意识上的冲突、政治上的对立和内部关系的危机，甚至导致高管团队的分裂。所有这些问题都是导致跨国购并及其整合失败的根本原因。

1. 首届高管团队在文化差异矛盾冲突危机中分崩离析

以跨国购并起家而成为世界著名快递巨头之一的 TNT 集团，是非常明白和极为重视在购并早期就决定和明确谁将在购并成功的企业中成为高管团队的领军人物，这是一个能够使购并企业“要么成功，要么失败”的最大决策。TNT 和华宇双方很早就知道了这个人就是 TNT 购并华宇的项目总监彭昶裕先生。这个中国台湾省人是一位网络营运方面实战经验丰富的企业家型人才。购并交易中的所有重要活动他都参加和亲历了，以王振华董事长为首的华宇集团高管团队到 TNT 荷兰总部和欧洲公司参观访问的时候，他专程跟进陪同。2006 年 6 月他带领由 24 个经理组成的 6 个优化整合小组，先期进驻华宇集团进行整合的统领人物也是他。他与以王振华董事长和总裁为首的华宇高管团队相

处得十分融洽，相互极为尊重，合作得十分愉快，华宇的高管和接触过他的管理层对这位即将成为天地华宇的领袖人物，可以说都是看好、认同和满意的。当时的安排是，在王振华留任的两年内继续担任总裁职务，彭昶裕为第一副总裁，而实际上应该是王振华尽心尽力、尽职尽责地辅佐彭昶裕先生主持和接管华宇集团的全部职权。这样不仅可以实现企业控制权及管理权的平稳过渡，届时完成购并之后艰难复杂而又挑战诸多的整合工作，而且更重要的是能够确保一大批关键经理人物不流失，并且确保企业持续递增产值与利润目标的顺利实现。这种高管团队的领导人物的安排，与后来美国耶路集团购并佳宇的领袖人物安排的模式一样，只派进一个谁都尊重并认真执行他的意见或决策的副总经理。这也是更自信、更睿智、更强势和更成功的最高策略。

可是令人疑惑不解的是，这位双方都看好并且一致认同的彭昶裕先生，不知道是什么原因，在 TNT 购并华宇成功的前夕，忽然却离开了 TNT。这件事令 TNT 极为被动，让华宇也很失望。于是在 TNT 内部出现了推选未来华宇高管团队领军人物的争夺之战和尴尬选择。一个是刚刚从国外镀金回来的学英语专业的陕西人，曾经在迈克·德瑞克主管的除中国和日本以外的 TNT 亚太区做过几年快递销售经理，外号叫“笑面虎”和“倪小鬼子”，他前来投奔的人也是刚刚调来就任 TNT 大中国区董事总经理的迈克·德瑞克这位老领导，由于综合条件差得太远，TNT 荷兰总部不予理睬。另一个是在国内参过军，又从美国某名牌大学政治专业硕士研究生毕业的山东人李唯，他是 TNT 大中国区战略发展部的高级经理，参与了 TNT 购并华宇的全过程，并且做出了重要的贡献，是他 2004 年 8 月 23 日，只身闯进正在同中国外运集团进行购并谈判的华宇集团，洽谈竞购事宜的 TNT 第一人。他谦和大度、理论功底很深，实践经验丰富，掌握了华宇物流经营管理成功经验和主要特点，具有柔中有刚和绵里藏针的领导才能，是一个较为合适和能够胜任的

TNT 华宇高管团队的领袖人物。由于他所要坚持和施行的是主要依靠原来华宇高管团队来经营、管理、发展和实现 TNT 购并华宇的整合战略与策略，即“原汤化原食”、“学习型整合”和“充分发挥华宇物流组织资本的最大优势和不可替代的作用”的创新策略不合口味，没有被 TNT 荷兰总部所认同而批准。不久，他也毅然决然地离开了成功购得了华宇物流的 TNT。

对于最高领导团队，特别是这个最高团队的领袖人物选择与整合的决策，是企业购并完成后最为迫切和必须优先解决的最大问题。如果解决得越快，就能够尽快地在整合发展上获得更大的协同效应和快速增长的难得机会；如果太慢并在人选上迟迟不能到位，那么购并企业就会开始走下坡路，甚至出现致命的业绩快速下滑和亏损。TNT 成功购并华宇已经很长时间了，但却迟迟选不出来胜任和称职的高管团队领导人物，实在是个罕见的意外和莫大的遗憾。在这种紧张而又急迫的情况下，即将退休的 TNT 大中国区专管收购国内企业而授衔资深策略发展副总裁的庞复兴先生，临阵仓促领命担任 TNT 华宇集团总裁，并且让他立即组建 TNT 华宇的最高管理团队。原华宇集团总裁董事长王振华真诚地劝告他不要花费那么多时间和那么大的精力，去拼凑那些“银样蜡枪头，好看不中用”的所谓物流专家型的“高管空降团队”，庞复兴根本不听。这时，王振华还全然不知留任两年的他的职务竟然是为这位架子很大、瞧不起人、装腔作势、刚愎自用和很难相处的美籍台湾人当顾问。

经过两个多月的紧张工作，庞复兴于 2007 年 3 月 6 日推出了一个“华宇集团组织结构”图，这是一个由他任总裁、顶头上司是兼职董事长迈克·德瑞克，下面直接管理营销副总裁、运营副总裁、业务运营常务副总裁、财务副总裁、质量与企划副总裁、人事、信息、策略、行政、宣传、公益和督察副总裁，以上共 8 人组成了 TNT 华宇集团最高管理团队。而实际到位的只有 7 人，因为排在最后的那位主管 4 个部门 7 项工作的副总裁，是庞复兴自己兼任。

当时，在集团上下管理层和不少员工中较为普遍地存在着三个令人不解的问题：

一是有王启新、原锦生、杜景春和王宏光共 4 位原华宇集团副总裁不但没有按照要约规定进入集团最高管理团队，反而被贬谪居于一些副总裁的管理之下，不知道他们将如何行使管理职权和有效地开展工作？

二是直接管理 56 个一级公司的 6 大管理区域及其总经理，却没有被排列在中间管理层级的位置上，而是被错误地排在了常务副总裁管理树干的最下端，不知道总裁、各位副总裁和集团各个职能管理部门能否和怎样实施对他们的管理职能？

三是必须留任两年的原华宇总裁董事长王振华，不仅没有进到最高管理团队，而且在这个新的管理结构图中，根本就没有他的地位，包括顾问和被顾问在内的谁也不知道他将怎样给庞复兴当好所谓的“高级顾问”，更不知道他将如何遵照迈克·德瑞克所明确要求的那样：“和庞复兴紧密合作确保华宇公司实现既定目标？”

由此可见，这个总裁管总裁、副总裁管副总裁、能级低的管能级高的、一个职能由两个职能部门来管、一个部门由多人来管、能管的不让管、不能不会管且管不了也管不好的却管一大串，等等，管理关系横竖不顺，上下左右难以贯通，管理职权、职能和职责不清，阻隔矛盾冲突很多，并且距离实际状况相差甚远的 TNT 华宇管理组织架构图，混乱到了何等可笑的地步？首先，他这个“华宇集团组织结构图”的名称定义就是错误的。第一，TNT 购并后的新企业名称，已经不叫“华宇集团”了，当时已经改为“TNT 华宇”了，或者更为准确地说，必须用它的天地华宇品牌名称来称呼了，这根本不是一个购并前后新旧企业名称的语言和文字表述的小问题、小错误，而是关系集团全体员工主体思维是否能够根本转变和正确定位的大问题、大错误。这也是集团最高管理团队、中层管理团队、基层管理团队、各类企业团队和各种功能的员工团队，都必须经过整合而实现主体思维和名称概念定位，以及根本转变的至关重要的问题。第二，“企业组织结构”和“企业管理架构”是根本不同的两个概念，二者混淆和误用，对于一个自诩为专家的总裁来说，无疑是一个不小的笑话和很大的错误。虽然，从逻辑上讲二者有从属关系，但是，它们的本质内涵是不一样的。抛开这些不讲，就说这个题名“华宇集团组织结构”吧，它与下面的实际内容也有相当大的差距。形象地说，它充其量也不过是个只有题名应该具有全部内容的一个头，而且是一个残缺不全的头，根本没有健全的身躯和四肢，也没有坚实稳定立足于市场和客户之间的极其重要的两只脚，至于它的健全身躯、四肢、头脑和两脚指的都是什么？在这里就不用说明了吧，因为这是行家人尽皆知的事情。可是，无论如何留给员工评价和议论的是，这幅“企业组织架构图”却是一个残缺不全、功能低劣和矛盾冲突丛生的组合图，而绝不是一个整体功能结构完善的较好的企业管理架构组合图，也不是一个优质高效的符合管理规律和最有利于有效执行的成功管理流程图。

在这个“华宇集团组织结构图”之外还附有四个委员会名单：一是由8位最高管理团队成员和6大管理区域总经理以及9位集团管理部总监或总经理，总共23位成员所组成的天地华宇管理委员会。二是由总裁庞复兴等5人所组成的集团督察委员会。三是由集团策略发展与行政办公室总经理等6人所组成的集团注册地佳木斯市事务管委会。四是由三位副总裁所组成的大项目委员会。这些专职或兼职的管理委员会，都属于天地华宇各个方面的高级、权威、专业、关键、核心和至关重要的管理团队，一旦把它们组合成功和建立起来，就必须以最高管理团队为先锋、标杆和动力，有计划、有步骤、有标准、有时限和有责任地进行各个层级团队进行全面整合、深度整合、有效整合、优化整合和提升整合。

这是跨国购并企业成功的先决条件和根本保证。

正是因为选人、组建、运作方面的失误和失策，领导人物和关键人物的能力、水平和性格问题的局限，没有、没能和没法进行及时、有效和成功的整合，尤其是对最高管理团队、核心决策团队、关键人物团队达标、到位和有效的整合，所以才会导致不到六个月的时间，购并企业的首届团队在越来越严重的冲突、对抗、危机的不断升级中分崩离析，造成了巨大的危害和很坏的影响，也留下了沉痛的教训：

一要掌握好企业系统或团队组织结构决定其功能效率的原理和规律，否则你就不能组建一个成功的管理系统和高效的管理团队，结果是令自己备受愚弄而不能自拔，最终导致失败。

二要坚持运用共同愿景、核心理念、企业使命、经营哲学、领导模式和企业文化等强大武器，进行最高管理团队及其他层级管理团队的深度整合。其主要目的是整合出一个“精诚团结的领导核心、高度认同的核心价值观、和谐高效的团队核心和能胜能赢的能力核心”。

三要不断增强和快速提升有效整合购并主体客体关系的通识理念与强大能力。其中包括真诚尊重、相互学习、妥协包容、亲密沟通、和谐共进的整合通识和强大能力。

实践经验告诉我们，跨国购并整合中的一切较大的矛盾、对抗、冲突和危机，大都是首先产生于最高管理团队成员的不良关系之中，因此，必须首先解决在最高管理团队上相互关系的融通和改善问题。这是跨国购并整合或整合购并高管团队的一条规律。

2.第二届天地华宇高管团队在万般无奈中重新整合

2007 年 9 月 28 日，迈克·德瑞克以天地华宇董事长兼总裁的名义，致信集团各位管理者和全体员工说：“各位或许已经知悉我对公司重组的决定。我本人现在担任董事长兼总裁的职位。我邀请原来的运作副总裁担任运营资深副总裁的职位，他将负责日常运作、网络和运营成本控制的工作。倪圣杰被提升为销售与市场资深常务副总裁，他将与各个区域、一级公司和二级公司共同合作以推动公司收益的增长。我将制订新的管理组织结构图，它将让汇报关系和职责分工更加清晰。”实际上他还有一个从组织上整合新的高管团队的人事任命，就是刚刚加入TNT大中国区被任命为人力资源总监的徐水波先生，经过一段时间的调查考核，被提升为兼任天地华宇人力资源高级副总裁。这就是第二届天地华宇最高管理团队重新整合的显著特征。

概言之，就是“两个兼任”、“三驾马车”、“攻坚一个短缺瓶颈难题”。“两个兼任”，就是已经兼职天地华宇董事长的TNT大中国区董事总经理的迈克·德瑞克先生，又兼任了首席执行官职位。另一层含义是指他一个人同时兼职两个企业和四个领导职位，而后一个企业又是一个刚刚被搞砸了的近15 000人的购并整合企业，这是极为罕见的事情。“三驾马车”是指三位副总裁在首任总裁被他们驱逐或罢黜后，都荣幸得到了“资深”、“常务”和“高级”等闪光头衔的封赏。还有一层含义是明显的期盼：但愿已经高得无法再高和深得不能再深的营销、运营、人力资源副总裁，能够组成一个真正的“金三角”最佳结构，驾起天地华宇高管团队这辆巨型马车，奔向赢利发展的金光大道。“攻坚一个短缺瓶颈难题”，就是必须集中全力攻克致使企业亏损的首要问题——“装卸工短缺难题”。这也是重新进行企业架构整合后的天地华宇企业高管团队，必须突破的障碍企业发展和造成企业严重亏损的最大难题。

天地华宇第二届高管团队重新进行的购并整合工作，是从迈克·德瑞克亲自带领新的高管团队成员一起奔赴企业一线，考察访问、调查研究、解决造成亏损的“瓶颈”问题开始的，是同解决企业经营管理迫切问题紧密结合在一起进行的。他对同行的营销、运营、人力资源副总裁、管理大区总经理和一级公司总经理们说，“我要保证集团总部及时准确地了解和掌握各个管理区域的市场情况，知道遍布全国各地华宇公司运营、管理和绩效的真实状况，并且能够得到来自一线业务部门的直接反馈和建议，这是做好一切工作的重要前提。”

他们在北京、上海、广州、西安和青岛等20多个不同类型的一级公司，与总经理、业务人员、装卸工人面对面地交谈、讨论和征求意见，而且就地解决问题，同时解答他们提出来的非常关切重要问题。这样，使他们真正了解了华宇，懂得了华宇，学到和掌握了以前许多不会的知识，也找到了许多有效解决问题的好办法。同时，也让基层公司的经理和一线直接服务于客户的员工深入地了解了这位不通中文的外国总裁和高管团队成员的不同特点及行为习惯，从而增加了亲近感和相互的信任，也提高了总裁和高管团队的声望。他们都深切感到这样的沟通交流和相互学习，消除了心理障碍，打通了管理阻隔，解决了“瓶颈”问题，也促进了深入整合。这无疑是一个良好的开端。

有个媒体请迈克·德瑞克谈谈他整合华宇，与员工、同事及合作伙伴处好关系的经验时说：“主要是尊重不同的人和文化。中国人讲究的是我们这个词，人与人之间强调一种团结的感觉，而不是张扬西方的个人主义。到中国来首先要理解中国市场，不能自以为是，先入为主，必须不断学习，时刻提醒自己保持谦逊，不停地征求同事的意见和看法。我也非常开诚布公。随着年龄的增长，我开始欣赏与人为善的美德。我不喜欢高高在上、颐指气使、过分苛刻和不尊重别人的人。”

他16岁就加入英国皇家海军，每天同四五十个人一起住在很不宽敞的空间里，他跟这些来自不同地方有着不同想法的人相处，很快就学会了包容。迄今在国际快递行业又磨砺了24年的他，在回答记者如何对不同国籍和多元文化背景的员工进行跨文化管理整合时，他说：“虽然文化背景不同，但是大家所需要的东西都是差不多的，一份好的薪水，一个公道的老板，以及不断学习和升迁的机会。作为CEO，我要为员工创造这种机会和氛围。来自不同文化背景的人并不是一件可怕的事情，找到大家的共同点，就可以很好地将员工们团结起来，而这其中最重要的是一定要学会尊重。”

他习惯于尊重，学会了包容，喜欢谦逊，待人随和，原则性很强，而又善于学习，倾听不同意见，随时修正错误，求实务实，高度专业化，做人低调，十分敬业，并且能够与不同文化背景的员工和同事很快地融合在一起。他不仅能够将高管团队成员紧密地团结在自己的周围，而且善于统领天地华宇的千军万马奔向更加美好的明天。他可以和你一起奔跑在绿茵场上拼抢踢球；也很喜欢带着太太和三个孩子一起纵情歌唱，尽管他说自己是家里最糟糕的歌手；见到寒冬里衣着单薄的员工，他会毫不犹豫地脱下自己的棉大衣，不容分说地送给员工穿上；当他的部下处于危难和陷入危机时，他会毫不犹豫地力挺和坚决支持：“各位员工应该服从我所指派的华宇总裁的正确领导，有问题请直接与我沟通。”而且还会为部下的严重错误承担责任和帮他解脱，他一再要求员工能够理解：“我对庞复兴总裁完全信任和支持，他对华宇的重要决定都是与我充分沟通和得到我支持的。”

正是在迈克·德瑞克的坚决、承担责任、深入细致的工作和广大员工的配合下，庞复兴总裁才度过了那次遭遇弹劾的风波和被众多经理联名驱逐的危机。但是，更大的涉嫌腐败和违犯法律的“高管调动”危机和与此相关的“众多总经理集体辞职”危机，以及惊动了上海政府司法部门的外资企业总裁寻求“司法保护”的危机，累计放大所形成的更大风波和危机，就没有更好的办法来解决了。于是，在这万般无奈的窘迫困境中，迈克·德瑞克做出了一个最为聪明和睿智的决策：最后再让庞总裁玩一次“休假”或“失踪”的游戏，让自己再挑上一副重担，兼任天地华宇总裁职务。过了好长一段时间后，大家才体悟出来这个决策的一举三得之妙：一让庞总裁体面退场；二让危害、影响和负面作用最小；三让企图或利用“倒庞”来实现总裁美梦的野心不能得逞。

经过严重危机的考验和巨大风波的洗礼，迈克·德瑞克在天地华宇广大员工的心中，成为一位可亲近、可尊敬、可信任、可依靠和可追随的最好的董事长和总裁，同时，也是天地华宇高管团队最可信任的领袖人物。用美好的愿景照亮员工的未来，用先进的核心理念引领高管团队的整合。这就是天地华宇第二届高管团队整合的显著效果。就在他卸任天地华宇兼职总裁后不久，TNT 大中国区获得了全球知名的人力资源管理机构和美国《新闻周刊》中国月刊等国际杰出业绩鉴定专业权威团体联合举办的“2008 中国杰出企业领袖”大奖殊荣。一个业界权威刊物的记者说：“随和、幽默、举手投足不失优雅，这就是本年度‘中国杰出企业领袖’大奖获得者 TNT 大中国区董事总经理留给笔者的印象。”

《HR 管理世界》的记者问他是怎样解决目前领导力所面临最大挑战的管理团队本土化问题时，迈克·德瑞克回答说：“就目前的 TNT 管理层架构来说，首先是最高管理团队建设，包括国际快递管理团队和国内快运管理团队的建设，接下来是大区管理团队的建设；中国地大物博，地区文化充满多样性，在大区团队中，除了一位来自新加坡和一位来自中国香港之外的其他管理人员，都由本土的员工担任，这样做是为了使我们的企业更接近市场和更了解客户。而我们的最高管理团队是一个国际化的组合，其中有来自欧洲的，也有来自中国本土的，对一个跨国企业来说，最高管理团队的国际化在于，一方面可以让我们更好地和欧洲国家沟通，另一方面也有助于对中国本土管理的衔接，同时也给予中国员工一种激励，让他们知道，通过努力是可以加入最高管理团队的。为此，我们有一个高级人才培养计划和流程化的管理层继任计划，来予以保障。”

此外，迈克·德瑞克对中国员工的评价也很有指导和参考价值。他说：“相对说来，中国员工更有魄力和野心，工作更有冲劲，更愿意接受挑战，每个人都充满了斗志。不过，需要注意的是，中国员工有时可能太有雄心了，会急于在他们还没有准备好的情况下，就去接受一些更大的责任，在东南亚的一些国家，一般来说，一个员工希望在一个岗位上工作两到三年后得到提升，而中国员工则希望半年到一年内就能被提升，这可不见得是件好事。”

3.第三届高管团队在更加严重的流失中再度整合

2008年7月7日，迈克·德瑞克签署文件，任命徐水波先生为天地华宇集团首席执行官。他说：“正如诸位所知，过去10个月内，我一直担任TNT大中国区首席执行官一职，同时兼任天地华宇集团董事长和首席执行官，并且负责日常运营。纵观华宇物流的长远发展，改革华宇是迫在眉睫的首要任务。在此，我很荣幸地向诸位宣布，任命徐水波先生担任天地华宇集团首席执行官一职。过往事实清晰表明，就职TNT和天地华宇期间，徐水波在各个管理关键领域均表现出色。我有理由相信，徐水波先生将发挥其卓越的领导才能，引领公司不断开拓向前，为公司业务带来新的发展契机，也为所有员工提供更广泛的发展空间。”

任命20天之后的7月28日，履新的CEO徐水波先生以致天地华宇员工信的形式，发表了一篇题为“让我们共创天地华宇的新未来”的文章。他说，“担任天地华宇集团CEO的职务是一份艰巨的任务，我倍感荣幸，很感谢公司对我的信任，但我欣然接受这样的挑战，主要原因有两个：首先是所有的天地华宇人，执着、忠诚、尽心尽责、热情高昂、具有一种不能准确描述的把华宇当成家的实实在在精神的华宇人，包括管理层给予我的坚强信心。其次是经过一年多来和TNT全球最高管理层以及大中国区CEO迈克·德瑞克先生的密切合作，使我对天地华宇在TNT大中国区乃至TNT全球的战略地位深信不疑，对实现TNT‘中国第一’的发展战略充满信心。目前，整体战略清晰，发展势头迅猛，处于行业领先的快速发展地位，达到历史最好水平，华宇的未来将在巨人的肩膀上展翅高飞，而且越飞越高。在迈克·德瑞克先生发布的关于我的任命文件里说：'改革华宇是迫在眉睫的任务，'经过近10个月的仔细研讨和反复论证，已经作出了立足于继续发展传统零担业务，全面推进'定日达服务'的下步发展战略。为了实现这样的战略目标，我将和大家分享三个词：'人、客户、专业化'。十分明确，要求集团上下高度重视和坚决贯彻执行这个赋予丰富涵义的'三个词'。因为它是解决天地华宇所有问题的'法宝'，自然也是高管团队整合的'法宝'、内容、准则和所要达到的目标"。

首先，第三任总裁徐水波先生也推出了一个让它起整合作用的"华宇组织架构简图"。这个有所"创新"的"简图"很值得解析和阐释。

第一个突出而鲜明的特点是，它完全符合企业组织结构和管理架构，必须服从和服务于发展战略需要的原理，而且用浅黄、浅橙两种颜色予以明确分开。

第二个特点是最高管理团队精简掉了2/3，由之前的6位副总裁，"裁员"到运营和销售副总裁2位，而且打头的副总裁由销售变成了运营，这是否意味着营销与营运二者地位发生了变化。

第三个特点是定日达业务成立了事业部，而下面又成立了专属定日达业务的销售部、运营部、车管部和服务质量管理部，而与此相对应的是集团8大职能部门，即从上到下依次是总裁办、网络管理部、营运管理部、质量安全部、信息部、人力资源部、市场销售部、财务内审部、宣传部，对这些职能管理部门都是用表示零担业务的浅黄颜色标明，这就形成了左面8个部门，右面的定日达事业部之下又有5个部门，两边加起来共13个不同层次的管理部门，再加上漏画了的督察部和并入其他部门的几个部，实际上增加的部门比原来部门的总数还要多，细算起来管理部门膨胀了一倍还多。

第四个特点是终于有个一条居于中枢地位的上至首席执行官、中贯区域总经理、一级公司总经理，而没有到达企业全部业务增长之源和服务于终端客户的二级公司的直线职能等级管理线（链），在这条管理线（链）上的每个业务部门，也都使用两种颜色将传统零担业务和定日快运业务截然分开。

据说，将定日达服务和零担业务明确分开，是新任总裁听信了资深运营副总裁的错误意见。对于这个颇有质疑和争议的两个业务分开管理究竟是对是错，是好主意还是坏主意，就让实践效果来检验吧。反正当年在他还没有“资深副总裁”头衔领导和管理珠三角与长三角很多个城际当日达快运时，是没有分开运作和管理。因为，完全分开会造成两个业务的割裂和对立，造成人力和物力资源的巨大浪费。因为从本质上说，定日达和非定日达，多日达还是少日达，精准的定日达还是不太准确的定日达，都是零担或整车货物运输的一种服务产品，其区别仅仅在于到货的日子或天数是不是精准而已。当日达、次日达、隔日达、十日达、百日达或 N 日达，都是同样性质的定日达服务，都是根据客户的实际需要而提供的货运服务。为什么同一种服务产品，一定要分为两部分人来销售、运送和服务呢？真是让人不可思议和难以理解。

由徐水波领军的天地华宇第三届高管团队的整合，遇到了许多难题、挑战和严峻的考验。他们遇到的第一个最大的难题和挑战是，高层管理团队、中层管理团队、关键层管理团队和基层一线管理团队人员的不断流失、大量流失、触目惊心的流失，造成了管理层和操作层员工的激烈震荡和恐惧不安，引发了思想涣散和信心低迷，致使企业增长下降和效益恶化，严重地干扰了企业新的发展战略的顺利实施。

经过初步分析，有的是因为到了去留的时间节点，为另谋高就而走的；有的是整合者利用策略和手段故意将其驱逐走的；有的是被歧视、压抑、贬低和不公正待遇而气走的；有的是由于受到不当处分和丧失信心而逼走的;有的是由于文化冲突、关系危机和陷入麻烦而退走的;也有的是因为不能实现某些野心而不得不走的;还有的是糊里糊涂被胁迫而走的,等等。

例如,当董事长忽然宣布任命最年轻、最缺乏物流领导经验、最晚加入 TNT 和天地华宇的人力资源副总裁为总裁后不久,一位营销副总裁和一位营运副总裁,就先后冠冕堂皇地“甩手”和“挂冠”而去了。另外,还有原来华宇的 2 位副总裁和“引进”的 2 位副总裁,也是因为同样的原因而相继辞职了。这样,先后共有 6 位副总裁都走掉了,只剩下徐水波总裁“光杆司令”一个。到 2009 年 8 月,重金抵押和高薪留用的原华宇 6 位副总裁全部辞职,加起来共有购并双方的 10 位副总裁统统走光了,这也算一个奇迹!仅剩下新任总裁徐水波一人独撑天地华宇。当时,天地华宇连年出现了越来越严重的意想不到的装卸工人极度短缺的“人荒”,令人意想不到的是,比那些“人荒”不知道严重多少倍和危害大多少倍的副总裁奇缺的“人荒”发生了。一时间,天地华宇网上和非主流的传播渠道中流传着“购并不到两年,十大副总走完”;“华宇副总被贬使用,两年之内统统走净”;“赶走杜程即可告捷,华宇总裁全被剿灭”。

又如,有一个管理大区的总经理因为两辆“黑车”而被撤职留用察看,令人不服的是另一个管理大区的总经理,有十多辆“黑车”在他所管辖的领地疯狂地吸金和采取非法手段大量吞噬公司的利润,不但没有被处分,反而被晋升到集团总部重用,后来又莫名其妙地被任命为副总裁。致使很多高级经理愤愤不平而先后辞职。还有不少重量级的大型公司和关键公司的总经理,带着一批二级公司经理和很多客户一起走掉了,其主要原因也都是遭到了不可忍受的和极不公正的待遇。

面对前所未有如此严重的高管成员流失,积重难返的诸多难题和迫在眉睫的华宇改革,以及零担业务老产品的质量改进和定日达新产品的尽快推出,使得他们根本不可能坐下来集中时间和精力进行高管团队的整合。只能是在紧张繁忙的工作中进行一下业务的整合，在繁重紧张的整合中应付眼前的重要工作；在岗前培训学习中进行整合，在整合培训学习中适应和胜任工作；在深入基层公司调查研究中整合，在整合调研心得中掌握天地华宇的领导和管理的基础知识。与此同时，紧急“猎头”，快速提拔，举行征文选人大赛，多渠道招聘引进等方式拼凑组合高管团队。这就是他们一再重复的“思维习惯”、“行动怪圈”和“路径依赖”。经过一年多的艰苦努力，这个再度重新组合的第三届高管团队，终于可以在2010年天地华宇管理年会上登场亮相了。虽然既不靓丽也不眩目，只有“一高一矮一胖一兼”：总裁、网络运营副总裁、定日快运副总裁、总裁兼任代理市场营销副总裁，四个最重要、最高阶、最繁重、最艰难和最具挑战性的集团最高领导职务，只由三个人来担当，这可是最精简的“金三角”啊！这样的最高管理团队怎样整合？如何工作？能有多大效能和成就呢？此外，还有一个由集团管理部门总监和六大管理区总经理所组成的共15人的集团管理层，也就是中层管理团队还是够规模的。在规模空前和热闹非凡的管理年会过后，冷静下来思虑更多的问题是：“这个小胖子老大，领着这样一帮良莠不齐，又来去匆匆的小老大，真的能把天地华宇做成行业老大吗？”

二、公司团队整合是购并成功的根本保证

这里所指的公司团队是构成集团性企业基本独立的运营单位或业务机构，在天地华宇物流集团下面共有56个这样的公司，它们遍布全国，构成了一个庞大运输网络中的大大小小的枢纽、分拨中心和终端网点。这就是56个被称为一级公司的周围又分布着1 500多个被称为二级公司和三级公司的揽货与送货的网点，也可以称为服务终端。按照购

并之前的网络扩张速度，每三天就会增加一个这样的网点。在 56 个一级公司上面，集团派出 5 个大区总经理及其精干的业务经理，分为华南、华东、东南、中原、华北和西部区域，进行网络化经营管理，对于下辖的基本公司单位来说，还在沿袭着条块分割的直线职能制管理体制。从现代公司就是一个不同职能的团队或互补统一的员工团队的理念来说，天地华宇集团或天地华宇全国最大的运输网络，共有 6 个大区团队，56 个一级公司团队和正在发展扩张的 1 500 个二级和三级公司团队。这个既有系统复杂又具动态复杂的网络化层级集团公司结构，给 TNT 的购并交易和成功之后的到位整合带来了很多麻烦、巨大压力、严峻挑战和不少难题。他们是怎样攻克诸多难关和突破层层障碍，实现购并交易和成功整合的呢？大体上来说，经历了如下三个阶段的艰难整合。

1. 双方协力同心共抓购并交易前集团所属公司的资产整合

这是第一阶段的艰难整合，主要是对 56 个一级公司的资产进行购并整合，它是极罕见的购并交易之前进行的整合，也是雇用购并专家从华宇物流民营集团企业实际特点出发的创新整合。时间是从 2005 年底 TNT 和华宇召开新闻发布会宣布签订收购意向协议后开始的，到 2006 年 8 月底基本完成了这个整合任务。对于这个创新整合，可以转引一段对于荣获“最佳购并律师奖”的律师团队的评价：“国际快递巨头 TNT 集团对中国最大的公路运输集团的收购，影响巨大，工作复杂，涉及面广，难点和障碍很多，需要参与律师具备优秀的专业素养、丰富的购并经验、娴熟的操作技能，以及敏捷的思维头脑，灵活处理问题的方式，从而帮助客户绕过了一个又一个暗礁，达到成功的彼岸。”他们指出，TNT 收购华宇项目是 2006 年 9 月 8 日中国《关于外国投资者购并境内企业的规定》正式实行后获批的有较大影响的收购项目之一。华宇物流集团设立历史较久，品牌价值较高，行业地位突出。为了避免收购方对华宇集团以往历史债权债务的疑虑，参与律师们策划设计了一个创新的模式，就是将老公司的资产和业务，经过整合交给新设立的公司，再由收购方TNT收购新公司的全部股权和业务。这个创新的收购模式，需要购并双方对集团及其所属新立公司的股东结构进行重组整合。这样既能解决各种疑虑，又可以减少交易成本。

为了抢时间、争主动，在规定的时限内顺利完成华宇56个一级公司的重组和新立公司的整合任务，TNT大中国区董事总经理肯·麦高和华宇集团董事长总裁王振华同心协力，亲自领导，跟进执行，确保了届时完成。对此，王振华总裁不仅连续下发了关于具体实施整合的三个文件，向各个管理区域和56个一级公司布置、实施、管控这项重要整合工作，而且还同常务副总裁一起到全国各个区域、各个公司去检查、指导、推进和帮助解决问题。他曾多次强调和明确要求集团上下团结一心，集中全力，一手抓好经营增长，一手抓好重组整合，坚决做到两手抓，两手硬，两不误和两完成。在2006年7月21日召开的华宇高管全体会议上，对必须抓好购并整合和完成全年增长目标这两项工作的进度、成果、存在的问题和解决的办法，进行了深入研究和进一步明确，并且做出了决议：必须实现全年产值利润目标不动摇；必须完成购并重组整合、新公司设立和届时开始运营不动摇。这个关键时刻召开的关键会议，使集团上下思想高度统一、信心和决心更足，推进速度大大加快。一批批公司按照严格要求，相继完成了清理、验资、重组、整合、改制、转型、提升、核名、老公司注销、新公司注册、资产过户以及营业执照、道路运输许可证、税务登记证等合规合法手续的办理，包括新的财务结算方法、各种新的管理制度和工作规程的确定、经理和业务人员的培训等新公司正式运营需要的一切准备工作。

TNT大中国区董事总经理肯·麦高先生，不仅跟进他们的项目重组整合团队深入到华宇集团的重点区域和公司去检查指导，而且经常与王振华先生进行沟通交流，联合召开 TNT 和华宇高管合作会议，专题研究存在的问题和解决的办法。实践证明，购并整合双方企业的总裁精诚团结，密切合作，高度负责，并且有组织、有计划、有步骤、有目标、有时限、有监控地协同推进，是高标准、高质量和高效率成功完成购并整合的基本要素、最佳流程和可靠保证。

2. 高管团队首先抓好公司团队主营业务的艰难整合

2007 年 4 月 11 日，TNT 成功收购华宇庆典大会后不到一个月，TNT 华宇集团就发出了一个极其重要的“关于对上海公司整合提升”的通知，以期拉开首先在上海公司试点然后在全国各地公司全面推广和认真实施的公司团队整合的大幕。这个文件明确指出：“鉴于上海公司对全国（网络）运作的重要性，集团决定对上海公司加大人才及其相关资源的投入，提高上海公司整体运作水平，特此组织业务整合领导小组及日常运作领导小组。集团对上海公司整合提升的期限为六个月，任务完成后各成员原则上回原岗位，上海公司的（管理）组织架构届时另行公布。在对上海公司进行整合期间，集团各部门、各区域、各公司必须全力配合，支持实现整合提升的目标，树立上海成为全国标兵，并且通过上海公司整合提升的成功经验，为提升集团整体的业务运作管理水平打下坚实基础。”

为了保证完成限期整合的艰巨任务，集团建立了上海公司业务整合与日常经营管理两个领导小组。公司业务整合领导小组组长是 TNT 大中国董事总经理兼天地华宇集团董事长迈克·德瑞克，成员依次为集团总裁庞复兴和主管华东大区、集团运营、市场营销的三位副总裁。进驻上海公司工作的日常经营管理小组组长是集团运营副总裁兼上海公司总经理蒋佩剑先生，成员是集团运营、财务、人力资源三名经理。原上海公司总经理王大林、常务经理王忠财、财务主管经理王俊霞一家三人均被撤职，并且明确指令必须立即离开公司。

这是一个振奋人心、上下高度认同、充满美好希望、令广大员工期待和极为必要的公司团队整合宣言。为了紧密配合、跟进指导和大力推进集团对公司团队业务整合的顺利开展，集团内部刊物《天地华宇》主编，实地采访了上海公司的12个分公司，“所见所闻都是关于平稳过渡，整合提升，产值和利润如何增长，怎样完成购并整合和实现更大发展目标的话题，收获很大，势头良好，很受鼓舞”，因此就以“正在平稳过渡和整合提升的天地华宇上海公司”为题目，开辟专栏，用了近一半的版面进行了大规模的连续宣传和深度报道。两个月以后，又安排了采访整合与运营两个小组的集团高管成员——集团副总裁兼上海公司总经理蒋佩剑先生。题目是“上海公司是怎样整合提升整体能力和运营绩效水平的？”下面共有12个问答题目：

(1)祝贺您兼任上海公司总经理领导和管理包括业务提升在内的极为重要的公司全面整合工作，围绕集团关于对上海公司整合提升的文件精神同您进行一次主题对话好吗？

(2)首先请您就上海公司的实际情况谈谈为什么要进行整合提升？重点整合提升什么？依靠什么进行整合提升？怎样进行整合提升？达到什么标准才算完成了整合提升的目标？

(3)在时间紧、任务重、工作艰巨复杂而又缺乏整合经验的情况下，同时还要拿出堪称全国标杆的引领和指导集团那么多公司与管理部门整合提升的成功经验，您准备怎样完成？

(4)自从集团发布期限为六个月完成对上海公司整合提升的重要通知开始，到现在已经过去两个多月了，您能否告诉大家在这两个月里你们整合提升的进展和所取得的成绩吗？今后的四个月你们将重点整合提升什么？

(5)您也知道，购并成败关键在于整合，包括企业文化、组织、业务、管理、人员、领导团队核心的整合，以及市场营销、网络运营、市场份额和行业地位、客户开发和客户关系管理、竞争优势和发展战略等很多方面的整合提升，这次你们的整合提升是单纯业务方面的？还是整体全面的？

(6)TNT全球快递集团常务董事总经理玛丽·克莉丝汀·兰芭曾经说过，购并成功只是万里长征走完了第一步，更艰巨、更复杂、更具挑战性的全面整合工作还在后头，你们上海公司的整合提升所遇到的最大挑战和难题是什么？你们是怎样攻克和破解的？

(7)大家都知道，今年我们既要实现平稳过渡和整合提升，又要完成利润增长和网络扩张目标，你们的双重任务两大目标怎样同时完成和实现呢？如何处理好两者之间的关系？而不是抓一个丢一个，成功一个失败一个，甚至两个都没有抓好和都没能完成？

(8)文化整合是购并整合成败的难点和关键，在购并谈判期间，双方和业界疑虑最大的也是文化整合能否成功的问题，你们在这方面遇到了什么样的难题和障碍？是怎么对待和处理的？

(9)根据我的实践经验，购并之后的公司团队整合，最为关键的是必须整合出来"一个领导能力强、管理水平高、人品非常好、有专业素质、员工都认同、并且真心实意跟着他干的领导团队，特别是整合出来一个胜任愉快的团队领军人物"，你们的整合提升把这个难题放在第一重要的地位上了吗？如果这个任务不能优先完成，那么，您这个兼职上海公司总经理是不是要永远兼任下去？

(10)佩剑副总裁，您在对上海公司团队的整合提升中，对员工团队的最大期待和要求是什么？是要求他们积极参与和大力支持？还是期待和要求他们通过整合真正实现提升？您能够通过整合让他们"成为训练有素、协同合作、团结拼搏、能胜能赢、集团上下第一位的标杆团队吗"？

(11)在购并整合中最容易发生的一个有可能导致失败的最严重的错误是,没有及时沟通和很有效地沟通,要想顺利实施和成功完成整合,必须做好上下内外的及时沟通和有效的密切交流,你们有哪些好的经验和做法与集团所有公司分享?

(12)去年7月份,我采访了你们上海10多个重要的分公司,今年4月我又采访了16个TNT购并后的上海分公司,他们告诉我说,客户流失多得让人非常心痛,最保守的数字也在20%以上,不少企业还在亏损和严重亏损,今年第二季度上海公司整体严重亏损,据说集团也出现了从未有过的较大亏损,这对整合提升是不是一个很大的冲击和极大的挑战?您准备怎样对待这个问题?是在继续亏损中整合提升呢?还是在整合提升继续亏损?或者是在更好的整合提升中尽快地消灭亏损而实现赢利?

令人极为遗憾的是,自从他连声道谢地从这位主编手中接过上述访谈提纲后,一直没有安排成对他的访谈。最大的原因是上海公司从来就没有进行这个集团郑重下文严格要求限期完成的企业团队购并整合,更不用说要求他们及时拿出什么堪称集团标杆的并且在集团所属公司中予以推广的整合成功经验了。这时正是天地华宇高管团队内部矛盾激化、冲突升级、危机爆发和危害泛滥的关头。他还没有等到诚邀他来加盟天地华宇高管团队的总裁庞复兴被罢黜,在2007年8月下旬,就不顾一切地辞职了。这样一来,它就变成了天地华宇第一届高管团队分崩离析中首先坠落下来的最大雪块。

3.公司团队全面整合必须突出抓好三大重点目标

如果说天地华宇购并交易过程中的整合,主要对象和目标是厘清与核准资产的话,那么购并成功之后的整合则主要是员工、团队、各个层级领导人物和一系列购并业务。如果说购并交易成功之前的整合目的是为了买不买、怎样更省钱和用多少钱去买的话，那么购并成功后的整合，就是为了用还是不用和怎样最好地用所买来的企业资本。用购并整合的行话或专业术语来说，就是为了获得更多的资本溢价、更大的协同效应、更强的竞争优势、更高的利润回报和更好的品牌价值，等等。如果偏离或违反了这些购并的本质追求与核心目标，不论你整合与否，也不管你花费了多少金钱资本、人力成本、机会成本和能力资本，也是徒劳和枉然。因此，必须做好企业团队整合的理论准备、智能准备、经验准备、资源准备、项目方案准备和方法策略等准备；否则，不但不能把购并整合搞好、搞成功，反而还会搞糟、搞失败。这是必须认知和掌握的整合通识、整合理念、整合规律、整合要领和整合之道。

在一本中国经济出版社出版发行的《整合发展——如何做大做强企业的学问》的书里，作者对购并企业的团队整合提供了一个很有参考价值的模式，这就是**“思想整合释放团队的能量；文化整合铸造团队的灵魂；学习整合萃取团队的智力；组织整合聚集团队的贤能，领导整合强大团队的核心，员工整合提升团队的效能”**。也可以将这个模式称为“企业团队整合六步法则”或“企业团队整合之道”。根据天地华宇购并整合的实际特点，对企业团队的成功整合，必须抓住**“员工素质提升整合、团队整体智能整合、领导核心能力整合”**三大重点。这三大整合重点的目标或标准应当是：**训练有素的员工，能胜能赢的团队，聪明睿智的领导。**经过有深度、有宽度和有高度的公司团队整合，使得天地华宇的每一个大大小小的公司以及管理部门，都能够很好和很快地成为天地华宇的“一个大家庭、一个人大军队、一个大学校”。这样的公司团队整合完全符合TNT全球大家庭企业文化要求，完全符合华宇集团就是一个全国性的大家庭文化特质，自然也是完全符合购并整合后天地华宇集团全体员工对公司全新文化的需求和信奉。用什么样的武器、工具和力量来整合呢？那就是TNT和华宇相通相融和能够完全认同自觉奉行的真正“以人为本”和“投资于人”的这一先进、优势、强大的企业文化。现在，不晓得如此这般地抓住和突出三大重点目标的运用天地华宇先进、优势和能力强大的企业文化，去全面深入地整合购并企业团队，能不能重来和真正得以有效地实施。

运用当代最先进的企业团队理念来说，公司就是一个不同功能的创造人类各种需求的团队，大公司就是一个大团队，小公司就是一个小团队，本土化的公司就是一个本土化的团队，而全球化的公司就是一个全球化的最大团队。这个由各种各样文化背景所组成的大大小小的公司团队，不经过整合与持续不断地进行以不断增强、快速扩张、持续提升和成为全球顶级企业为目标的整合与再整合，它就会停滞、落后、衰落、失败和消亡。因而，不仅是购并企业需要进行团队的不断整合，而且依靠内生动力以及整合内部资源实现发展扩张的企业团队和新创立的企业团队同样也需要不断地进行内生型的整合与再整合，这就是企业创新整合、企业变革整合和企业再造整合，这也是能够创造奇迹和产生巨大戏剧性效果的最高级的整合。实践证明这就是做强做大企业团队、做长做久驰名品牌、做成全球顶级企业和伟大企业的成功整合之道。

三、企业再造整合与高管团队整合相得益彰

根据集团企业团队整合的原理和逻辑，为了从根本上解决天地华宇原有零担业务的诸多问题和全面推进定日快运的迫切需要，不能不提出企业再造整合的问题或课题。尽管目前天地华宇的购并整合已经涉及企业再造整合问题，但十分遗憾的是，他们仍然被局限在传统思维、陈旧观念、整合盲区和落后惯域里面。因为，他们不能也不会运用企业再造整合与整合式管理等最新理念、最前沿理论和最新实践去思考问题、定

义问题和解决问题，使得他们对许多市场营销问题、网络运营问题、人力资源问题、整合经营管理问题和企业改革问题、再造问题、流程问题和一系列整合问题，说不清、道不明，找不到本质，抓不住规律，转来绕去，不能真正突破和从根本上解决问题。

例如，徐水波总裁一再围绕迈克·德瑞克董事长提出的“纵观华宇物流的长远发展，改革华宇是迫在眉睫的任务”做演讲、做报告、做文章，快两年时间了，到现在集团上下谁能够说清楚和讲明白这个迫在眉睫的华宇改革，到底是改革什么？为什么改革？怎样改革？已经迫在眉睫这么长时间了究竟是改了还是没有改？又如，打造中国最强大、最快捷、最可靠的递送网络，已经提出来三年多了，直到今天有谁能够说明白它到底是愿景、使命、战略或价值目标，还是每天都在进行的网络运营或是企业整合再造的工作任务？

再如，造成原来零担货运服务速度慢、质量低、货损货丢货太多、安全事故特别是重大死亡事故比率过高、客户投诉比率太大等问题，一直不能从根本上解决，而现在的定日快运服务中同样或类似的问题也越来越多地显现出来，已经越来越突出地成为阻碍企业发展和真正成为“中国公路快运领导者”的最大瓶颈了，其根本原因到底是操作工人短缺和素质低劣的问题，还是领导能力和经营管理水平较低？经营管理素质很低？企业整合能力过低？创新再造企业能力太低？还是因为糟糕的流程、低劣的流程、平庸的流程、效率低下的流程或非专业化的流程主持人、低水平的流程执行者和很不胜任的流程管理人员以及由这些重要因素和这些人员组成的不胜任的企业团队，等等。所有这些问题、难题和困扰，都涉及了企业整合再造的理论与实践的课题。因为以流程为核心的企业再造整合所产生和创造的巨大效益，不知道要比落后的职能管理效益要高出多少倍。现在，天地华宇内部越来越多的员工开始关注这个流程再造整合课题了。

而企业再造整合与高管成员与高管团队整合能力的购并整合，正是从根本上解决上述一切问题的战略措施和根本途径。因为，面向流程的企业再造整合是企业整合再造的最高能级。要成功地实现以流程为核心的整合改造，符合网络运营要求的网络流程再造和运营管理必须具备更先进、更强大、更高效的整合能力，包括**"整合再造的思维能力、策划设计能力、有效实施能力、监控管理能力、科学评价能力和优化提升能力"**等。这不仅仅是进行购并整合与再造提升整合的天地华宇所迫切需要的高级能力，即使在比较知名的国际物流企业和全球驰名的物流巨头企业里，最为稀缺和最不够用的也是整合再造自己或整合购并再造别人的强大整合能力。现在可以说，制约和阻碍购并企业发展的最大"瓶颈"首先就是因为缺乏强大的整合能力以及高级的整合能力。这不是不厌其烦地空喊"改革华宇是迫在眉睫的事"所能解决的重大整合再造问题。目前，很多高管团队及其领袖人物应该具备的强大整合能力和高级整合能力严重短缺。

关于怎样进行天地华宇购并企业的再造整合？或者说如何通过有深度和有高度的整合来再造一个中国最强大、最快捷、最可靠的公路快运网络集团企业？怎样能够使天地华宇的董事长、总裁和高管团队乃至公司经营管理团队，尽快地实现整合能力的不断增强和持续提升？总体上说，必须经历一个理论与实践相结合的持续学习、艰苦历练和持续超越的自我整合旅程。舍此没有其他捷径。由于天地华宇的购并整合还没有进入高深阶段，所以在这里刚刚破题就遗憾地结束了。

参考文献

1.《兼并、重组与控制》,(美)弗雷德·斯通等著,经济科学出版社,1998年2月。

2.《合并与收购——正确管理决策的框架》,(美)哈泽尔·约翰逊著,中国金融出版社,2003年4月。

3.《并购之后成功整合的权威指南》,(美)普赖斯·普里切特和唐纳德·鲁滨逊等著。

4."世界主要国家和地区企业、行业跨国购并交易",原载《世界经济》,1999年第6期。

5."今日跨国公司",鲁桐等著,原载《人民日报》,2001年2月16日。

6.《整合管理》,彭成山编著,中国言实出版社,2003年4月。

7.《整合策划技术》,合德莉、原秀卿编著,中国时事出版社,2001年1月。

8.《未来的总裁》,(美)约翰·柯特等著,四川人民出版社,2000年5月。

9.《老大——中国企业的历史性机遇》,娄向鹏著,北京大学出版社,2009年4月。

10.《第五代管理》,(美)查尔斯·萨维奇主,珠海出版社,1998年9月。

11.《管理的革命》,(美)汤姆·彼德斯著,光明日报出版社,1998年12月。

12.《第五项修炼》,(美)彼得·圣吉著,上海三联书店,1994年10月。

13.《学习型企业》,连玉明主编,中国时代经济出版社,2003年1月。

14."如何管理愿景?",《中外管理》,2003年第9期。

15.《企业竞争战略》,(美)保罗·托马斯著,中国友谊出版社,1985年1月。

16.《愿景——企业成功的真正原因》,(美)加里·胡佛著,中信出版社,2003年7月。

17.《领导——全球顶级CEO的领导智慧》,(美)梅瑞狄斯·D. 艾什比、斯蒂芬·A. 迈尔斯编著,辽海出版社,2003年8月。

18.《卓越领导者的8项技能》,(美)拉姆·查兰著,中信出版社,2007年1月。

19.《整合发展——如何做大做强企业的学问》,徐旭著,中国经济出版社,2004年

1 月。

20.《圆桌——如何建立高效团队的学问》,(美)戴维·珀金斯著,中国青年出版社,2003 年 9 月。

21.《执行——如何完成任务的学问》,(美)拉里·博西迪、拉姆·查兰著,机械工业出版社,2003 年 1 月。

22.《大话管理 100 年》,(美)迈克尔·波顿著,中国纺织出版社,2003 年 2 月。

23.《管理书》,(意)帕累托等著,当代中国出版社,2003 年 4 月。

24.《金字塔原理——思考、写作和解决问题的逻辑》,(美)巴巴拉·明托著,中国民主与建设出版社,2002 年 12 月。

25.《形象决定命运》,(美)劳伦斯·D. 阿克曼著,中信出版社,2002 年 8 月。

26.《未来的领导》,(美)F. 赫塞尔本等主编,四川人民出版社,1998 年 10 月。

27.《定位法则》,(美)理斯·特劳特著,银声音像出版社,2002 年 11 月。

28.《公司定位——与市场完美地匹配》,(美)杰克·泰斯默著,中国劳动社会保障出版社,2003 年 9 月。

29.《跨位——有史以来影响美国最深刻的理念》,(美)艾尔·强森著,延边出版社,2002 年 8 月。

30.《进阶——变革引领组织的 7 次升阶》,李家晔编著,中国经济出版社,2005 年 1 月。

31.《商业领袖之路——创建具有社会价值的商业机构》,陈勇主编,中国人民大学出版社,2009 年 9 月。

32.《跨文化管理》,陈晓萍著,清华大学出版社,2009 年 7 月。

33.《文化驱动企业》,韦华伟著,人民邮电出版社,2009 年 12 月。

34.《赢在中国式管理》,任仕强著,广东经济出版社,2010 年 3 月。

35.《执行就是走流程》,张镦开著,机械工业出版社,2009 年 9 月。

36.《销售圣经》,杰弗里·吉特默著,中国工商联合出版社,2009 年 5 月。

37.《物流前沿——实践.创新.前景》,(德)汉斯·克利斯　蒂尔·波弗尔著,机械工业出版社,2004 年 3 月。

38.《在价值链上跳舞——世界 500 强企业价值链管理精华荟萃》,陈曦著,地震出版社,2004 年 3 月。

39.《物流学导论》,霍红主编,科学出版社,2009 年 1 月。

40.《变革之舞——学习型组织持续发展面临的挑战》,彼得·圣吉等著,中国人民大学工商管理研修中心编译,东方出版社,2001 年 11 月。

41.《全球最大物流公司——配送专家 UPS》,Vincent Ferng 编著,上海财经大学出版社,2007 年 4 月。

42.《变革中求胜——UPS百年成功之道》,(美)迈克·布鲁斯特、佛雷德里克·达尔泽尔合著,机械工业出版社,2008年5月。

43.《联邦快递非常攻略》,锐智著,南方日报出版社,2005年5月。

44."DHL——中国快递物流业的最大赢家",崔涛著,2007年1月2日电脑商网。

45."TNT散打——不同于FedEx和DHL三大快递巨头",《21世纪经济报道》,2007年9月22日。

46."华宇物流集团十年快速发展的经验研究",徐旭、徐昭合著,《2005中国物流年鉴》,中国物流与采购联合会编著,中国物资出版社,2005年9月。

47."名牌物流企业展示——华宇物流集团公司",徐旭、徐昭合著,《中国物流发展报告2006—2007》,中国物流与采购联合会编著,中国物资出版社,2007年5月。

48."成功的并购始于高层",原载《合并、领导力、业绩和公司的健康》一书。

49."21世纪的企业革命",美国《商业周刊》,2000年8月28日。

50."彻底改造公司的十条规则",美国《财富》,2000年6月12日。

51."运用CIS战略整合再造企业",徐旭著,《人民日报·市场报》,1999年11月1日。

52."三大步骤——管理并购案中的人员与文化问题",吉姆·麦凯著,原载《第一财经日报》。

53."世纪整合之谜——如何监控整合的实施?",杨光著,《中外管理》,2003年第7期。

54."企业购并的文化难题",原载《销售与管理》,2008年第6期。

55."华为的西式改造",《突破管理》,2005年第6期。

56."TNT能否转动中国风车?",《商业周刊》,第2006年1月6日。

57."荷兰TNT集团——构建中国与东南亚陆运网络",2006年7月22日,新华网。

58."整合华宇物流——荷兰TNT打造中国公路货运航母",2007年7月23日,华翼网新闻中心,荷兰新闻。

59."国际快递巨头TNT欲造中国最大公路递送网络",《上海证券报》,2007年7月23日。

60."王振华——过渡期的守望者",《中国物流与采购》,2006年第17期。

61."华宇物流的舍得之间",葛世明著,《运输经理世界》,2006年9月。

62."开放中的罂粟花",《中国物流与采购》,2007年第1期。

63."民营快递直面'卖身'诱惑",《环球供应链》,2006年第1期。

64."放飞华宇是对是错?——全球经济一体化与民族物流发展系列讨论之一":"TNT和华宇"、"放飞华宇的品牌之殇"、"我国物流如何走出去?"、"并购潮涌全球物流业”,《现代物流报》,2006 年 6 月 1 日。

65.“民族气节与合作双赢是否矛盾?——全球经济一体化与民族物流发展系列讨论之二”:“放飞是双赢的决策”、“嫁个老外不奇怪:华宇物流卖给 TNT 之我见”、“中国民族物流最需要的是创新”,王佐等著,《现代物流报》,2006 年 6 月 8 日。

66.“民族物流企业的出路是宽是窄?——全球经济一体化与民族物流发展系列讨论之四”:“坚定地走自立自强之路”、“民族物流没有必要惧怕外资进入”、“与外资合作是一种双赢的选择”、“我们的发展之路越走越宽”、“树立全球化发展的观念——写在全球经济一体化与民族物流发展系列讨论结束之际”,《现代物流报》,2006 年 6 月 22 日。

67.“中国民营物流写真”,《现代物流报》,2005 年 9 月 16 日。

68.“物流市场全面开放,民营物流何去何从?”、“民企卷身并购潮——金字塔倾斜?”、“民营物流业——游走在情感与价值的边缘”,陈平、官金灿、王振华访谈录,《现代物流报》,第 2005 年 12 月 15 日。

69.“锁定战略重点,砍掉合同物流业务,TNT 声称收购华宇物流完全符合注重网络发展的战略”,《每日经济新闻》,2005 年 12 月 7 日。

70.“TNT 快递运输组织形式的三个特点”,亚太博宇著,《中国物流与采购》,2004 年第 8 期。

71.“整合华宇物流——荷兰 TNT 打造中国货运航母”,来自网络新闻,2007 年 7 月 23 日。

72.“TNT 收购华宇物流,借力追赶三大快递巨头”,《黑龙江日报》,2005 年 12 月 8 日。

73.“华宇集团一路领先打造物流强企”,宋维萌、孟庆波著,《中国百名优秀企业家奋斗史》,中国言实出版社。

74.“TNT 三大战略剑指中国”,《21 世纪经济报道》,2006 年 7 月 12 日。

75.“TNT 一个快件的内涵”,《经济观察报》,2006 年 7 月 24 日。

76.“TNT 高调收购华宇物流”,《第一财经日报》,2005 年 12 月 7 日。

77.“4 天后外资解禁 TNT 谋划吞华宇”,《国际金融报》,2005 年 12 月 7 日。

78.“TNT 欲购国内最大货物公路运输企业”,《每日经济新闻》,2005 年 12 月 7 日。

79.“TNT 欲购华宇物流”,《中华工商时报》,2005 年 12 月 7 日。

80.“TNT 欲购中国公路货运业领导者华宇物流”,《国际商报网》,2005 年 12 月 7 日。

81.“TNT 在华拟收购华宇物流集团”,《解放日报》,2005 年 12 月 8 日。

82.“中国第一批 5A 级物流企业名单”,《中国物流与采购》,2005 年第 15 期。

83.“创百强千年大业,塑中国物流名牌”,徐景祥著,“纪神州伟业,树强国丰碑”大型文献史册《中流砥柱》,中国工人出版社,2005 年 10 月。

84.“跻身100强,更图100年——华宇物流集团10年辉煌发展纪略”,《黑龙江日报》,2005年2月27日。

85.“勇立潮头舞劲风——新世纪黑龙江人新形象访谈”,《奋斗》杂志,2001年第4期。

86.“华宇集团争雄物流业”,《人民日报》,2002年9月5日。

87.“带领下岗职工闯出一片天地”,《人民日报》海外版,2003年1月2日。

88.“华宇集团构建超强物流大网”,《经济日报》,2003年9月19日。

89.“整合社会资源,发展物流产业”,王振华在第二届城市物流园区研讨会暨第八次中国物流专家论坛上发表的论文。

90.“抢抓最佳战略机遇期,加快推进民营物流在更高层次上崛起”,王振华在第二届中国物流企业家论坛暨2004年中国物流年会上发表的论文。

91.“整合资源,有序发展”,王振华著,《中国物流与采购》,2005年第1期。

92.“用先进物流理念打造华宇集团”,王振华著,《中国市场·物流咨讯》,2004年第11期封面文章。

93.“王振华——不图500强,愿做500年”,《运输经理世界》,2005年第1期封面人物文章。

94.“十年华宇一路辉煌——华宇物流集团十年快速发展经验研究”,徐旭、徐昭著,《中国物流与采购》,2005年第16期。

95.“华宇物流十年磨一剑”,徐旭、徐昭著,《中国物流》,2005年第10期摘要发表。

96.“华宇物流的名牌制胜之道”,徐旭、徐昭著,《中国物流与采购》,2005年第13期以“华宇打造名牌三部曲”发表。

97.“营运图、时间表、精细物流——华宇物流快速高效的运营之道”,徐景祥著,2005年《中国物流与采购》,2005年第24期。

98.“心系客户,诚信服务,全程到位,优质快递——华宇物流优质快递的客户服务之道”,徐景祥著,原载《华宇天地》2005年第12期。

99.“大话华宇物流经营管理的成功之道”,徐昭著,2006年6月,以“英雄华宇的伟大创造”为前言题目,收入内部发行的《华宇经典》一书。

100.“谁能收购TNT?”,张孜异、朱宗文著,《运输经理世界》,2008年第9期。

101.“成功过渡,稳步前进——天地华宇CEO访谈录”,搜狐上海,2009年2月4日。

102.“打造中国最强大陆路快运网络”,徐水波著,《中国物流与采购》,2009年第1期。

103.“天地华宇振兴之道”,张俭著,《中国物流与采购》,2009年第13期。

104.“快运定日达带来的思考”,葛世明著,《现代物流报》,2009年2月8日。

105.“TNT 慢火改造天地华宇公路运输网络”,《经济观察报》,2009 年 6 月 19 日。

106.“佳木斯货运商帮沉浮记”,启良著,《运输经理世界》,2009 年第 9 期。

107.“国内市场,逆势起舞——对话美国耶路物流亚洲区董事总经理范能达”,《运输经理世界》,2009 年第 6 期。

108.“天地华宇整合成功?”,2009 年 3 月 1 日,《在线国际商报》。

109.“我愿意成为你的 TNT 次方”,《经济观察报》,2005 年 12 月 12 日。

110.“天地华宇砸 11 亿网络布局乾坤大挪移”,《南方都市报》,2009 年 6 月 19 日。

111.“迈克·德瑞克:TNT 中国抢道,并购获得生机”,ZCOM 杂志门户,2009 年 8 月 5 日。

112.“天地华宇:设局布网,危中求机”,《运输经理世界》,2009 年第 7 期。

113.“天地华宇 CEO:明年建成定日达快运网络”,网易财经,2009 年 12 月 3 日。

114.“天地华宇:我们就是在向航空货运抢客户”,第一财经网,2009 年 12 月 11 日。

115.“王振华:老板到经理人的升华”,李英文著,《环球供应链》,2006 年第 5 期。

116.“王振华:放飞华宇任遨游”,葛世明著,《现代物流报》,2006 年 5 月 18 日。